浙江省新型重点专业智库杭州国际城市学研究中心
浙江省城市治理研究中心成果

浙江智库
ZHEJIANG THINK TANK

王国平　总主编

南宋京城临安

徐吉军　著

中国出版集团
研究出版社

图书在版编目（CIP）数据

南宋京城临安/徐吉军著．
—北京：研究出版社，2024.1
ISBN 978-7-5199-1620-6

Ⅰ．①南… Ⅱ．①徐… Ⅲ．①城市史－杭州－南宋
Ⅳ．① K295.51

中国国家版本馆 CIP 数据核字（2024）第 021007 号

出 品 人：赵卜慧
出版统筹：丁　波
责任编辑：孔煜华

南宋京城临安

NANSONG JINGCHENG LINAN

徐吉军　著

研究出版社 出版发行

（100006　北京市东城区灯市口大街 100 号华腾商务楼）
天津联城印刷有限公司印刷　新华书店经销
2024 年 1 月第 1 版　2024 年 1 月第 1 次印刷
开本：787 毫米 ×1092 毫米　1/16　印张：22.25
字数：232 千字
ISBN 978-7-5199-1620-6　定价：88.00 元
电话（010）64217619　64217652（发行部）

版权所有·侵权必究
凡购买本社图书，如有印制质量问题，我社负责调换。

目 录

引 言 ·· 1

第一章 南宋王朝定都杭州

靖康之难 ·· 7

南宋的建立与宋室的南迁 ··· 9

定都杭州的曲折过程 ··· 14

南宋定都杭州的四大理由 ··· 20

第二章 都城的规划与建设

"南宫北市"的城市布局 ··· 33

现实主义的城市生态区划 ··· 36

府城城墙的建造 ·· 42

府城城门的建造 ·· 47

御街和城内大街 ·· 54

第三章　凤凰山上的皇城

皇城的建造 …………………………………… 61

城墙和宫门 …………………………………… 68

南内的宫殿 …………………………………… 72

独特的北大内 ………………………………… 92

皇家礼制建筑 ………………………………… 97

第四章　南北文化交融

临安商业中的"汴京气象" ………………… 111

东京手工业对临安的影响 …………………… 112

临安城市建设中的汴京因素 ………………… 113

临安风俗中的中原旧俗 ……………………… 115

第五章　都城的生命线——大运河

临安的运河水系 ……………………………… 121

临安运河的疏浚与管理 ……………………… 131

临安运河码头 ………………………………… 138

临安运河桥梁建筑 …………………………… 140

漕运和粮仓 …………………………………… 161

临安航运交通……165

第六章 百万生聚

都城人口的快速增长……185

南宋末年临安城市人口到底有多少……187

第七章 都市繁华

一个全民皆商的都会……193

四百十四行……194

快餐、外卖、简体字、漫画书、连环画和导游图……197

名品店和名牌产品……200

发达的市场经济……201

琳琅满目的商品……203

灯火辉煌的不夜城……208

细致周到的服务……215

大招迭出的营销活动……217

笙歌处处，宴饮不断……218

服务业中职业装的流行……220

第八章　文化中心

全国的教育中心……223

世界上高新科技最重要的研发和生产基地……225

名家辈出的绍兴画院……228

南宋文学创作的中心……234

百戏杂陈的"大世界"……239

高超的舞蹈技艺……242

体育竞技项目的普遍……246

佛、道之盛甲于天下……247

第九章　上有天堂、下有苏杭

"风尚奢靡"的品质生活……251

好尚虚荣的社会习气……258

优雅的休闲生活……259

会社的盛行……265

助人为乐的慈善事业……266

人欲横流的"色海"……267

金钱至上的社会观……268

唯务从简的火葬和"殡仪馆"……270

雅好卫生之道……………………………………………271

第十章 山外青山楼外楼

西湖的浚治与管理………………………………………275

一色楼台三十里，不知何处觅孤山……………………280

名扬天下的西湖十景……………………………………283

西湖的园林别墅…………………………………………297

西湖的旅游线路…………………………………………312

四时遨游的销金锅………………………………………319

第十一章 英雄之城

岳飞"精忠报国"…………………………………………329

文天祥正气凛然、成仁取义……………………………338

陈文龙热血千秋…………………………………………342

参考文献……………………………………………………346

引 言

南宋京城临安，在杭州、在中国、在世界的城市发展史上，均具有重大而深远的影响。

首先，就杭州来说，南宋是杭州历史上最为繁华、最为鼎盛的时期，也是杭州城市地位最高的时期，可以说是空前绝后。日本有许多汉学家认为，南宋都城临安已发展到了超越西欧近世都城的文明水平。借用宫崎市定《东洋的文艺复兴与西洋的文艺复兴》一文中的话，即相当于"东方文艺复兴"时期。而法国著名汉学家贾克·谢和耐（Prof. Jacques Gernet）更是在他所著的一本主要阐述南宋都城临安社会生活历史的著作[①]中写道："在蒙人入侵前夕，中国文明在许多方面正达灿烂的巅峰"；"十三世纪的中国，其现代化的程度是令人吃惊的：它独特的货币经济、纸钞、流通票据，高度发展的茶、盐企业，对外贸易的重要（丝绸、瓷器），各地出产的专业化等等。国家掌握了许多货物的买卖，经由专卖制度和间接税，获得了国库的主要收入。在人民日常生活方面，艺术、娱乐、制度、工艺技术

---

① ［法］贾克·谢和耐著，马德程译：《南宋社会生活史》，台北中国文化大学出版部 1982 年印行。

各方面，中国是当时世界首屈一指的国家，其自豪足以认为世界其他各地皆为化外之邦"。

其次，就中国来说，南宋都城临安是中国城市发展史上的一个最大转捩点。就城市人口来说，它是中国封建社会时期最大的城市。以各个城市最盛时期而言，据美国学者赵冈的深入研究，汉长安为25万人，唐长安为60万人以上，北宋东京为140万人左右，元大都88万人，明北京为84万人，清北京为76万人，而南宋临安的城市人口，应有250万左右。①

最后，就世界来说，南宋都城临安是当时首屈一指的国际性大都市。据学者研究和统计，在整个中世纪欧洲的历史中，其最大的城市是东罗马首都君士坦丁堡，人口在50万到100万之间。到12世纪时，科隆有居民4万人，是德意志首屈一指的大城，人口超过当时的巴黎和伦敦。②但在14世纪中叶以前，西欧只有四个城市号称"巨型城市"，而每个巨型城市的人口均不超过10万，它们是：佛罗伦萨9万人，米兰7.5万人，威尼斯9万人，热那亚8万人。

南宋都城临安，在中国古代城市革命中扮演了极其重要的角色。西方著名汉学家丹尼斯·埃尔文提出的"中世纪在市场结构和城市化上的革命"，施坚雅认为具有鲜明的特点：（1）放松了每县一市，市须设在县城的限制；（2）官市组织衰替，终至瓦解；（3）坊市分隔制度消灭，而代之以自由得多的街道规划，可在城内或四郊各处进行买卖交易；（4）有的城市在迅速扩大，城外商业区蓬勃发展；（5）

---

① ［美］赵冈：《中国城市发展史论集》第三章《秦汉以来城市人口之变迁》，新星出版社2006年版。

② N.J.G.Pounds, An.Economic History of Medieval Europe（1974）, p.258.

南宋　刘松年　《南宋中兴四将图》

出现具有重要经济职能的大批中小市镇。伴随着这些变革而来的是，赋税和贸易日益钱币化了；商人的人数、财富和力量增长了；社会和官府轻视商业和商人阶级的态度缓和了。在这场轰轰烈烈的城市革命中，临安极其活跃，极其出色。按施氏的话来说，即："大城市变得更大了，城市人口大大增长了，城市体系的结合更紧密了；但在所有这些变化中，最重大的变化却是原为都邑的中心地的比例大为减少了。城市发展的这一特点，是一场不断推进着的革命的信号，这场革命是整个社会的管理方式上的革命。"[1]正因如此，日本著名汉学家斯波义信的《宋代江南经济史研究》一书将南宋都城临安列为"9—13世纪发生在中国的商业革命、城市革命的颇具代表性的一个范例"。

本书非必要不出注。注释从简，未注明版本者，为通行版本。

---

[1] ［美］施坚雅主编，叶光庭等译，陈桥驿校：《中华帝国晚期的城市》，中华书局2002年版，第23—24、26页。

第一章

南宋王朝定都杭州

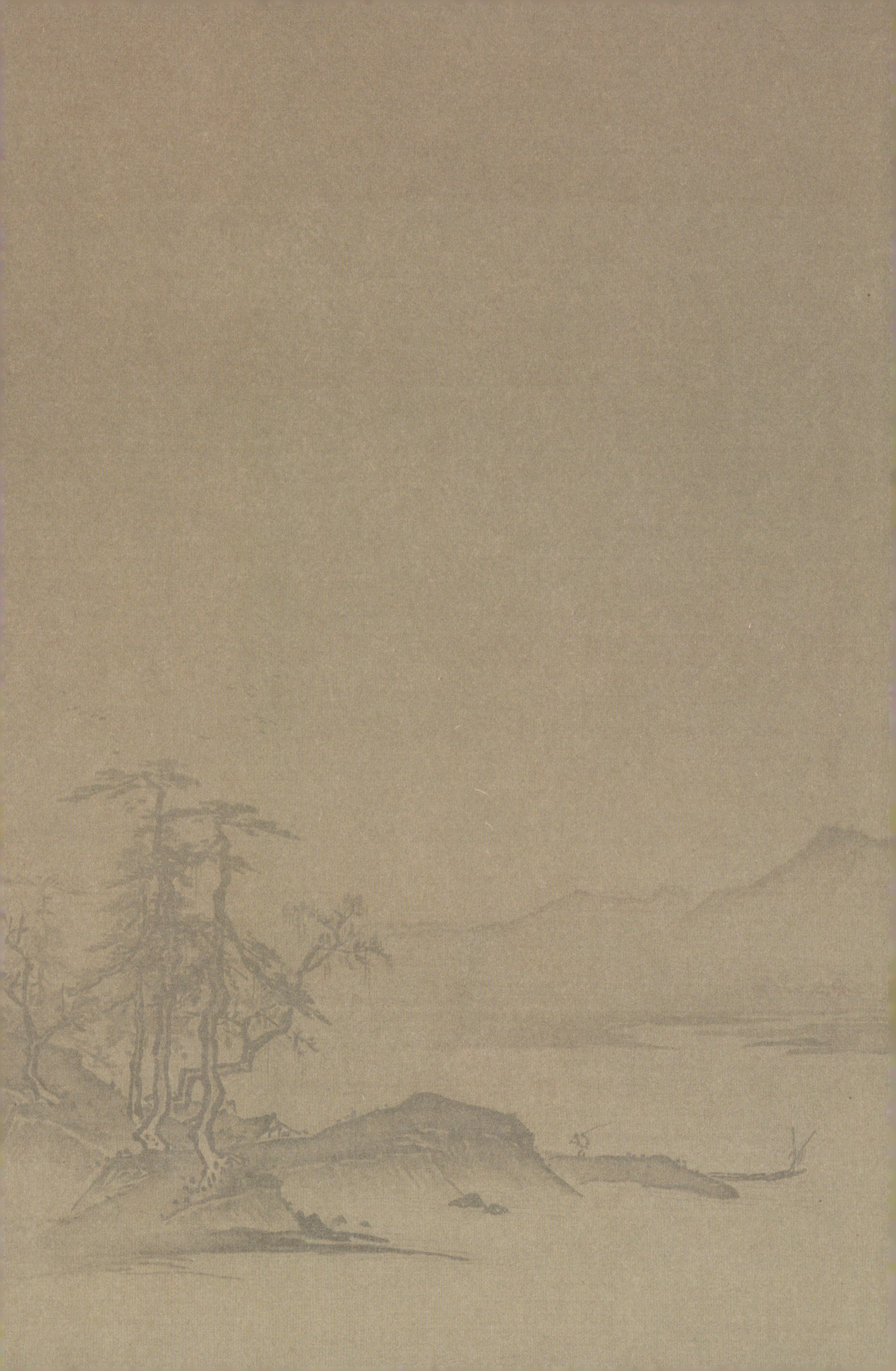

第一章
南宋王朝定都杭州

靖康之难

宋徽宗像

宋钦宗靖康元年（1126）十月，金兵开始对北宋发动强大的进攻，太原、真定很快失守。十一月中旬，东、西两路金军相继渡过黄河，直逼开封。消息传到北宋都城开封，君臣慌作一团。在十多万金兵的连番进攻下,东京城(今河南开封市)终于在次年二月失陷,徽宗、钦宗两帝及徽宗太后、诸皇子及后宫有位号者皆被拘押在金军大营。靖康二年(1127)三月七日,金立宋朝降臣张邦昌为帝,国号大楚,作为金人的傀儡政权。三月二十七日和四月初一,金人分两批撤兵北去,先是胁迫徽宗北行,四月庚申朔,金人俘掠钦宗及皇后、皇太子、皇孙、后妃、宫女及一批大臣等三千余人浩浩荡荡北归,其中包括原御史中丞秦桧在内。凡法驾、卤簿,皇后以下车辂、卤簿,冠服、礼器、法物、大乐、教坊乐器,祭器、八宝、九鼎、圭璧,浑天仪、铜人、刻漏、古器、景灵宫供器,太清楼、秘阁、三馆书、天下州府图及近官、内人、内侍、技艺、工匠、倡优,府库蓄积为之一空,北宋灭亡。当时,元祐皇后孟氏因已经被废而未去。金军退兵时,除洗劫了北宋宫廷外,还沿途纵兵四掠,"杀人如刈麻,臭闻数百里。淮泗之间,亦荡然矣。"[1]史书上称这件历史大事为"靖康之难"。

---

[1] (宋)李心传:《建炎以来系年要录》卷四,中华书局2013年版,第1册,第87页。

南宋的建立与宋室的南迁

金兵北撤后,在北宋旧臣的反对下,张邦昌被迫退位,归政于赵氏。靖康二年(1127)五月一日,赵氏皇室中唯一幸存在外的康王赵构,于南京应天府(今河南商丘市)兵马大元帅府第登基即帝位,重建宋室,是为宋高宗。改年号为"建炎",意味着南宋的开始。以黄潜善为中书侍郎,汪伯彦为同知枢密院事。尊靖康皇帝(钦宗)为渊圣皇帝,尊元祐皇后为元祐太后(即隆祐太后)。遥尊生母韦氏为宣和皇后,遥立夫人邢氏为皇后。但鉴于金兵步步紧逼、宋军节节败退的军事状况,南宋王朝从建立的一开始就面临着再度迁都的问题。

建炎元年(1127)七月,宋高宗根据大臣黄潜善、汪伯彦等人的意见,决定"巡幸东南"。但这一方案立即遭到了大臣李纲的反对。他认为:"自古中兴之主,起于西北,则足以据中原而有东南,汉光武、唐肃宗是也。起于东南,则不足以复中原而有西北,晋元帝是也。盖天下之精兵健马,皆出于西北。而中兴之主,拨乱定功,以兵马为先。一失西北,则二者无自得之,形格势禁,非特失地利而已。今翠华倘或南幸,委中原而弃之,岂惟金人将乘间以扰吾关辅,盗贼且将蜂起,跨州连邑,朝廷号令不行,精兵健马反以遗贼,道路梗塞,人心惊溃,陛下虽欲还阙,且不可得,况治兵胜敌,以归二圣哉?"[①]他从当时的形势出发,提出了并建三都的设想,即"以长安为西都,襄阳为南都,建康为东都,各命守臣,营葺城池、宫室、官府,使之具储峙糗粮,积金帛,以备巡幸。陛下时乘六龙銮舆,顺动以天临之,览观山河之形胜,省察牧守之治,忽抚士民,问风俗,收豪俊之用,以攘戎狄,复境土,然后复据河洛而都之。此今

---

① 《李纲全集》卷一七七《建炎进退志总叙下之下》,岳麓书社2004年版,下册,第1637页。

宋高宗赵构坐像

传宋《中兴瑞应图》"四圣护佑"中宋高宗赵构上马出行的情景

日权宜之上策也"。这样功效有三,"藉巡幸之名,国势不失于太弱,一也;不置定都,使夷狄无所窥伺,二也;四方望幸,使奸雄无所觊觎,三也"。如此,则"三都成而天下之势安矣"①。但李纲的这一建议,由于金兵的迅速南下,没有被宋高宋采纳。十月,高宗为避敌之计,率文武大臣从应天府弃城出逃,巡幸东南。同月,高宗一行逃到扬州,并在此修建宫室,以作行都。建炎二年(1128)十月甲子,侍御史张浚请先措置六宫定居之地。诏命常德军承宣使孟忠厚奉隆祐太后及六宫皇子前往杭州。十二月乙卯,隆祐太后一行到达杭州。扈从统制苗傅以其军八千人驻扎于奉国寺。建炎三年(1129)二月庚戌朔,在扬州的高宗命刘正彦部兵卫皇子、六宫前往杭州。为了躲避金军

---

① 《李纲全集》卷五八《议巡幸》,中册,第 637—638 页。

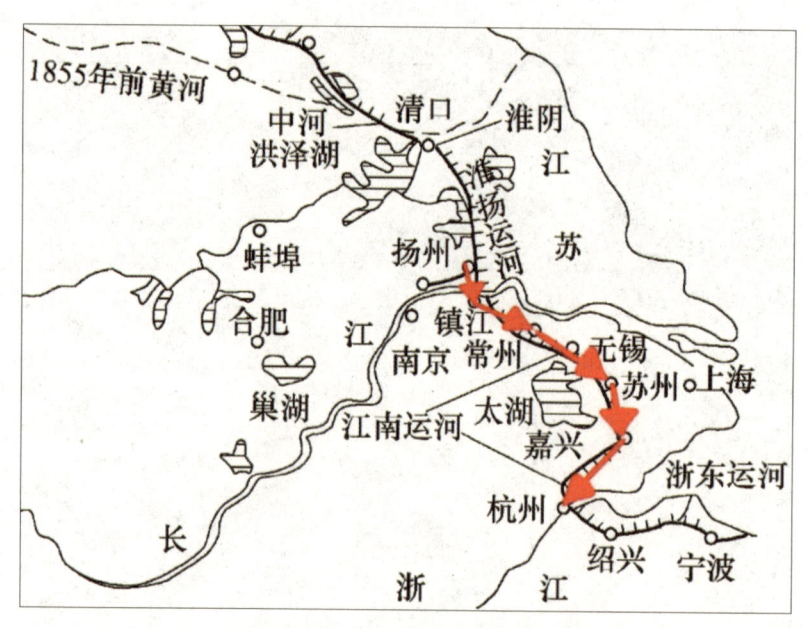

建炎三年（1129）赵构南逃路线示意图（箭头为其前进方向）

的兵锋所指，赵构从扬州一路南逃。《宋史》卷二五《高宗纪二》对此进行了详细的记载：

> （建炎）三年春正月庚辰朔，帝在扬州……二月庚戌朔，始听士民从便避兵。命刘正彦部兵卫皇子、六宫如杭州……壬子，内侍邝询报金兵至，帝被甲驰幸镇江府。……癸丑，游骑至瓜洲……是夕，发镇江，次吕城镇……甲寅，次常州……丙辰，次平江府……戊午，次吴江县……己未，次秀州……庚申，次崇德县……壬戌，驻跸杭州。[①]

从《宋史》的这段记载来看，宋高宗从扬州出发，经镇江、常州、无锡、苏州、吴江、嘉兴、崇德，最后到达杭州。这一路线显然是在江南运河的区域里，但是宋高宗究竟有没有坐船南下，文献并没

---

① 《宋史》卷二五《高宗纪二》，中华书局1977年版，第2册，第459—461页。

有明确的交代。据当时争分夺秒的紧急军情推测,他很有可能放弃了速度较慢的舟船而选择速度较快的马匹。宋高宗一行的行进速度似乎也证明了这一点。从己未到庚申一天时间,宋高宗就从嘉兴到达崇德。在嘉兴的时候,高宗还颁布了两道任免令。这说明宋高宗一行的行进速度已经很快了。此外,民间至今流传着"泥马渡康王"的传说,也可以成为赵构骑马而非坐船的佐证。但不管如何,宋高宗沿着大运河南下则是确切无疑的。

定都杭州的曲折过程

建炎三年（1129）二月壬戌（十三日），宋高宗从扬州迁都到杭州，诏令改杭州州治为行宫，以显宁寺为尚书省，准备偏安于此。高宗到杭州第二天，霖雨不至。执政叶梦得在奏事结束以后，对高宗说：州治屋宇不多，六宫居住在这里，住居一定紧张，太隘窄了。况且杭州东南春夏之交，天气多雨潮湿，居住条件无法与京师东京相比。高宗听后回答说：住宿倒不觉得隘窄，但气候实在是潮湿，有点不适应。自从渡过长江后，百官和六军皆失住所，朕何敢独求安适？①

三月癸未，扈从统制苗傅、副统制刘正彦在杭州发动兵变。先是苗傅心里怨恨王渊突然之间能够得到皇帝的信任，刘正彦则是怨恨他招降大盗而朝廷赏赐太少，于是，他们一起带兵进围皇宫，高喊"苗傅不负国，只为天下除害"的口号，并杀死了大臣王渊及内侍康履以下一百余人。高宗赵构被迫登城楼安定军民，任命苗傅为庆远军承宣使、御营使司都统制，刘正彦为渭州观察使、副都统制。苗傅等逼迫宋高宗逊位于时仅三岁的皇太子魏国公赵旉，改元明受，请隆祐太后垂帘听政。这天晚上，高宗移居到显宁寺。第二天，太后垂帘听政，大赦，尊逊位的赵构为"睿圣仁孝皇帝"，并将显忠寺改名为睿圣宫，只保留宦官十五人，其余都编遣解散。

兵变消息传出后，苗、刘二人没有采取进一步的措施，而各地将领纷纷采取勤王平乱的立场，出兵镇压。吕颐浩率勤王兵万人从江宁出发讨伐；刘光世部兵与吕颐浩在丹阳会合；张浚在平江起兵，约刘光世和吕颐浩率兵到此会合；韩世忠自盐城一路收散兵赶至平

---

① 《宋会要辑稿》方域二之九，中华书局1957年版，第8册，第7335页。

江，听候张浚调遣；驻守吴江的张俊，假兵二千赶赴行在。苗傅和刘正彦等见局势失去控制，连忙遣军驻屯在临平，准备在此抗拒勤王兵。癸卯，吕颐浩、张浚和刘光世、张俊、韩世忠联名传檄天下勤王，从平江大举出发声讨苗、刘。苗、刘闻讯大为惊恐，被迫接受朱胜非和冯轓的提议，率百官奏请赵构复辟。

四月戊申朔，太后下诏还政，高宗恢复皇帝之位。赵构还宫后，与太后御前殿垂帘，诏尊太后为隆祐皇太后，恢复苗傅策立的幼君赵旉为太子，且故意任命苗傅为淮西制置使，刘正彦为淮西制置副使，将他们引出朝廷。隔天，下诏恢复年号建炎。命张浚知枢密院事。苗傅、刘正彦二人率精锐两千人，拿着赵构所敕赐的免死铁券逃出杭州。辛亥，皇太后撤帘。勤王军刘光世、张浚、韩世忠、张俊、吕颐浩等入城。苗傅逃至富阳、新城二县，统制王德、乔仲福追击。四月丁卯，高宗迫于殿中侍御史王庭秀等人的奏请和社会舆论的压力，又从杭州移跸建康，以示抗金之意。后来，刘正彦在浦城乘胜追击官军时被韩世忠擒获。苗傅则变更姓名，在逃亡建阳时被发现，押送至韩世忠处。于是韩世忠宣布班师，俘苗傅、刘正彦等人以献，二人在建康闹市被处决。赵构封赏平乱功臣：升吕颐浩为尚书右仆射；升李邴为尚书右丞；封韩世忠为少保，武胜、昭庆两镇节度使，御书"忠勇"嘉奖其忠心，另外封其夫人梁氏为护国夫人。一人兼两镇节度使及功臣之妻受封赏，皆始于此。张浚则自请前往川陕一带防守，被封为宣抚处置使。

七月辛卯，升杭州为临安府，意为临时图宫室之安。闰八月壬辰，承议郎监都进奏院周元曜自京太庙迎艺祖以下神位九室到临安。壬寅，高宗从建康出发，准备重新回到浙西，事前他派户部侍郎叶份先行出发，安排一路上的行程住宿等事宜，御前右军都统制张俊、御营使司都统制辛企宗两人以其所属部队随行。可是，金兵南下，兵分两路，东路一直自东南沿海南下尾追不舍，高宗只得在十月癸未由建康、平江府（今苏州市）出发，走水路逃到杭州。时闻金兵继续南下，七天后，高宗渡钱塘江向浙东南逃亡。壬辰，经西兴运河到越州，临时驻跸在府山州署百司分寓。

十一月，赵构由越州返临安，当晚舟行钱清堰时，奏报宋师败绩，金兵已渡过长江。次日，高宗只得返回越州，决定从浙东运河入海。御舟从越州城出发，过都泗堰时，因为船大不能过堰，高宗令卫士拖曳仍未奏效，遂命人劈碎御舟，改换小船过堰，走鉴湖运河航道，渡过曹娥江，经余姚江，于十二月丙子逃至明州，一共花了七天时间。

十二月乙酉，金兀术犯临安府。临安知府康允之弃城逃走，退保赭山。钱塘县令、湖州安吉人朱跸英勇不凡，率兵民数千人奋力阻击金兵，他设奇计疑敌，使全城的百姓得以逃生。但在撤退的路上遇到金兵，朱跸本人两中流矢，左右掖至天竺山，犹能率乡兵御敌，奋勇直前。后数日，因气力用尽遇害。时钱塘县尉曹十将手下总领金胜、祝威调集兵丁，还据西湖葛岭，"编竹覆泥为涂"以愚金兵。第三天，金军骑兵突至，金胜、祝威率兵迎击，士兵们前仆后继，金兵横尸山岭。兀术"褫魄辟易数舍，退遁赤山"。后金胜、祝威终以寡不敌众，双双战殁。乡民瘗两人于钱塘门外，并为他们立祠。是月，金军攻陷临安府后，又陷越州，一路追赶高宗。高宗一行逃往明州后，乘楼船至定海县（今属浙江），止以亲军三千余人自随，百官有司随寓浙东诸郡。不久，高宗一行又转至台州、温州。

建炎四年（1130）二月丙子，金军自明州引兵回到临安。庚辰，金军集兵于吴山、七宝山，下令纵火焚城，杭城大火三日三夜，至癸未，火熄。甲申，金军撤离临安前又纵兵大掠。丙戌，金军自临安退兵北归。不久，南宋朝廷下《赐临安府民兵抚恤敕书》。主要内容如下："敕临安府民兵,省本府奏,自金人攻陷府城,内外军民并力拒敌,血战五日,方始城破。又缘诸县村堡防护严密,往往多被掩杀。缘此怨恨,临行之日,焚烧屋宇,城郭一空,比之其他残破州郡,被祸尤酷,实可痛恻。欲望优加抚恤……"[①] 四月,因金兵已退,赵构御舟从海上回到明州城下,第二天再由明州返越,船到余姚县时,因海舟船大,无法前进,再改换小船,最后到达越州,驻跸州治,诏令以其地为行都。

绍兴元年（1131）正月,赵构在越州改元绍兴,升越州为绍兴府,以示"绍祚中兴"。但绍兴在南宋初年并不是可都之地。尚书左仆射吕颐浩上言,内容简略如下："今国步多艰,中原隔绝,江淮之地尚有巨贼,驻跸之地最为急务。伏惟陛下发中兴之诚心,行中兴之实事,要当先定驻跸之地,使号令易通于川陕,将兵顺流而可下,漕运不至于艰阻……。若不速为之,逡巡过春夏,则金人他日再来,不惟大江之南,我之根本不可立,而日后之患不可胜言矣……。三四年来,金人才退,士大夫及献言之人便以谓太平无事……。今天下之势可谓危矣,既失中原,止存江浙闽广数路而已,其间亦多曾经残破,浙西郡县往往已遭焚劫,浙东一路在今形势,漕运皆非所便。若不移跸于上流州军,保全此数路及渐近川陕,使国家命令易通于四方,则民失耕业,号令阻绝,俄顷之间,已至秋冬,金人复来,则虽欲追悔,无及矣。"[②] 总的意思是,绍兴的经济无法支撑其成为一国之都,加上交通也很不方便,军事防守同样困难,不具备都城的资格。有鉴于此,高宗赵构于绍兴元年（1131）十一月戊戌"以会稽漕运不继"为由,诏令"移跸临安"。同月壬子,诏天章阁祖宗神御二十四位,权于临

---

① （宋）徐梦莘：《三朝北盟会编》卷一三七,上海古籍出版社1987年版,第995页。

② 《建炎以来系年要录》卷四○,第一册,第743页。

安府院奉安，朔望节序酌献供飨一分而已。己未，命吏部侍郎兼权侍读李光往临安府，节制本府内外见屯诸军及兼权户部侍郎，总领临安府应干钱粮，卸纳纲运及修缮移跸事务。

绍兴二年（1132）正月，高宗赵构又将都城迁回临安，自越州登舟西行，晚上至钱清堰，后到萧山县，候潮渡江，到达临安府。

绍兴四年（1134）十月一日，高宗在宰相赵鼎的支持下，定策亲征。遂诏神武右军都统制张俊以所部往授世忠，又令淮西宣抚使刘光世移军建康，车驾定日起发。戊戌（二十三日），高宗御舟发临安，奉天章阁祖宗神御以行，主管殿前司公事刘锡、神武中军统制杨沂中皆以其军队随从。

绍兴五年（1135）一月癸亥（十九日），参知政事、行宫留守孟庾上表，请车驾还临安府驻跸。二月丁丑（三日），高宗御舟发平江府，经秀州、崇德县、临平镇，于壬午（八日）到达临安府行宫。

绍兴七年（1137）一月，高宗在平江，下诏移跸建康。四月一日，诏筑太庙于建康，以临安府太庙充本府圣祖殿。移跸建康期间，高宗还摇摆于主战与守和之间，择都临安与建康的议题也一再出现。元代刘一清《钱塘遗事》卷一《金陵山水》就记载了这样一个故事，说高宗定都杭州前在建康暂驻期间，曾经召来一位精通风水的大师帮忙择都相地。这位风水大师认为："建康山虽有余，水则不足。"他还献诗一首："昔年曾记谒金陵，六代如何得久兴。秀气尽随流水去，空留烟岫锁崚嶒。"

绍兴八年（1138）一月十一日，诏复幸浙西，以二月七日起发。时高宗与赵鼎议还浙西定都临安，参知政事张守每对必为高宗言："建康自六朝为帝王都，江流险阔，气象雄伟，且据要会以经理中原，依险阻以捍御强敌，可为别都，以图恢复。"及将下诏东归，又言：

"陛下至建康，席未及暖，今又巡幸，百司六军有勤动之苦，民力邦用有烦费之忧，愿少安于此，以系中原民心。"高宗、赵鼎不听。二月癸亥，高宗发建康，殿前都虞候杨沂中主管侍卫步军兼权马军司公事，解潜以其军从。戊寅，高宗经常州、无锡县、平江府、崇德县而临平镇返回临安。三月，高宗正式以临安为"行在所"，寓不忘收复中原之志。高宗诏曰："昔在光武之兴，虽定都于洛，而车驾往返，见于前史者非一，用能奋扬英威，递行天讨，上继隆汉，朕甚慕之。朕荷祖宗之休，克绍大统，夙夜危惧，不常厥居。比者巡幸建康，抚绥淮甸，既已申固边圉，奖率六军，是故复还临安，内修政事，缮治甲兵，以定基业，非厌雨露之苦，而图宫室之安也。故兹诏谕，想宜知悉。"此后，历经孝宗、光宗、宁宗、理宗、度宗、恭帝、端宗和卫王赵昺八个皇帝，于1279年被元朝灭亡，临安表面挂着"行在"的招牌，实际上却一直作为南宋的国都而存在。

南宋定都杭州的四大理由

南宋定都杭州的原因,主要有以下四个:一是都城的安全性;二是发达的都市经济;三是便利的水陆交通;四是优美的山水风光。

1. 都城的安全性

绍兴八年(1138)三月,高宗宣布正式定都杭州前,宋、金对峙的局面已经形成,南宋政权业已稳定下来,因此确定都城的所在地,便成为南宋朝廷的首要问题。其时,可供统治者选择的都城所在地主要有两个,即建康(今江苏南京市)和临安。

建康位居长江下游,长江从城外西南部流过,素有"龙蟠虎踞"之称,历史非常悠久,早在春秋战国时期,吴国和越国就曾在此先后设城。此后,楚威王在此置金陵郡。三国孙吴建都建业(今江苏南京市),东晋和南朝宋、齐、梁、陈数朝也均建都于此,故后代有"六朝古都"之称,一度是中国境内首屈一指的大都市。隋灭陈后,雄伟壮丽的城池被拆毁,只留下小规模的石头城。到了唐代,城市逐渐恢复,成为昇州府治所。五代十国时期,南唐又在此建都,成为中国南方的一个大都会。但在宋初平定南唐的过程中,城市遭到战争的破坏,昔日的"富贵繁华随而磨灭乎荒砦断堑之间"[①]。由此可见,其历史地位在宋代以前一直优于杭州,因此南宋有许多大臣主张定都建康。如观文殿大学士、提举淮安府洞霄宫李纲说:

愿陛下驻跸建康,料理荆、襄以为藩篱,葺理淮南以为家计。……临安、平江皆泽国,褊迫所据,非用武之地,莫若权宜且于建康驻跸,控引二浙,襟带江湖,漕运财谷,无不便利。使淮南有藩篱形势之固,

---

① (宋)郑獬:《郧溪集》卷一五《江宁县思贤堂记》清乾隆刻本。

然后建康可都，愿陛下与大臣熟计之。①

资政殿大学士、提举临安府洞霄宫李邴认为：

建康，古所建国，山川盘络，漕运便利。陛下欲图中原，必驻跸于建康，此不易之论也。

资政殿大学士、提举临安府洞霄宫王绹认为：

所谓规度驻跸之地，臣窃尝伏思：汴都京庙、洛邑陵寝，咸在中原。洛、汴之在天下，犹水木之有本源，网裘之有纲领。……由是观之，将图恢复中原，驻跸之地，信未有过于建康者，岂钱塘、苏台所可比拟！……②

其实上，在他们议论定都建康之前，即在建炎年间（1127—1130），许多官员也提出过定都建康的建议。如卫尉少卿卫肤敏曾数次上疏说："建康实古帝都，外连江、淮，内控湖、海，负山带海，为东南要会之地。"中书舍人刘珏也说："金陵天险，前据大江，可以固守。东南久安，财力富盛，足以待敌。"③张邵说："非保东南，无以为陛下之资；非据建康，无以镇东南之势。建康之地，龙盘虎踞，

---

① 《建炎以来系年要录》卷八七，绍兴五年三月癸卯条，第1452—1453页。

② （宋）徐梦莘：《三朝北盟会编》卷一七五《炎兴下帙七十五》，起绍兴七年正月十五日丁丑尽其日，下册，第1263—1264页。

③ 《建炎以来系年要录》卷七，建炎元年七月癸丑条，第214页。

古称帝都，却倚大江，险实天设。"①

总之，在绍兴八年（1138）以前，官员们的公开议论都是主张以建康为都而反对迁都临安的。即使在南宋朝廷定都临安已成事实后，迁都建康之议也时有出现。绍兴三十二年（1162）一月高宗劳师建康，丁亥，就驻跸建康还是临安，命侍从、台谏同赴都堂集议，定回銮临安之议。在此之前，殿中侍御史吴芾言大驾宜留建康以系中原之望。而给事中金安节等言："惟建康江山险固，从昔以为帝王之都。盖以南控楚越，西连巴蜀，北接中原，最为形胜，实东南之要会也。"②隆兴元年（1163），陆游在《上二府论都邑札子》中慷慨激昂地指出："某闻江左自吴以来，未有舍建康他都者。……车驾驻跸临安，出于权宜，本非定都；以形势则不固，以馈饷则不便，海道逼近，凛然常有意外之忧。"③淳熙五年（1178），陈亮也在《上孝宗皇帝第一书》中极力反对定都临安，指出："夫吴、蜀，天地之偏气也；钱塘，又吴之一隅也。当唐之衰，而钱镠以闾巷之雄起王其地，自以不能独立，常朝事中国以为重。及我宋受命，俶以其家入京师而自献其土。故钱塘终始五代，被兵最少，而二百年之间，人物日以繁盛，遂甲于东南。及建炎、绍兴之间，为六飞所驻之地。当时论者固已疑其不可以张形势而事恢复也。秦桧又从而备百司庶府以讲礼乐于其中，其风俗固已华靡；士大夫又从而治园囿台榭，以乐其生于干戈之余，上下宴安，而钱塘为乐国矣。一隙之地本不足以容万乘，而镇压且五十年，山川之气盖亦发泄而无余矣。故谷粟桑麻丝枲之

---

① 《三朝北盟会编》卷二二二《炎兴下帙一百二十二》，起绍兴二十六年七月尽其月，下册，第1599页。

② 《建炎以来系年要录》卷一九六，第3309页。

③ （宋）陆游：《渭南文集笺校》，上海古籍出版社2022年版，第156—157页。

利岁耗于一岁，禽兽鱼鳖草木之生日微于一日，而上下不以为异也。公卿将相大抵多江、浙、闽、蜀之人，而人才亦日以凡下；场屋之士以十万数，而文墨小异，已足以称雄于其间矣。陛下据钱塘已耗之气，用闽、浙日衰之士，而欲鼓东南习安脆弱之众，北向以争中原，臣是以知其难也。"①但他们的这些建议都没有被高宗采纳，这是为什么？其实原因很简单，这就是都城的安全性。

中国古都学会会长史念海先生在《中国古都学刍议》一文中认为："一代都城的地点的选择和确定不是偶然的，有自然的因素，也有人为的因素。都城最大的目的，是当时王朝或政权借此以统治它所控制的地区。任何王朝或政权都期望它能永久存在下去，亿万斯年，不至坠毁。所以对于都城所在地的选择莫不极为慎重。它必须仔细了解当地的自然形势，是否有利于巩固它的统治力量和地位。"如西汉初年选择都城时，朝廷就曾经对洛阳和关中作过认真细致的比较研究。洛阳固有山河之固，足以凭借，但较之秦地的被山带河、四塞以为固的形势，还是稍逊一筹的。所以刘邦毅然舍弃洛阳而定都关中。南宋初年的定都也是如此，高宗主要考虑的是都城的军事安全性，他明确指出："朕以为金人所恃者，骑众耳。浙西水乡，骑虽众不得骋也。"②高宗朝大臣王渊说："暂驻镇江，止择得一处。若虏自通州渡，先据姑苏，将若之何？不如钱塘有重江之阻。"③这就是说，临安比建康要多一道天然屏障，更具安全感。朱熹也认为："建康形势雄壮，然攻破著淮，则只隔一水。欲进取，则可都建康；欲自

---

① （宋）陈亮：《陈亮集》（增订本）上册，卷一《书疏》，中华书局1987年版，第7页。

② 《建炎以来系年要录》卷二七，建炎三年闰八月丁亥条，第616页。

③ 《建炎以来系年要录》卷二〇，建炎三年二月癸丑条，第456—457页。

守，则莫若都临安。"①有鉴于此，著名的宋史学家陈乐素先生在《南宋定都临安的原因》一文中明确指出："决定放弃建都建康原因，为的是高宗求确保一己的安全与统治权的持续。"真可谓一针见血。

2. 发达的都市经济

除上述的安全性外，经济因素也是宋高宗择都杭州时所必须考虑的重要问题。因为"都城是人口容易聚集的地方。在全国来说，即令不是人口最多的城市，也是人口较多的所在。这就要解决社会生活所必需的物资的谋得的问题。解决这样的问题就须具有一定的自然条件，使所必需的物资能够在都城附近就地取得，而不假于外来的财力。如果需要外地的供应，其间难易的程度，也应在考虑之列。若是过分困难，对于都城的地位能否长期保持下去，也不是毫无影响的。正因为这样，经济因素在形成都城的过程中就具有相当重要的意义"②。

北宋杭州所在的两浙路或东南地区，其经济在全国占有重要的地位。《宋史》卷三二七《范祖禹传》载："国家根本，仰给东南。"苏轼《进单锷吴中水利书状》说："两浙之富，国用所恃，岁漕都下米百五十万石，其他财赋供馈不可悉数。"杭州处在两浙路的中心处，其城市的经济地位在北宋时仅次于东京开封，宋仁宗（赵祯）《赐梅挚知杭州》诗赞美杭州"地有湖山美"，是"东南第一州"。由此可见，当时杭州的城市地位已经得到皇帝首肯，远在邻近的苏州、越州之上。以户口来说，《元丰九域志》载元丰元年（1078）江宁府为168462户，苏州173969户，杭州202803户；以商税来说，杭州所交的税额为全

---

① （宋）朱熹：《朱子语类》卷一二七《本朝一·高宗朝》，中华书局1986年版。

② 史念海：《中国古都形成的因素》，载《中国古都研究》第四辑，浙江人民出版社1989年版。

国第一,绝对超过其他地区。北宋熙宁十年(1077)商税额上交比较多的城市,第一就是杭州,约十七万三千余贯;第二才是都城开封,为十五万三千余贯;第三是楚州(今江苏淮安市)的十一万三千余贯;第四是扬州(今属江苏),税额为九万六千余贯;第五是河北大名府的九万五千余贯;第六是沧州(今河北沧县)的九万四千余贯;第七是郓州(今山东东平县)和长沙(今属湖南),同为九万二千余贯;第八是密州(今山东胶县)和齐州(今山东济南市),并为八万七千余贯;第九位的税额则比上一位下降更多,是苏州的七万七千余贯。[①]
从酒税来看,杭州的税额也是全国最高的。根据苏轼《杭州乞度牒开西湖状》的奏文"天下酒税之盛,未有如杭者也,岁课二十余万缗……"等语,二十余万贯的酒税,比商税的收入还多,可知当时的杭州是全国最大的酒的生产和消费地。有鉴于此,王畴《送同年蒲叔范察判杭州监》诗有"杭城东南剧,地将湖海邻。权利冠天下,旗亭压重闉"的诗句。而曾经跟随苏轼居于杭州的北宋词人晁补之,在《七述》中赞美杭州经济时说:

杭故王都,俗上工巧,家夸人斗,穷丽殚好,纷挐错纠,晃荡精晶,若八方之民,车凑舟会,角富而衍宝。木则花梨美柷,梙柏香檀,阳平阴秘,外泽中坚,以斩以刊,以削以剡,以漆以胶,以墨以丹,为床为甒,为棋为几,为盘为豆,为盂为簋。庄严之佛,惨烈之神,诙怪之鬼,顾姣之人,涂以铅英,镂以金文,依以灵山,乘以飞云,霞烟雾霭,焕烂五采,渠输陆运,投钱竞买。……

[①]《宋会要辑稿》食货一六之七、一七之一,第 6 册,第 5076、5084 页。

宋 佚名 《曲院莲香图》

宝则璆琳珊瑚，码瑙斌珠，药化之玉，火化之珠，琉璃之椀，水精之盂，红黄白绿，磊落满楱，北商东贾，百金不鬻。沙河雨晴，月照灯明，席张案设，左右煌荧，远而望之，夺人目精。……

其时，杭州手工业中的造船、酿酒、印刷、丝织等已经名列全国前茅。以丝织业为例，杭州是全国丝织业的中心之一，特别是这里生产的绫，是上贡的物品之一。有鉴于此，宋太宗至道元年（995）二月，杭州始置织务，朝廷每年在此收购25万匹绢。以其为重地的两浙路上供丝织品，占全国总额的三分之一以上。有鉴于此，宋徽宗在崇宁元年（1102）命宦官童贯置造作局于苏杭，造作器用，"雕刻、织绣之工，曲尽其巧，诸色匠日役数千，而材物所须，悉科于

中国印刷博物馆内的毕昇塑像

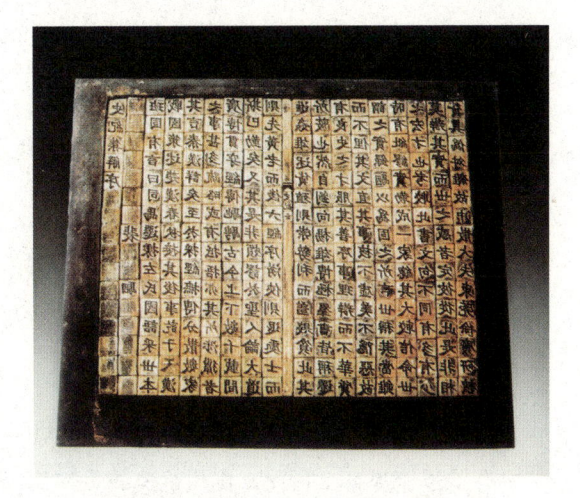

泥活字（选自吕济民主编《古籍善本》上册，线装书局2006年版）

民，民力重困"①。这个造作局每天能够役使数千名"雕刻、织绣之工"，可见规模极大。杭州印刷业发达，与四川成都、汴京（今河南开封市）、福建建阳并称为全国四大刻书中心。清末民初的国学大师王国维在《两浙古刊本考序》中说："北宋刊本，刊于杭者，殆居泰半。"又说："自古刊版之盛，未有如吾浙者。"由于这里荟萃了大批技术精良的雕版工人，故印书质量达到了全国一流的水平。南宋初年，叶梦得在《石林燕语》卷八中评论说："今天下印书，以杭州为上，蜀本次之，福建最下。京师比岁印板，殆不减杭州，但纸不佳；蜀与福建多以柔木刻之，取其易成而速售，故不能工；福建本几遍天下，正以其易成故也。"正是在此背景下，毕昇发明了活字印刷，成为举世闻名的中国古代四大发明之一。因此，宋高宗选择杭州为都城当是顺理成章之事，毫不足怪。且定都于此，又解决了唐都长安和宋都开封政治

---

① （明）陈邦瞻：《宋史纪事本末》卷五〇《花石纲之役》，中华书局1977年版，第505页。

中心与经济中心脱离的严重问题。

3. 便利的水陆交通

以水路言,杭州的交通非常便利,有大运河、钱塘江等连接海内外。早在隋大业六年(610),隋炀帝重新疏凿由京口(今江苏镇江市)通往余杭(今浙江杭州市)的江南运河。随着南北大运河的开通,杭州因为浙东运河和浙西运河的形成,遂成为运河线上的一大枢纽,将大运河的影响快速地向闽、粤、赣和长江中上游延伸,成为兼具河港和海港双重功能的重要运河城市,都市政治、经济地位也有了迅速提高。自此,杭州迅速成为"川泽沃衍,有海陆之饶,珍异所聚,故商贸并凑"①的港口城市,充分体现了作为交通枢纽和商业中心的双重地位。唐代中期以后,杭州已经成为"东南名郡","水牵卉服,陆控山夷,骈樯二十里,开肆三万室"②。五代吴越国杭州的繁荣,半系于北郭河埠的内河贸易,半系于城东江干的海上贸易。罗隐《杭州罗城记》说杭州"东眄巨浸,辏闽粤之舟橹;北倚郭邑,通商旅之宝货",就是其中的生动描述。至北宋时,杭州是全国四大港口城市之一,与日本、高丽及东南亚、西亚等国家和地区均有往来。至和元年(1054),蔡襄在《杭州新作双门记》中说:"杭州,二浙为大州,提支郡数十,而道通四方,海外诸国,物资丛居,行商往来,俗用不一。"大运河沟通了位于北方的两京开封与洛阳,沿长江西上还可到达两湖、四川等地。溯钱塘江而上,则可到达上游的婺(治今浙江金华)、处(治今浙江丽水市)、衢及徽州等地。正是因为如此便利的交通条件,欧阳修在《有美堂记》中赞美杭州:"若乃

---

① (唐)魏徵等:《隋书》卷三一《地理志》,中华书局1973年版,第3册,第887页。

② (唐)李华:《杭州刺史厅壁记》,《全唐文》卷三一六,上海古籍出版社1990年版,第2册,第1417页。

四方之所聚，百货之所交，物盛人众，为一都会，而又能兼有山水之美，以资富贵之娱者，惟金陵、钱塘。……今其民幸，富足安乐，又其俗习工巧，邑屋华丽，盖十余万家。环以湖山，左右映带。而闽商海贾，风帆浪舶，出入于江涛浩渺、烟云杳霭之间，可谓盛矣。"晁补之《七述》也说："杭之故封，左浙江，右具区，北大海，南天目，万川之所交会，万山之所重复，或濑或湍，或湾或渊，或岐或孤，或衮或连。滔滔汤汤，浑浑洋洋，累累浪浪，隆隆印印，若金城天府之疆。其民既庶而有余，既姣而多娱。可导可疏，可航可桴，可跂可踊，可樏可车，若九洲三山，接乎人世之庐，连延逦迤，环二十里。"熙宁五年（1072）四月十三日，日本天台宗高僧成寻坐船至杭州，其《参天台五台山记》对当时杭州人口稠密、交通繁忙的情况作了非常真实的描写："未时，着杭州凑口。津屋皆瓦葺，楼门相交……买卖大小船，不知其数。……河左右家皆瓦葺，无隙，并造庄严。大船不可尽数。"

4. 优美的山水风光

杭州自唐代以来，历经统治者的开发建设，至宋朝初年已经是全国著名的风景名胜城市，得到了举国上下一致好评。宋初词人潘阆撰有《酒泉子》10首，盛赞杭州和西湖之美，内中第一首的首句即称："长忆钱塘，不是人寰是天上。万家掩映翠微间，处处水潺潺。异花四季当窗放，出入分明在屏障。别来隋柳几经秋，何日得重游。"宋仁宗《赐梅挚知杭州》诗称杭州"地有湖山美，东南第一州"。王安石《杭州呈胜之》诗则言杭州风华和人物不亚于京城开封：

游观须知此地佳，纷纷人物敌京华。
林峦腊雪千家水，城郭春风二月花。
彩舫笙箫吹落日，画楼灯烛映残霞。

如君援笔宜摹写,寄与尘埃北客夸。

北宋柳永的《望海潮》词更是把杭州的都市繁华、风光优美等描写得淋漓尽致:

东南形胜,三吴都会,钱塘自古繁华。烟柳画桥,风帘翠幕,参差十万人家。云树绕堤沙,怒涛卷霜雪,天堑无涯。市列珠玑,户盈罗绮,竞豪奢。

……

正因如此,宋高宗"暨观钱唐表里江湖之胜,则叹曰:'吾舍此何适?'"

此外,基本完整的城市建筑等,也是促使宋高宗舍弃建康而定都临安的原因。

第二章

都城的规划与建设

第二章
都城的规划与建设

"南宫北市"的城市布局

在中国传统的都城布局中,历来注重"择地而中"和"坐北朝南"的原则,如长安、洛阳都采用"前市后朝"的方式,即皇城宫殿在全城之北,东、西、南一带为坊市所在。但南宋临安的城市布局却是逆其道而行之,采取了"因地制宜"和"坐南朝北"的特殊布局。"在南宋临安,大内位于国城南端,且在南端设置了郊坛。太庙位于大内北侧,而社稷更位于北面。太庙、社稷的位置,偏离了《周礼》'左祖右社'的原则。临安的都城空间与开封相比,也偏离了《周礼》原则,这反映出两宋期间围绕《周礼》产生的政治文化的差异。"[①]

南宋临安的这种特殊布局,是由当地的地理环境决定的。由于杭州城西靠西湖,东南临近钱塘江,北接大运河,南部多山,形成了南高北低的地势。中国历代统治中心的建设有"居高临下"的政治和礼制传统,因此五代吴越国的"子城"和南宋临安的皇城都选择了城市南部的丘陵地带,即凤凰山麓。这样就使临安的都城出现了坐南朝北的特殊布局,皇城的宫殿在全城的最南端,官府、街坊全在北面,趋朝者皆须由后而入,杭州人叫其"倒骑龙"。这样的布局,是鉴于杭州的地理环境,与长安、洛阳、北京都城的布局截然不同。

---

① [日]久保田和男著,郭万平译:《南宋临安国城小论》,包伟民主编:《中国城市史研究论文集》,杭州出版社2016年版,第253—254页。

关于临安坐南朝北的特殊布局，当时有这样一个民间传说作了解释。赵彦卫《云麓漫钞》卷三对此有很详细的记载：

政和五年，命工部侍郎孟揆鸠工，内官梁师成董役，筑土山于景龙门之侧，以象余杭之凤凰山，最高一峰九十尺，山周十余里，分东西二岭，直接南山，石大者高四十尺，赐名"神运昭功"，封"磐固侯"，始名凤凰山，后神降，有"艮岳排空霄"之语，以在都城之艮方，故曰艮岳。南山成，易名曰寿岳，都人且曰万岁山。所谓余杭之凤凰山，即今临安府大内丽正门之正面；按山上有天柱宫及钱王郊坛，尽处即嘉会门。山势自西北来，如龙翔凤舞，掀腾而下，至凤凰山止。山分左右翼，大内在山之左腋，后有山包之，第二包即相府，第三包即太庙，第四包即执政府，包尽处为朝天门。端诚殿在山之右腋，后有山包之，第二包即郊坛，第三包即易安斋，第四包即马院。东南皆大江，西为西湖，北临平湖，地险且壮，实为一都会。其兆先见于东都为山之时。

其实，这个"行兆"传说乃时人附会。宋朝统治者十分迷信阴阳风水，流行用五音姓利择定地址方位。所谓"五音姓利"之说，即《茔原总录》卷二《上下利方篇》说的"凡论上下姓利，常以河魁加五音墓维得功曹为上利，传送为下利"，即将人的姓氏分为宫、商、角、徵、羽五姓，选择宅地和葬地等时，必须十分讲究其方位、时日的阴阳五行属性是否与五姓相配。其说早在汉代便已经出现，如汉代王充《论衡·诘术》载："五姓之宅，门有宜向，向得其宜，富贵吉昌。"即说五姓和门的朝向与人的祸福吉凶密切相关。到唐代，此说非常盛行，据宋代赵希弁撰《郡斋读书后志》卷二《子类》所载，唐僧一行撰有《五音地理新书》三十卷，以人姓五音验八山三十八将吉凶之方。《旧唐书》卷七十九《吕才传》还说："言五姓者，谓宫、商、角、徵、羽

南宋皇城复原示意图

等。天下万物，悉配属之。行事吉凶，依此为法。至如张、王等为商，武庚等为羽，欲似同韵相求，及其以柳姓为宫，以赵姓为角……"按照此种理论，赵姓归音为角，角音利于丙、壬方向。赵姓即"国音"，故此宋代统治者便按照"国音利便"的含义，来确定吉与凶、利与不利。南宋临安就是他们五音择地法的典型之作。他们认为杭州的山势象征着"龙飞凤舞"，龙首在西北，东太乙宫后小圃内的土丘就是一颗龙珠，因此他们将这一小丘命名为"武林"，作为"杭之主山"，并在这里建造了景灵宫、万寿观和东太乙宫。大内、中央官署和太庙建在凤凰山左翼，郊坛等礼制建筑建在凤凰山右翼[①]。

---

① 杨宽：《中国古代都城制度史研究》，上海古籍出版社1993年版，第350页。

现实主义的城市生态区划

南宋临安的城市规划，却是一种带有强烈现实主义的城市生态区划。依其城市功能，在空间上可以划分为经济区、官绅区和文化、宗教区。

经济区在城市中占有举足轻重的地位。日本著名学者斯波义信在《宋都杭州的城市生态》一文中指出："就经济职能，杭州城市的地理位置选择以及市内的空间划分来看，大运河起点和终点的这种交通上的职能和伴随而来作为物资集散的商业中心的状况，可以说自始至终是促使杭州城市化的基本条件。""当经济活动沿着这条南北干线轴集中起来发挥功能之际，就自然而然地出现了中心区。……这个中心区位于矩形城市的中央，在干线西侧的娱乐场所之一大瓦子一带。中心区的标志是交引铺、金银铺之类的资本和金融店铺的集中点。"

官绅区地理位置的确定，"着眼于两个重要的因素：其一是定居地选择的优劣要素；其二是行政和军事上的城市化要素。……首先是宫城（子城），遵照吴越的传统，设置在防卫和风景最适宜的凤凰山（子城一带）山麓。……由于地形的限制，三省六部以及重要的官署，建筑于吴山山麓到……府治周围。但内藏库（内币库）是特殊的，它占据在吴山的很深的地方。供应官、军的补给、给养和财务管理等的官署，则沿南北轴的经济和交通干线，分别占据在各自的适当地点上，这说明了当时的实用主义政策"。从文献记载和当今学者的研究成果来看，南宋中央官署布局，有一个与唐代长安、北宋东京显著不同的特点：唐与北宋的大多数朝廷机关或主要中央机关，尽量与居民生活区隔开，置于皇城内；而南宋不是。朱溢《南宋三省与临安的城市空间》一文认为："在临安，朝廷衙署的植入往往是见缝插针地进行，即便三省也是如此，因此三省主体部分的周围可以看到不少店铺、民居"；"宫城位于临安南端，因此绝大多数的朝廷衙署都不可避免地分布在宫城以北。不过，除了尚书省，中书省和门下省也都是在宫城之外，恐怕与宫城的规模、地形有一定关系。2004年，临安城考古队对南宋宫城进行了勘探调查，探明其形状为不规则长方形，东西、南北直线距离最长处分别约 800 米、600 米。可见南宋宫城规模不大，更何况其中还有不少难以充分开发利用的山坡。宫城内安置宫殿后，所余空间非常有限。于是一些原先在北宋位于宫城内的机构移至宫城外，阁门司、客省、四方馆的迁出就是例子"。①朱溢《南宋临安城内寺监安置探析》还进一步指出："对南宋政权来说，在临安城内嵌入包括寺监在内的行政机构，是使这座城市从地方都会变为政治中心的必要条件之一。不过，临安有限的城市规模、既有的空间利用状况对此有很大的制约。与作为政治运作核心部门的三省、枢密院、谏院等机构不同，寺监并非必须抵近宫城，可以根据实际的土地占有情况进行安置、调整，再加上官僚机构、礼制建筑、府邸廨宇对城内土地的争夺，不但使南宋寺监的分布极其分散，而且多与住宅、店铺为邻，其迁址的频繁程度更是在帝制时代首屈一指。这样的空间特性固然给寺监的日常行政带来不少负面影响，却也是临安的政治机能与城市空间之间相互冲突、彼此调适的结果，是临安成为南宋政权事实上的都城后空间结构重塑的一个缩影。"②

另外，皇室、将军、大臣和高级官僚的宅第，当然都是征用了城内安全性、饮水、交通和风景极佳的一等地区。至于普通市民，则大多集中居住在地势低湿、饮用水和交通都不方便的地区。

---

① 《复旦学报（社会科学版）》，2017 年第 3 期。

② 《浙江大学学报（人文社会科学版）》，第 47 卷第 5 期，2017 年 9 月。

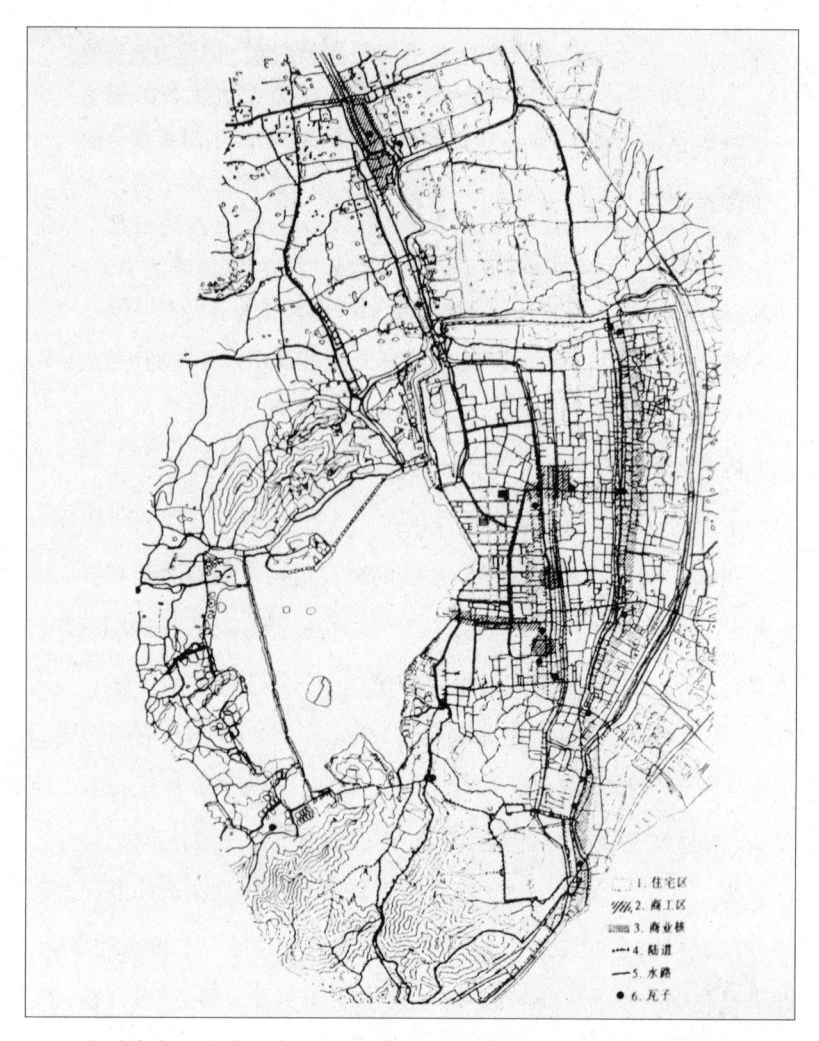

杭州城内外的城市功能（引自斯波义信《宋代江南经济史研究》）

城内北半部是以礼部贡院为中心的学术机构集中区，这里集中了国子监、太学、武学、宗学等文化机构。

佛教系统的寺院主要集中在西湖湖畔一带，特别是西、南、北三面。

"军队大多驻扎在城市的四郊，特别是在城市的北部、东部和南

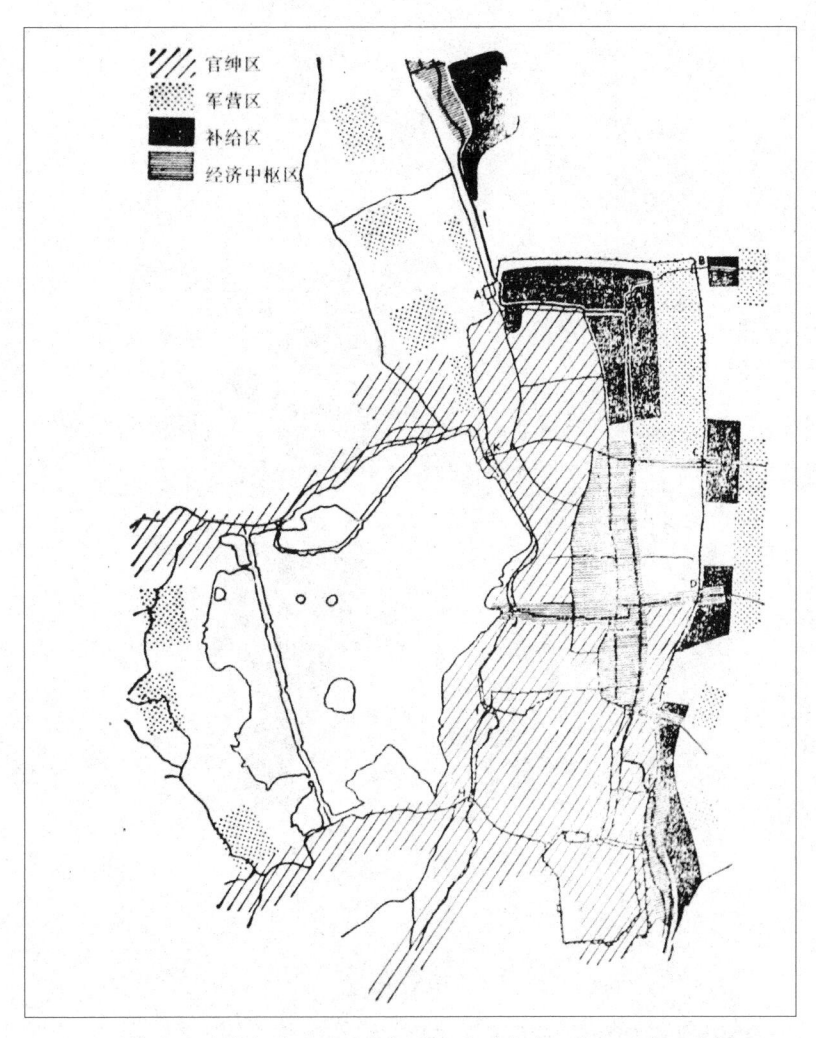

杭州城内外的城市功能（引自斯波义信《宋代江南经济史研究》）

部。三衙诸军在临安城的布防思路，是以宫城为中心，候潮门、嘉会门、钱湖门等宫城四周的附近地区，都驻扎有殿前司诸军，殿前司中军更驻扎于皇宫正南门丽正门东侧。从皇宫南北门经候潮门向东，就是三衙诸军的大教场。临安城整个的城防，则是东西并重，尤重城东，以城北、城南为辅。此格局，主要是由临安城南北长、东西窄，城北一带河湖、沼泽众多，城南则有凤凰山等山地和钱塘江、海湾之

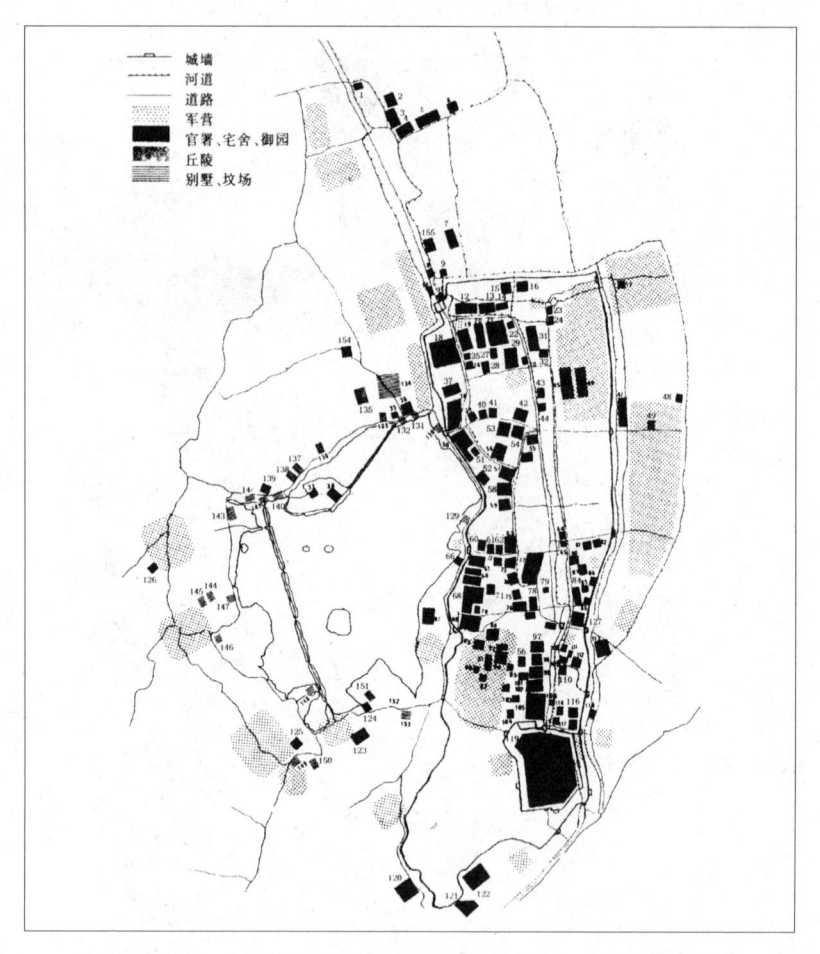

杭州的官绅区、军营区等（引自斯波义信《宋代江南经济史研究》）

天险可资依托的地理环境所决定的。"[①] 日本学者斯波义信在《宋代江南经济史研究》"南宋都城杭州的城市生态"一节中也指出：

从余杭门至江涨桥镇的水路是供应补给的生命线，因此半道红（南北方向的陆路）西的东、西马塍之低地，屯驻着马、步大军。同样，在东北隅的艮山门内外的低湿地，也广泛分布着马、步大军及

---

① 范学辉：《两宋三衙诸军都城驻扎考》，《浙江学刊》2015年第2期。

阎立本《孝经图》中的南宋皇城城墙与城门

其教练场。从东青门向南的崇新门一带,除驻有水军寨外,禁军的兵营连营扎寨。扈从高宗屡立战功的将领及其部下士兵,选定宜于作为营房但居住条件较差、密集程度高的北郊、东郊安营扎寨;其余的兵士,在凤凰山、吴山一带以及西郊布阵以加强杭州后门的防备。[①]

对于南宋都城临安城市规划中按功能划分的生态区划,美国著名学者施坚雅在《中华帝国的城市发展》中称之为中华帝国"城市化中的中世纪革命"[②]。

[①] [日]斯波义信著,方健、何忠礼译:《宋代江南经济史研究》,江苏人民出版社2001年版,第331页。

[②] 王旭等译:《中国封建社会晚期城市研究》,吉林教育出版社1991年版。

府城城墙的建造

南宋临安城的城墙是在旧城基础上扩建而成的。绍兴二年（1132）正月己未，南宋朝廷以"会稽漕运不继"为由，从绍兴移跸临安。但此时作为京城防御主要屏障的外郭城，由于建炎三年（1129）年底金兵的毁坏，变得残破不堪，迫切需要修葺和加固。为此，临安知府宋辉上奏："车驾驻跸本府，城壁理宜严固。昨缘雨雪，推倒过州城三百七十九丈。工力稍大，本府阙人修筑。据壕塞官申元发到人兵二百九人，欲乞候修内司打并了当，退下湖、秀等五州役兵，尽数拨差，并工修筑。"于是，宋高宗赵构立即诏令修内司与临安府共同召集湖州、秀州等五州的役卒数千人，修复临安府城毁坏的城墙，并要求每隔五至六年对城墙进行局部加固。

绍兴十二年（1142）冬十月壬戌，有大臣给皇帝上书："钱塘驻跸之地，而城壁摧剥，傥不加饰，何以肃远近之瞻？况临安府昨被旨置回易库，收其赢以备此举几年矣，今宜取而用之。"于是，高宗诏临安府措置，修复临安府城毁坏的城墙。[①]

绍兴十三年（1143）五月九日，临安知府卢知原上奏言："本府周回城壁久不修治，颓损至多。今日钱湖门、南冲天观等并系相近禁卫去处，未敢擅便前去相视。"[②]诏令皇城司、殿前司前去检查，并加以整修。

绍兴二十八年（1158）六月三日，诏："皇城东南一带，未有外城，可令临安府计度工料，候农隙日修筑，具合用钱数，申尚书省，于御前支降。今来所展地步不多，除官屋外，如有民间屋宇，令张

[①]（宋）熊克：《中兴小纪》卷三〇，福建人民出版社1985年版，第365页。

[②]《宋会要辑稿》方域二之二四、二五，第8册，第7343页。

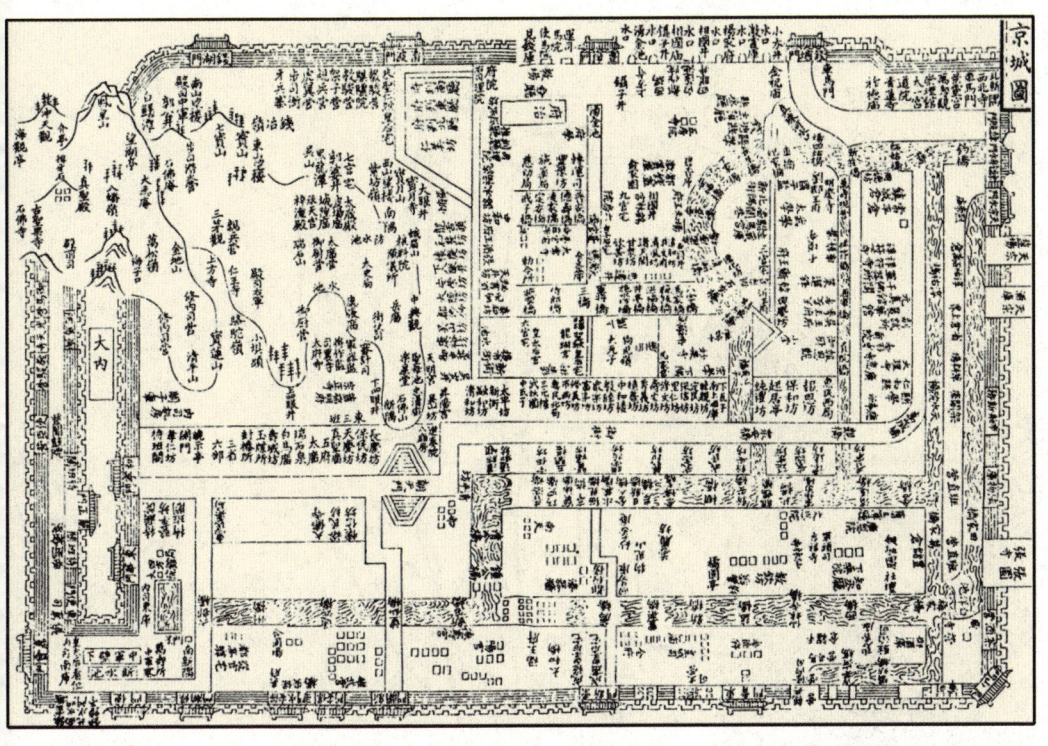

《咸淳临安志·京城图》

偶措置优恤。"[1] 七月，南宋朝廷因增筑内城（即皇宫）的需要，开始大规模整治城墙，增筑旧城东南的外城，使外郭城（即府城）东南部得到了较大的拓展。这次外郭城的城墙拓展工作主要做了以下三件事：一是将东南城墙向外伸展八丈，"所展城阔一十三丈"。其中两丈用作城墙基址；当中五丈用来修筑一条从候潮门外直抵南郊台的御用大道，供皇帝郊祭时所用；城墙两壁各三丈之地，允许民居。所有拆移搬迁费用，除官司房廊止支赁钱，百姓房屋每间支钱十贯，赁户每间五贯，业主五贯。二是对靠近皇宫的一段城墙进行了整修，在原版筑的泥墙外夹筑砖墙。当时共改建了五百四十一丈，用砖石

---

[1] 《宋会要辑稿》方域二之二〇，第 8 册，第 7341 页。

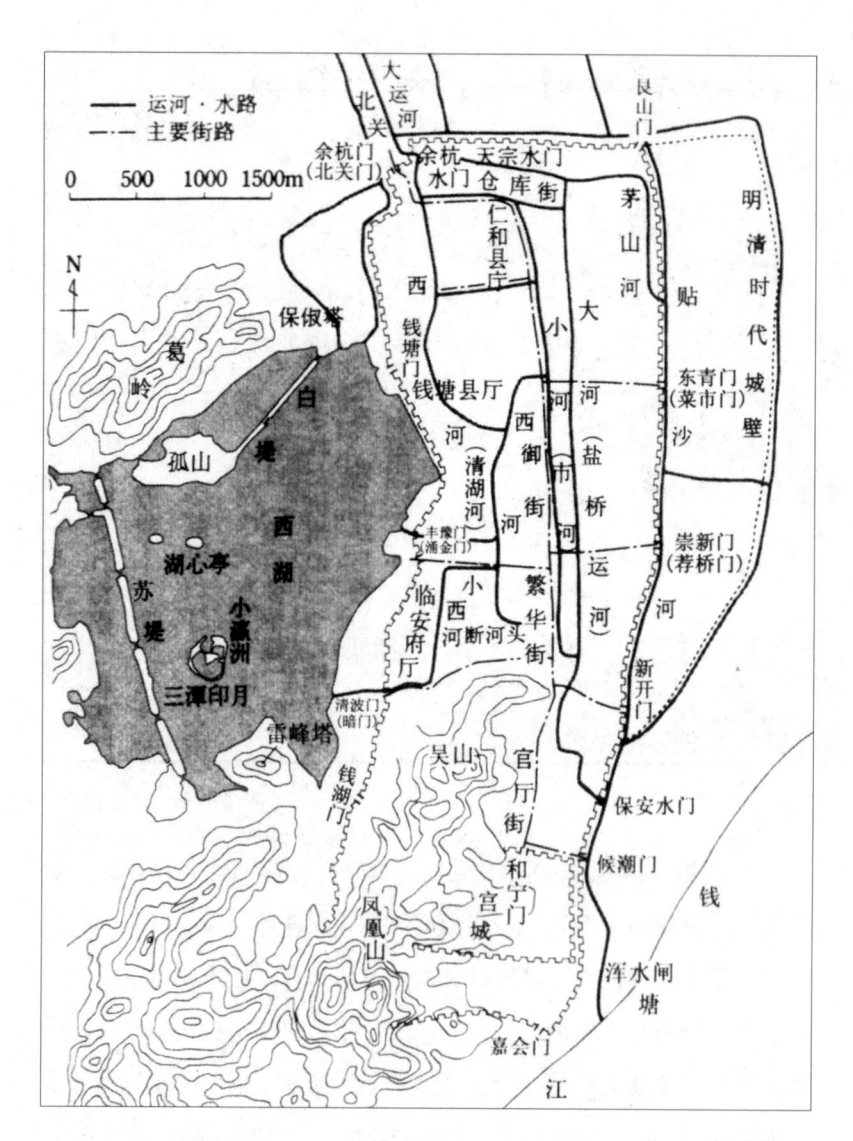

梅原郁《梦梁录——南宋临安繁昌记》附图《临安城门分布图》

一千万片、石灰二十万秤，计用三十余万缗钱。三是在扩展城墙时，在南城墙处新开了便门，诏令新南门名为嘉会门。此次扩展城墙，总长度约三千丈，增内城及东南之外城，附于旧城，临安城墙规模遂定。

宋孝宗隆兴元年（1163）三月，其周回禁城，因春雨连绵，旧城城墙自德寿宫东及钱湖门，北至景灵宫寺，被雨水损坏三百三十五丈。由此，从三月二十一日开始修复工程，至十月二十七日，完成对皇宫城墙的修建。乾道九年（1173），暮春初夏，梅雨浸入，损坏禁城城墙七十二处，计五百九十五丈。临安府于是年年底修复完工，共用材料工钱九万五千余贯。淳熙五年（1178）五月丁未，再次修筑临安府城。庆元五年（1199）五月某天大雨，损坏城墙，夜，压坏附城墙而建的民房，压死了许多百姓。此后，南宋政府又陆续对板筑泥墙进行了夹筑砖墙的维修加固，使防御能力有了进一步的提高。

据《梦粱录》卷七《杭州》等载，临安外郭城的城墙高三丈余（合今9米多），基广二丈（6米），上面横阔丈余（约3米），呈梯形。"禁约严切，人不敢登，犯者准条治罪"。恭帝赵㬎德祐元年（1275）十月，修筑临安府城墙，这是南宋最后一次修建。

至于南宋时外城城墙范围，日本著名学者梅原郁根据《梦粱录》一书的记载，绘制成临安外城图：

东面外城墙至茅山河、贴沙河，城墙东北交会处为艮山门，沿东外墙向南经崇新门、新开门、候潮门，再西折至嘉会门；北面城墙，自艮山门向西延伸至西北城墙交会口——北关门（余杭门外）；西面城墙，自余杭门沿西湖东侧（西湖在城墙外）经钱塘门丰豫门（涌金门）、清波门（暗门）钱湖门；南面城墙，自嘉会门经包家山折向西、沿慈云岭山坡北折，至钱湖门。兜了七八十里一大圈。

经考古工作者对南宋城遗址的考古挖掘研究，南宋时外城城墙范围大致如下：东城墙基本在今东河以西，东河为城壕；西墙墙基即

严官巷南宋御街遗址

今湖滨路、南山路与湖滨公园一带；南面主体穿过今南星桥火车站，从包家山断崖附近折转，经将台山月岩附近北上，到钱湖门。①

---

① 杜正贤：《南宋都城临安研究——以考古为中心》，上海古籍出版社 2016 年版，第 31 页。

府城城门的建造

南宋临安外郭城的城门设置,与中国传统的都城城建制度不同,具有其独特的风格。据《梦粱录》卷七所载,有旱城门十三座、水门五座。其中十三座旱城门的分布是:西城的钱湖门、清波门(俗呼暗门)、丰豫门(旧名涌金门)、钱塘门;东城的便门、候潮门、保安门(又名小堰门)、新门、崇新门(俗称荐桥门)、东青门(俗呼菜市门)、艮山门;南城的嘉会门;北城的余杭门。五座水门的设置是:城东的保安水门,城东南的北水门、南水门,城北的天宗水门和余杭水门。

1. 钱湖门

钱湖门,又名青平门。在清波门南,内傍云居山。门北有海子口,为城南诸山水经澄水闸流入西湖之处。门内有牙兵寨、虎翼营、教骏营、骐骥营、侍卫步司中军六寨,以及白鳝井。南宋洪迈《夷坚志》支丁卷八《西湖判官》中所载的一则故事与此相关:"侍卫步司右军第三将狄训练,以绍熙三年二月六日部诸寨兵,五更入受俸。至前湖门外,坐胡床以俟启阙。觉有坚物触其足,取烛照视,则一巨蟹,长三尺,形模怪丑。命从卒执缚送于家。"[1]

2. 清波门

清波门,又称涵水门,俗称暗门。门址约在今南山路西端。南宋绍兴二十八年(1158)筑外郭城时增筑,为临湖的四门之一。时人往风篁岭等处游览,大多经此门。周必大《记西湖登览》载:"壬午三月己亥晴,与芮国器、程泰之、蒋子礼出暗门,上风篁岭,酌龙井。"

3. 丰豫门

丰豫门,原名涌金门。始建于五代吴越国时期。据宋人赵彦卫

---

[1] (宋)洪迈:《夷坚志》,中华书局1981年版,第3册,第1032—1033页。

《云麓漫钞》卷五载"涌金门即金牛出见之所也",故名。北宋政和六年(1116),郡守徐铸以丰豫门楼堕损,命钤辖杨靖重建,颇极壮丽,榜曰"涌金楼"。南宋高宗绍兴二十八年(1158)增筑外郭城时改称丰豫门。此门倚湖为外势,故无瓮城。其故址约在今涌金门直街与南山路交界处。

4. 钱塘门

钱塘门,始建于五代吴越国时期,北宋时此门犹存。据宋人王明清《玉照新志》卷二载:"(周)美成以待制提举南京鸿庆宫,自杭徙居睦州。梦中作长短句《瑞鹤仙》一阕。既觉犹能全记,了不详其所谓也。未几,青溪贼方腊起,逮其鸥张,方还杭州旧居,而道路兵戈已满,仅得脱死。始入钱塘门,但见杭人仓皇奔避如蜂屯蚁沸,视落日半在鼓角楼檐间,即词中所谓'斜阳映山落,敛余霞犹恋,孤城栏角'者应矣。"南宋高宗绍兴十八年(1148)重建,为城西四门之一。其故址约在今湖滨路与庆春路交界处的东南。据《西湖游览志》卷二〇《北山分脉城内胜迹》载:"钱唐门名,第因钱唐旧县治近此门,因得名耳,非取义于钱湖也。"南宋时,门内设有大理寺,门外则有钱塘县尉司、贡院及酒库钱塘正库。四周名胜古迹极多,分布着众多的园林和宗教场所。其中园林等建筑有云洞园、择胜园、新园、隐秀园、玉壶园、十三间楼、望湖楼、南漪堂、玉莲堂,宗教场所有张真君祠、嘉泽庙、灵卫庙、显功庙、广惠庙、灵顺庙、玉清宫、神仙宫、西靖宫等。这里也是当时人外出的主要途径,据《宋史》卷四一一载,理宗时,吉州人欧阳守道(字公权,一字迁父)以言罢官,徒步出钱塘门,唯书两箧而已。

5. 便门

便门,建于绍兴二十八年(1158)扩建城墙之时。故址在今凤山门与候潮门之间。是时,这里又设西华、东便两门。便门瓦亦设在这里。

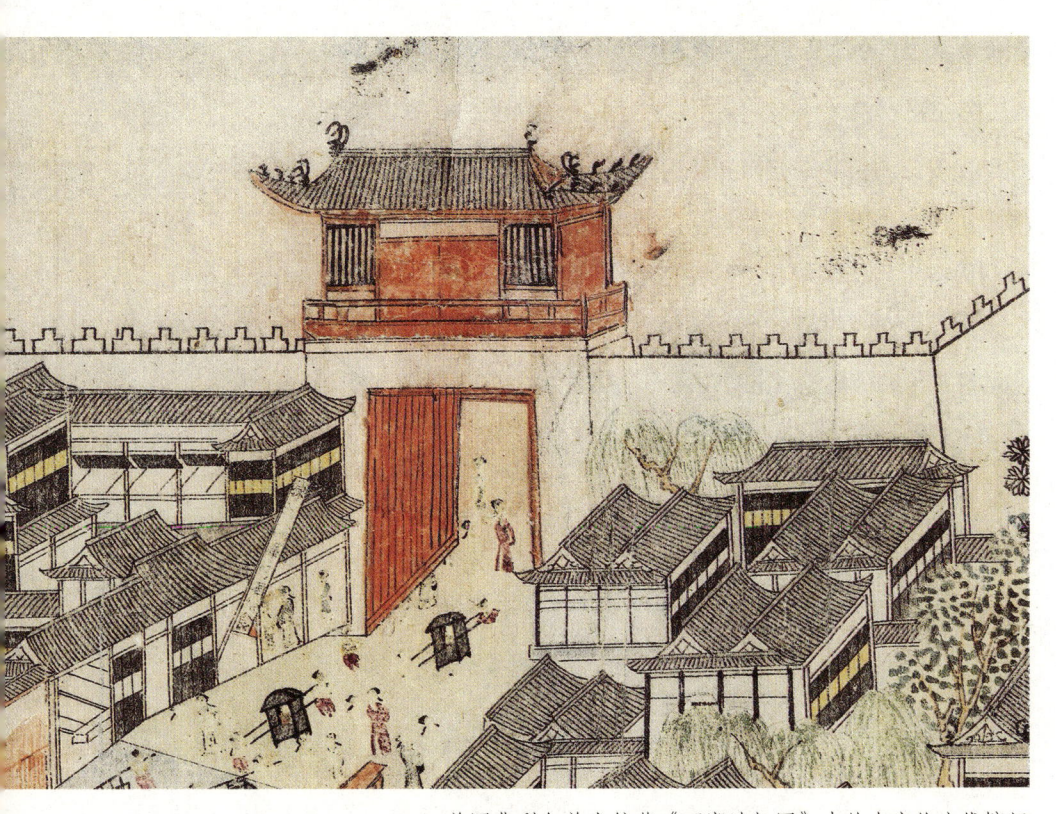

美国弗利尔美术馆藏《西湖清趣图》中的南宋临安钱塘门

6. 候潮门

候潮门，始建于五代吴越国时期。《吴越备史》卷二载："八月，始筑捍海塘。王因江涛冲激，命强弩以射涛头，遂定其基。复建候潮、通江等城门。"因此门濒临钱塘江，每天两次可以候潮，故名。南宋时，此门仍然保存。据《建炎以来系年要录》卷八八所载，绍兴五年（1135）四月戊申，尚书祠部员外郎兼权太常少卿张铢奉太庙神主自温州至行在，宰相赵鼎率文武百僚宗室迎拜于候潮门外。《方舆胜览》卷一《浙西路·行在所临安府·宫殿》载，绍兴三十八年（1168），殿前都指使杨存中乞通展皇城十三丈，以五丈作御路，六丈作民居，将来圣驾亲郊，由候潮门径从所展御路，直抵郊台。门外有椤木桥、夫差庙诸迹。孝宗也常在候潮门外阅兵、观潮。

7. 保安门

保安门，始建于五代吴越国时期。唐昭宗景福二年（893），钱镠发民夫二十万及十三都军士筑罗城，便在城东筑有保安门。因当时门内有水门小堰闸，故俗呼"小堰门"。绍兴二十八年（1158），又增筑保安门。保安门外诸家桥之东设有市舶务。此外，这里还有小堰门瓦子和佛教寺院定慧院。

8. 新开门

新开门，简称新门，因是孝宗时新开的，故名。据《都城纪胜·园苑》等书所载，城东新开门外园林较多，主要有东御园（即富景园）、五柳御园、内侍蒋苑使园。又，《梦粱录》卷一六《米铺》云："新开门外草桥下南街亦开米市三四十家，接客打发分俵。"同书卷一九《瓦舍》载："新开门外南名新门瓦子，旧呼四通馆。"

9. 崇新门

崇新门，始建于南宋高宗绍兴年间（1131—1162），因地近崇新桥、崇新巷，故名。又因其与荐桥相对，故民间又俗呼为荐桥门。门址约在今城头巷北附近。后世所说的清泰门即此门。在东河内，河流绕城而转，过东新关达于临平，抵长安堰。近城河干，南宋有船官廨。

另据《乾道临安志》《咸淳临安志》等书所载，崇新门里有皇后宅、御辇院供御、次供御、下都辇官营；崇新门外有船官廨、红亭税务、八作司营等政府机关。这里军营密集，其中，捧日、天武在崇新门外观音寺东，拱圣在崇新门外旧象院东，骁骑、宁朔、广勇在崇新门外螺蛳桥东，游奕步军五寨在崇新门外以北，城东厢都巡检使司在崇新门外马婆旧铺。有政府所设的酒库，其中崇新门里有东库清、煮两库，崇新门外有崇新库清、煮两界。此外，崇新门外有嘉定四年（1211）建的祇园寺和右军寨前的清修寺，以及绍兴年间殿帅杨存中郡王所建的鹿苑寺等。

10. 东青门

东青门，始建于南宋高宗绍兴年间（1131—1162），因门外是一望无际的蔬菜地，故名。又因此门附近为杭城最大的菜市，故又俗呼为菜市门。门外有前沙河、观音井、饮马池以及谢家塘、菜市塘、走马塘等水利建筑。这里是当时官营手工业的主要生产地，设有铸冶场、铁场、船场和南上库煮库，并驻扎有茶槽巡检司寨和前军、步军两寨。门内外除建有咸淳仓和丰储仓外，还有九宫贵神坛、海神坛、定水院、演法院等宗教场所。元代钱塘吴观善的先祖吴从明（字公亮），南渡后自汴徙家杭之东青门，为小儿医。

11. 艮山门

艮山门，始建于南宋高宗绍兴年间（1127—1162），因城东北隅有艮山，故以名门。南宋时公卿往来，常之迎饯于此山。又因门内有坝子桥，故又有"坝子门"之称。此地在五代吴越国时曾建有宝德门，在艮山门外无星桥，为杭州十门之一。据《西湖游览志余》卷一《帝王都会》等载，这些门"皆金铺铁叶，用以御侮"，并皆有星桥，独此门没有。南宋时的艮山门，是否由宝德门改名而来，因文献缺少记载，今已不得而知。又据《咸淳临安志》等书载，艮山门倚菜市河为濠，门内稍西即为白洋池。门外有后沙河、蔡官人河，并有五里塘、蔡官人塘、月塘等水利设施。门内外军营较多，其中门内驻有禁卫兵东西班、茶酒肆和后军步军一寨，门外驻有选锋步军四寨。宗教场所更是云集，有佛教寺院殊胜院、崇福院、延寿院、宝界院、栖禅院、普照院、广寿慧云禅院，及汉萧相国祠、会灵护国祠、顺济圣妃庙。此外，门外还有都盐仓、养济院等机关。

在南宋时,艮山门门外田畴万顷,一望无际。这里春时桑林稻陇,高下竞秀,风摇碧浪层层,雨过绿荫绕绕。竹篱茅舍间,又桃红、李白、燕紫、莺黄,寓目色相。

12. 余杭门

余杭门,旧名北关或北关门,"盖北门浙西苏、湖、常、秀,直至江、淮诸道,水陆俱通"[①]。因门外有武林山,故民间又称为"武林门"。其历史最早可以追溯到隋代兴建杭州城时,为杭州的北城城门。岳珂有《望北关门》诗描写此门景象:

万里云开瑞日明,雕甍遥接九重城。
舳连丹凤红云绕,关度青牛紫气迎。
新第千门俱改观,旧溪二纪漫关情。
今宵且向桥头宿,又听鼕鼕打六更。

13. 嘉会门

嘉会门,为南宋高宗绍兴二十八年(1158)扩建临安东南府城时新开,因其门外有利涉桥,故民间又俗呼为"利涉门"。吴自牧《梦粱录》卷七《杭州》载:"城南门者一名嘉会,城楼绚彩,为诸门冠。盖此门为御道,遇南郊,五辂欲此幸郊台路。"此门在都城的南面,通江路大街,后代犹存嘉会吊桥。清朱彭《南宋古迹考·城郭考》认为:"宋绍兴增筑城外名南门曰嘉会,时南门包络宫门,最为长展,西际慈云岭,东沿包山,其门偏在包山之下。"

这十三座旱门中,城东七门均建有城楼,其中便门、东青、艮

[①] (宋)吴自牧:《梦粱录》卷七《杭州》,浙江人民出版社1984年版,第52页。

山三门还在城门外建有半月形的瓮城,用以增强城门的防御力量。"诸城壁各高三丈余,横阔丈余。禁约严切,人不敢登,犯者准条治罪。"①五座水门主要用于沟通城内外的河道。其中城北的天宗、余杭两水门使城内诸河与城外诸河相通,可以通过船只与浙西的苏、湖、常、秀诸州及江淮诸道连接。上下塘运河米舟,全部得由清湖闸抵泛洋湖,以入天宗水门。据潜说友《咸淳临安志》载,天宗门里有糠场、都盐仓、天宗仓、转引司,均属抽解竹木场盐事所。赵与𥲅担任临安府尹时,城中居民每天除了需要文思院提供所藏的大米三千石外,民间还要依靠北关天宗水门的米船提供四千石大米。为此,他在盐桥北专门建立了平籴仓,内有二十八个围起来的圆仓,籴湖、秀、苏、常四州的稻米,置粮食加工厂,派人舂治精善,一年产量达到了六十万石,加工好的粮食再低价批发给全城的百姓。从此以后,包括在他调离临安府尹后的十三年里,米价不涨,百姓没有饥荒缺食的现象。元代张士诚拓城时,将天宗水门改为陆门。南水门主要用于排除禁中的积水,其水注入铁沙河及横河桥下;水门有铁窗栅锁闭,一般不开。保安水门在茅山河入城处,河通跨浦桥,与江相隔。这些水门均为平屋。

---

① 《梦粱录》卷七《杭州》,第 53 页。

御街和城内大街

1. 御街

御街主体南起皇宫北边的和宁门外（今凤山门附近），一直向北，经过朝天门略向西折，接着又一直向北，经众安桥、观桥，到万岁桥，又折而向西，到达新庄桥和武林门前的中正桥（斜桥），其走向与现在的中山路基本一致。后来东南方也拓展有御路。

据文献记载，南宋初期的御街也同城内外许多道路一样，多为泥路，遇雨泥泞不堪，皇帝出行通常需要铺上沙子形成"沙路"。周必大有诗云："沙路缓驱金騕裹，阁间新上玉麒麟。"直到孝宗时，御街和其他主干道的路况才有了根本改观。为了方便大驾出行，路面铺上砖石或石板。宁宗以后，御街上铺设好的石板不再于大礼后拆除，于是就形成了石板道路。咸淳七年（1271），安抚潜说友奉旨整修六部桥路口至太庙北的这段御街，共换掉了两万多块毁坏的石板。是时，御街全长一万三千五百余尺，由三万五千三百多方巨幅石板铺成，十分宽敞豁达。《咸淳临安志》卷二一《疆域六·桥道》"御街"称："跸道坦平，直毂结辀，若流水行地上。"

南宋临安御街仿照北宋东京御街，在街道中划出御道、河道、走廊等不同功能的分道。御道专供皇帝通行；御道两侧为砖石砌岸的河道，把御道与外面隔绝开来，以保证皇帝出行安全。河中种植有荷花，岸上栽桃、李、梨、杏等树。河道外是供市民行走的走廊，称为"御廊"。

在南宋御街建筑材料上，考古资料与文献记载有较大出入。杭州市相关部门在中山南路一带为配合基建进行的抢救性考古发掘中，曾两次发现和揭露出南宋御街遗址。

1987年，杭州市文物考古所在中山南路西侧的杭州卷烟厂基建工地发掘清理出了一处路面由"香糕砖"错缝侧砌而成的南宋御街遗迹。该处御街遗迹已揭露部分长约60米，宽约15.3米，呈南北走向。从发掘情况分析，御街分主道和辅道两部分，主道居中，两侧用规格37厘米×17厘米×7厘米的大砖纵向、横向各侧砌一皮作为包边，同时也作为主道与辅道的间隔。两条辅道分居主道东西两侧，用规整的"香糕砖"纵向错缝侧砌，辅道外侧置散水。此次发现的御街做工考究、品质极高，当是南宋时出入皇宫北门——和宁门的主要通道。

2003年年底至2004年夏，为配合万松岭隧道东接线建设，杭州市文物考古所在严官巷进行抢救性发掘，清理出一段南宋御街遗迹。该遗迹位于严官巷东段北侧，紧靠中山南路，同卷烟厂内发现的御街走向、结构一致。其东、南、北三面尚压在地层中。御街已揭露部分应该只是其西半部，从发掘情况来看，此次揭露的御街布局与上次发掘揭露的御街布局相同，也分主道和辅道两部分，主道居中，两条辅道分居主道东西两侧。已揭露主道部分宽2.5米，用规整的香糕砖并列横向错缝侧砌，并在其西侧用规整大砖纵向、横向各侧砌一皮，宽0.45米，作为包边，并与西侧辅道间隔。清理出的西侧辅道宽5.15米，其主体可分为南北向并列的三段，每段的路面用规格30厘米×8厘米×4厘米的香糕砖纵向错缝侧砌，长度接近，都在2米以上。每段的两侧均有一道横向的砖结构包边，该砖结构由中间纵向侧砌的单皮小砖与两侧横向侧砌的一至三皮小砖构成。[1]

这条御街不仅是临安纵贯都城南北的中轴线，构成临安纵横交

---

[1] 杜正贤主持：《建国后西湖考古研究》，西湖丛书编纂委员会办公室2005年内刊本，第82—83页；唐俊杰、杜正贤：《南宋临安城考古》，杭州出版社2008年版，第36—41页。

错的陆路交通网，而且从和宁门到朝天门这一段，还具有外朝的广场性质，作为元旦和冬至举行大朝会时会集排班之用。

御街由于有禁军日夜巡回检查，因此安全性较好。时人王同祖《天街夜步》诗："风不停云月更清，千门绣幕笑歌声。御营巡检无拘束，走马天街夜达明。"

2. 城内大街

除御街外，临安城内还有数条大街。其中，南北向的大街还有后市街、西大街两条。

一条是位于御街西边、与御街平行的后市街，南起清河坊，北至富乐坊，直南与吴山坊对。这里十分繁华，为昭慈圣献孟太后、慈懿李皇后、寿和圣福全皇太后等皇亲国戚的住宅区，又有龙翔宫、御酒曲料库、柑子团、歌楼茶馆妓院以及六眼井等。据《西湖游览志》卷一三《南山分脉城内胜迹》载："先是宋时车驾朝飨景灵宫，由御街过朝天门，经中瓦前直下。回则自洋坝头横入龙翔宫，自太平坊出御街。宝祐癸丑十二月大火，遂从御街当中取大路，直入右瓦之右，以为武林园。其左以为皇子忠王望湖楼。其时旅邸有题壁云：'龙翔宫阙壮皇都，銮路萦回枉德车。天意也知明主意，故教劫火辟通衢。'"

另一条是西大街，南起钱塘门，北至武林门，因地处城西隅，故称西大街。这条大街由于和城北郊的运河大码头相近，因此货物运输非常繁忙。

临安城内东西向的大街，大多以御街为中心，向东西两边延伸，与城内诸城门相通。御街东边主要有和崇新门、新开门、候潮门相通的三条大路；御街西边主要有和钱塘门、涌金门、清波门、武林门相通的数条大路。[1]

此外,临安城内著名的大街还有前洋街、后洋街、三桥街、癸辛街、南新街等。

前洋街,建有太学、武学及司农排岸司等学校和机关。

后洋街,《西湖游览志》卷二〇《北山分脉城内胜迹》载:"纯礼坊与延定坊对,名后洋街,俗称竹竿巷。"其地多贵族豪宅,建有吴王府、秀安僖王府和韩世忠的王府,以及一些大臣的府第,如史浩、赵密等。策选锋步军的一个寨和圣寿寺(即永福寺)也在这里。另据《西湖游览志余》卷二四《委巷丛谈》所载,宋代大学者程颐的后裔程迥曾于绍兴八年(1138)迁居临安之前洋街,门临通衢。《清波杂志》的作者周煇,其祖也居于此。

癸辛街,《西湖游览志》卷一三《南山分脉城内胜迹》载:"相传杨和王建子第于府侧,取癸辛方向,其门巷曰癸辛街。"南宋末年,周密晚年寓居钱塘癸辛街,在此撰有名著《癸辛杂识》。

南新街,据《咸淳临安志》卷一九和《梦粱录》卷七载,在清河坊里,与御史台相对。街内有怜忠祠。

三桥街,据《梦粱录》卷七载:"市西坊俗呼坝头,又名三桥街,并在御街西首一带。"又曰:"文锦坊西通三桥街者,俗称洋坝头。"其范围,"三桥街东通文锦坊,西至涌金门,北通剪刀街,南过惠迁桥"。其街之南为涌金池、转运桥、永安桥、惠迁桥,北为镊子井、友助巷、焦鸡巷、六房巷。街两侧店铺较多,著名的有毛家生药铺、柴家绒线铺、姚家海鲜铺。

---

[1] 林正秋:《南宋都城临安》,西泠印社1986年版,第88—89页。

上述这些大街都由石板、砖块或河卵石等砌成，如周煇《清波杂志》卷二《凉衫》曰："江南阶衢皆甃以砖，与北方不侔。"具体来说，就是在道路两边各镶有十步宽的砖，中间再铺碎石，加上拱形的管道，将雨水疏导至附近的河中，因此，道路能够经常保持干燥。《咸淳临安志》卷一四载的"砖街巷"，即由此得名。考古发掘证实了文献记载，据1986年8月3日《文汇报》载张煦棠《临安古道"昙花一现"》一文云：在杭州市鼓楼左右，曾挖掘出一条南宋古道，宽两米，以砖竖铺，两侧各有排水沟，宽二十余厘米，构筑非常精细。

石板和河卵石，也是临安城中常见的建筑材料。《马可波罗行纪》第一五一章《蛮子国都行在城》云："城中街道皆以石铺地，蛮子（南方汉人）地域之一切道路皆然，由是通行甚易，任往何处，不致沾泥。蛮子地域多泥泞，设若道路不以石铺地，则步骑皆难跋涉，盖其地低而平，雨时颇多陷坑也。"

第三章

凤凰山上的皇城

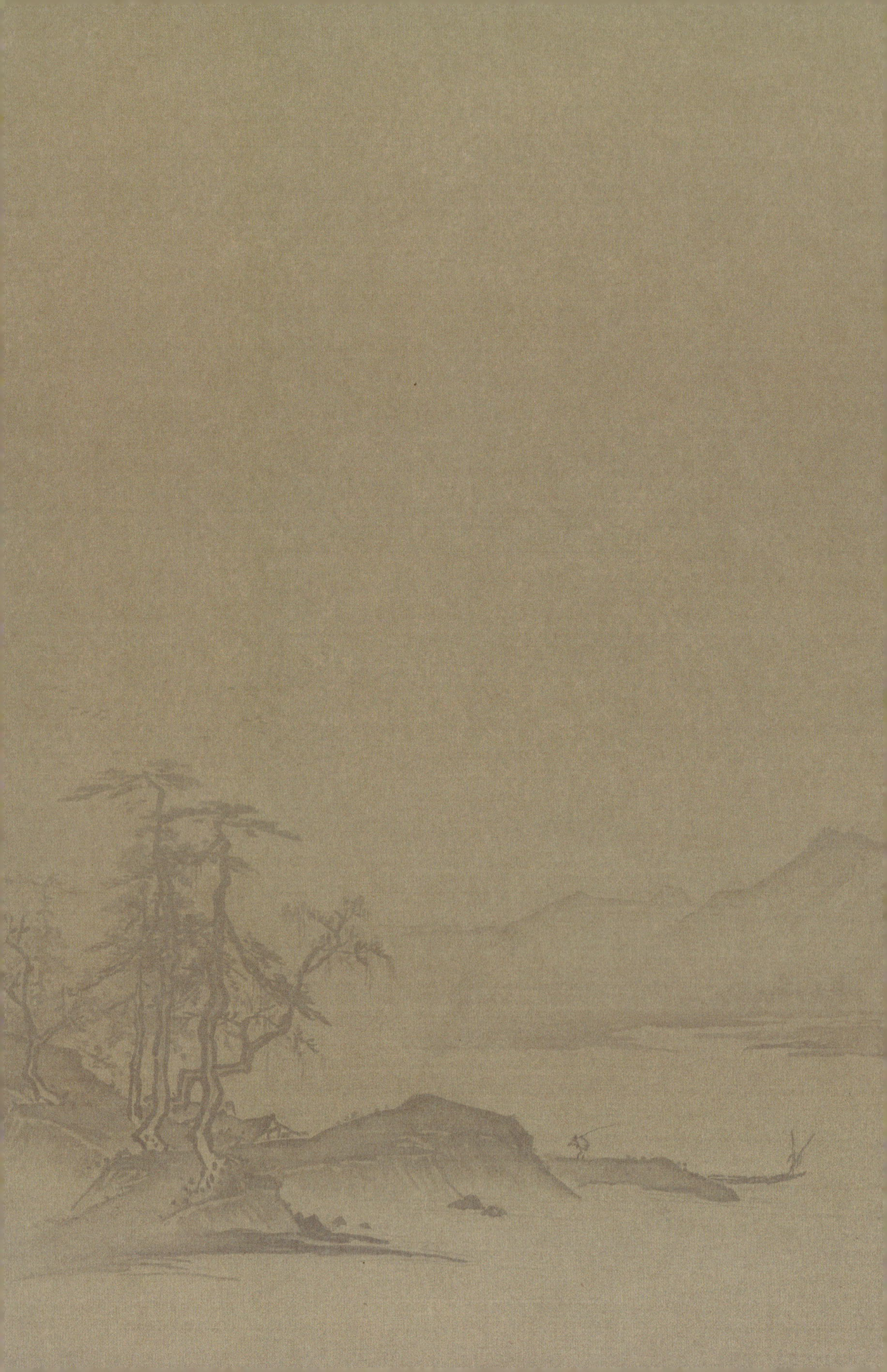

第三章
凤凰山上的皇城

皇城的建造

南宋建炎三年（1129）二月，高宗自扬州逃到杭州，以州治为行宫，就有驻跸杭州之意。七月，升杭州为临安府。高宗初来时，本来选择在风景优美的西湖北山之阴的西溪、留下一带建立行宫，以便和北宋开封皇宫的建制相符，因此这里至今还有"留下"之名。后来，因为凤凰山东麓原有隋、唐、北宋时的州治，又是五代吴越国的国治，符合当时财力和人力严重不足、政局动荡不定等形势，便决定在此基础上扩建作为行宫。但即使是扩建，南宋初期的宫殿与北宋东京相比，仍显得非常简陋。当时的执政叶梦得就曾说："州治屋宇不多，六宫居必隘窄，且东南春夏之交，多雨蒸润，非京师比。"[①]

绍兴元年（1131）十一月，高宗派内侍杨公弼和两浙转运副使兼权知临安府徐康国共同筹划营建行宫的事宜。由于当时南宋政权刚刚建立，人力、财力不足，所以高宗要求宫室制度力求简省，不要华丽的装饰，遵循祖制。旨曰："止令草创，仅蔽风雨足矣。椽楹未暇丹腹，亦无害。或用土朱。"希望他们在营造宫殿时"务要精省，不得华饰"。但内侍杨公弼和徐康国在行宫的筹建问题上意见并不一致。杨公弼建议添建三百余间；而徐康国认为临安府财力有限，主张

---

① 《宋会要辑稿》方域二之五，第8册，第7333页。

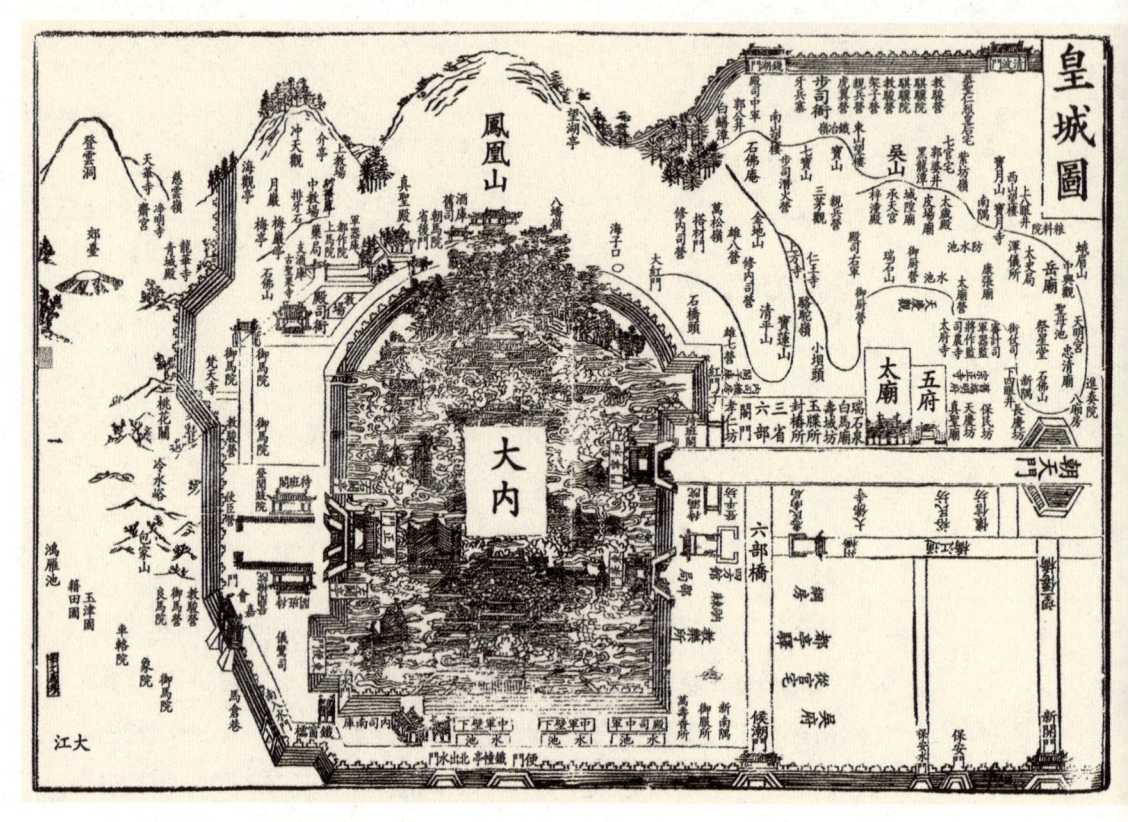

《咸淳临安志·皇城图》

增建一百间。高宗接到两人的奏议后,认为百官、六军自从过江以后,都失去了原来的住所,"朕何敢独求安"? 于是,他采用了折中的方案,下诏增建二百间,宫中止用红白为饰。① 绍兴二年(1132)一月,高宗又下诏停止修建工程,他说:"比移跸临安,六宫尚留会稽者,政缘不欲增广行阙,重困民力。访闻行在,系官修造去处甚多,可日下并罢,自今后非得旨许令增修而辄敢擅役人夫者,令御史台纠弹以闻,仍令尚书省出榜晓示颁行。"② 直到绍兴三年(1133)正月,高宗才派梁汝嘉在行宫大门内至行宫大殿间建造廊庑,以便文武百官

---

① 《宋会要辑稿》方域二之六至一〇,第8册,第7334—7336页;《建炎以来系年要录》卷四九,第871页。

② (宋)潜说友:《咸淳临安志》卷四〇《诏令一罢修造》,《宋元方志丛刊》本,中华书局1990年版,第4册,第3721—3722页。

在上朝时能够躲避风雨。

到这一年的年底，行在行宫各殿初步建成，但十分简陋，"行宫外朝止一殿。日见群臣，省政事则谓之后殿；食后引公事则谓之内殿；双日讲读于斯，则谓之讲殿"①。甚至御殿也只有三间。此外，连宫中道路甚至文武百官朝见皇帝前所站立的过廊也没有。如果遇到天气下雨，百官上朝只得冒雨泥行。《宋史》卷一四三《仪卫志一》载："高宗移跸临安，殿无南廊，遇雨雪，则日参官于南阁内起居。宰执、使相立檐下；侍从、两省、台谏官以下立南阁内；卿监、郎官、武功大夫以下立东西廊。"宋高宗得知百官遇雨泥行的情况后，心里非常难受，于是诏令临安知府梁汝嘉在宫城南门内创建廊庑。

绍兴八年（1138）三月，高宗移跸临安府。正式定都临安以后，宫殿和中央官署才逐步增加、完备。据《舆地纪胜》卷一《行在所建制沿革》记载："（绍兴）十一年和议成，乃作太社太稷、皇后庙、都亭驿、太学；十三年，筑圜丘、景灵宫、高禖坛、秘书省；十五年，作内中神御殿；十六年，广太庙，建武学；十七年，作玉津园、太一宫、万寿观；十八年，筑九宫贵神坛，十九年建太庙神御殿，十六年广太庙，建武学；十七年，作玉津园、太一宫、万寿观；十八年，筑九宫贵神坛；十九年，建太庙斋殿；二十年，作玉牒所；二十二年，作左藏库、南省仓；二十五年，建执政府；二十六年，筑两相第、太医局；二十七年，建尚书六部。大凡定都二十年，而郊庙、宫省始备焉。"

至绍兴二十八年（1158），南宋皇宫的建设才初具规模。到孝宗以后，因国内形势渐趋安定，财力已趋雄厚，故大内宫殿又陆续兴建。此后，再经过诸帝的精心扩建和改建，直至南宋末年，一百多年间，

---

① （清）毕沅：《续资治通鉴》卷一一二，绍兴三年九月，上海古籍出版社1987年版。

凤凰山周围九里之内布满了宫殿。据聂心汤《万历钱塘县志·纪都》记载，有大殿三十、堂三十三、斋四、楼七、阁二十、台六、轩一、阎六、观一、亭十九……此时的宫廷规模，可以说与北宋都城东京基本相当了。

陈世崇《随隐漫录》一书中，非常详细地描述了南宋宫殿的布局：

杭州治，旧钱王宫也。绍兴因以为行宫。皇城九里。入宁和门，左进奏院、玉堂，右中殿、外库。至北宫门，循廊左序，巨珰幕次，列如鱼贯。祥曦殿、朵殿接修廊，为后殿。对以御酒库、御药院，慈元殿外库，内侍省内东门司，大内都巡检司，御厨，天章等阁。廊回路转，众班排列。又转内藏库，对军器库，又转便门。垂拱殿，五间十二架，修六丈，广八丈四尺，檐屋三间，修广各丈五。朵殿四，两庑各二十间。殿门三间内，龙墀折槛。殿后拥舍七间，为延和殿。右便门通后殿门。左一殿，随时易名。明堂郊祀曰端诚，策士唱名曰集英，宴对奉使曰崇德，武举及军班授官曰讲武。东宫在丽正门内、南宫门外；本宫会议所之侧。入门，垂杨夹道间，芙蓉环朱阑。二里，至外宫门。节后堂为财帛、生料二库，环以官属直舍。转外窨子，入内宫门廊。右为赞导春坊直舍，左讲堂，七楹扁新益。外，为讲官直舍正殿。内明左圣堂，右祠堂。后凝华殿、瞻箓堂、环以竺，左寝室，右斋，安位内人直舍百二十楹。左彝斋，太子赐号也。接绣香堂便门，通绎己堂，重檐复屋。昔杨太后垂帘于此，曰慈明堂。殿前射圃，竟百步，环修廊，右转博雅楼，十二间。廊左转数十步，雕阑花甃，万卉中出秋千，对阳春亭、清霁亭。前夫容，后木樨。玉质亭，梅绕之。由绎己堂，过绣膝廊，百八十楹，直通御前，廊外即后苑。梅花千树，曰梅岗亭、冰花亭，枕小西湖，曰水月境界，曰澄碧牡丹，曰伊洛传芳。芍药曰冠芳，山茶曰鹤丹，桂曰天阙，清香堂曰本支百世，佑圣祠曰庆和，泗州曰慈济，钟离曰得真，橘曰洞庭佳味，茅亭曰昭俭，木香曰架雪，竹曰赏静，松亭曰天陵偃盖。以日本国松木为翠寒堂，不施丹腹，白如象齿，环以古松，碧琳堂近之。一山崔嵬，作观堂，为上焚香祝天之所。吴知古掌焚修。每三茅观鼓鸣，观堂之钟应之，则驾兴。山背芙蓉阁，风帆沙鸟，履舄下山，山下一溪萦带，通小西湖。亭曰清涟，怪石夹列，献瑰逞秀，三山五湖，洞穴深杳，豁然平朗，翚飞翼拱。凌虚楼对瑞庆殿、损斋、缉熙、崇正殿之东，为钦先孝思、复古、紫宸等殿。木围即福宁殿、射殿，曰选德、坤宁殿，贵妃、昭仪、婕妤等位宫人直舍蚁聚焉。又东过阁子库，睿思殿，仪鸾修内八作翰林诸司，是谓东华门。①

《马可波罗行纪》也有一段非常生动而细腻的描述，不妨一读：

现在让我们看看王所住的一处最美丽的宫殿，其先人留下了周围十里的大片土地，四周围以高墙，并将此片土地分成三部分。中间部分，从大门一进去两旁各有一楼阁，极尽雕梁画栋，金碧辉煌之能事。起首一栋最为宽敞，亦最称奢华，梁柱皆加以金饰，藻井亦饰以金片：四周壁上精美的壁画描述先王的丰功伟绩。每年有数天在此举行觐见大礼，是时赐宴群臣及杭州的士绅名流，各楼阁亭轩一齐开放，一次可供万人以上的盛宴，各方观见者川流不息。盛宴筵开不断达十二天之久，有幸亲睹此极盛况，宾客们穿着绫罗绸缎，一身珍宝玉石，绚烂耀目，使人疑似此身不复在人间。来此觐见的宾客都极尽全力展示他们的财势和丰姿。我们又来到后面的墙边，推开一扇小门，顿时豁然开朗，又是别有洞天。套室回廊，深宫围

---

① （宋）陈世崇：《随隐漫录佚文·杭州行宫》，中华书局2010年版，第60页。

院，亭阁花园，不一而足。其中侍奉皇上的宫女更达千人之多。回廊蜿蜒曲折，直通密林深处，幽静的湖边。有时圣上与皇后驾幸湖边，乘舫游乐。有时驾临先王祠庙，祭祀神灵。另外二部分，则密林重重。湖光掩映其中，林中又有花园遍植果树，各类驯养的小花鹿、小白兔跳跃其间。有时圣上独自一人，与宫女数十，或驾御或骑马，载欣载奔，来到湖边，宫女们与狗儿奔逐为戏，累倦之后进入林中，衣物尽褪，然后三五一群水中做乐，圣上一人在旁观赏，状至欢乐，宫女们浴罢登岸，侍圣上同享丰盛之野宴。

德祐二年、帝昰景炎元年（1276）二月辛丑，帝㬎率百官拜表祥曦殿，诏谕郡县使降元。元使者进入临安府，封府库，收史馆、礼寺图书及百司符印、告敕，解散南宋官府及侍卫军。丁未，伯颜就遣宋内侍王埜入宫，收宋衮冕、圭璧、符玺及宫中图籍、宝玩、车辂、辇乘、卤簿、麾仗等物。接着，元廷在这一个月里下诏将南宋临安府改为元两浙大都督府。至此南宋都城不复存在，南宋实际已经宣告灭亡。三月丁卯，元伯颜率大军进入临安城内，建大将旗鼓，率左右翼万户巡视，观潮于钱塘江，又登狮子峰观赏杭州城风光形势。丁丑，元军伯颜俘宋恭帝㬎、全太后、福王、沂王及百官僚属数千人北还，只留诸将平定南方各支残留的宋军。元至元十四年（1277），大内宫殿被火延烧。至元二十一年（1284），江淮总摄元僧杨琏真伽奏请朝廷将南宋宫殿遗址改建为五座寺院，这就是报国寺（即垂拱殿）、兴元寺（即芙蓉殿）、般若寺（即和宁门）、仙林寺（即延和殿）和尊胜寺（即福宁殿）。尊胜寺中有尊胜塔，其形如壶，俗称一瓶塔。高二十余丈，用白色涂饰，又名白塔、镇南塔，内藏佛经数十万卷，佛像万尊和宋陵诸帝后的遗骨。元延祐六年（1319），这五座寺院除报国寺外都被大火烧毁了。明洪武时曾加以重建，现都已经找不到它们的遗迹了。至此,这样一座曾经辉煌一时的南宋宫殿,在南宋灭亡之后就逐渐变得破烂不堪,终于埋没在荒烟蔓草之中。

城墙和宫门

南宋皇城即内城，也称禁城，是皇帝所居的宫殿，总称"大内"，也叫"南内"。皇城以吴越国国治子城增筑，城墙周围九里。据明代学者徐一夔《宋行宫考》所述，其四至范围大致是："南自胜果入路，北则入城环至德牟天地牌坊，东沿河（约今中河），西至山冈（即凤凰山）。自平陆至山冈，随其上下以为宫殿。"具体来说，皇城的范围，北城墙在万松龄路南山上、今杭州市中药材仓库西墙外西侧，东城墙在馒头山东麓，南城墙在今宋城路北侧，西城墙以凤凰山为屏障。其形势极佳，非常符合中国古代的风水学。

城墙，据同知临安府张俣、杨俟言："相视合修筑五百四十一丈，计三十余万工，用砖一千余万斤，矿灰二十万秤。今来所展城阔一十三丈，内二丈充城基，中间五丈充御路，两壁各三丈充民居。"[①]

皇城四周有四座宫门，其中南门叫丽正门，是"大内"的正门。据文献记载，此门建成于绍兴二年（1132）九月，初名为"行宫之门"。绍兴十八年（1148）改名为丽正门，取"重离丽正"之义。其门设有三个门道，布置得富丽堂皇，"皆金钉朱户，画栋雕甍，覆以铜瓦，镌镂龙凤飞骧之状，巍峨壮丽，光耀溢目"。可见此门的建筑和装饰十分雄壮富丽。丽正门外建左、右阙亭，东西待班阁、登闻检院，两边陈列有两行红漆权子，排列森然，禁止行人超越。总之，"门禁严甚，守把铃束，人无敢辄入仰视"[②]。只有在举行国家大典时，才允许文武百官从此门出入。其实，南门丽正门作为宫城的正门，只是就皇帝到南郊祭天而言。一年之中，皇帝只有到南郊的郊坛祭祀

[①]（宋）王象之：《舆地纪胜》引《国朝会要》，浙江古籍出版社2012年版，第5—6页。

[②]《梦粱录》卷八《大内》，第62页。

丽正门复原示意图

时才经过此门。

丽正门正对凤凰山，门上还建有重檐庑殿顶式的城楼，城楼上设有钟鼓。这是因为当时的礼制规定，凡皇帝出入皇宫正门时，必须鸣钟击鼓，以显示帝王的尊严。同时，每次三年一遇的大赦仪式，也在这里举行。对此，《武林旧事》卷一《登门肆赦》一节有具体而详尽的记述：

其日，驾自文德殿。诣（去到）丽正门御楼，教坊作乐迎导，参军色念致语，杂剧色念口号。至御幄降辇，门下阁门进"中严外辨"牌讫，御药喝唱"卷帘"，上出幄临轩，门下鸣鞭，宫架奏曲，帘卷扇开，乐止，撞右五钟。黄伞才出，门下宰臣以下两拜，分班立。门上中书令称："有敕，立金鸡。"门下侍郎应喏，宣"奉敕立金鸡"。鸡竿一起，门上仙鹤童子捧赦书降下，阁门接置案上，太常寺击鼓（集囚）。鼓止，捧案至楼前中心。知阁称"宣付三省"，参政跪受，捧制书出班跪奏，请付外施行。……宰臣以下再拜。俟读至"咸赦除之"，狱级奏脱枷讫，罪囚应喏，三呼万岁，歌呼而出。……门上中书令奏礼毕，扇合，宫架乐作，帘降，乐止，撞左五钟。门下礼部郎中奏解严，上还幄次，门下鸣鞭。……宰臣以下再拜，退。

丽正门前是方圆二里至三里大的宫廷广场。它继承了北宋东京

69

的宫殿格局。为了便于宫门的禁卫,突出皇宫的庄严,统治者还在广场的四周设有红漆杈子,限制行人通过。

自丽正门至嘉会门(外城南门),计九里,三百二十步。其路面都是潮沙填筑,广阔平坦,其平如席,以备五辂往来,皇帝每年祭天,由候潮门经过这条道路直抵郊台。

"大内"后门为和宁门,即皇城北门,正夹在大城南边的孝仁坊和登平坊之中。其建筑与格式和丽正门一样,也是三个门道,建筑"金碧辉映"。禁卫亦非常森严,"把守卫士严謹,如人出入,守閽人高唱头帽号,门外列百僚待班阁子,左右排红杈子,左设阁门,右立待漏院、客省四方馆"。文武官员进出皇宫,通常由此出入。和宁门外红杈子,早市买卖,市井最盛。宫廷中"诸阁分等位,宫娥早晚令黄院子收买食品下饭于此。凡饮食珍味,时新下饭,奇细蔬菜,品件不缺。遇有宣唤收买,即时供进"①。

作为"大内"北门的和宁门,名义上是后门,实际上却是主要的正门,因为临安整个都城的布局是坐南向北的,和北宋都城东京的布局方向正好相反。因此,当时的皇帝常从此门出入。南宋王同祖《和宁门观驾》诗:"星斗中天夜向晨,寸云不点月华明。六飞过尽灯如昼,宫漏迟迟报五更。"

东华门,在和宁门东南,为皇城的东门,从登平坊(即高土坊)入。筑成于绍兴二十八年(1158)十一月,与前面两门一样,这里的禁卫亦很严。"沿内城向南,皆殿司中军将卒立寨卫护,名之中军圣下寨。寨门外左右俱设护龙水池。"② 门外左设待班阁,右设待漏院。

---

① 《梦粱录》卷八《大内》,第62、63页。

② 《梦粱录》卷八《大内》,第62页。

并直通御街,门外商业极为繁荣,凡南北宝货、花果时新、海鲜野味、奇花异卉,应有尽有,尤其是早市买卖,非常热闹。另据周密《武林旧事》一书记载,士人赴殿参加由皇帝亲自主持的殿试,从东华门进入,经检查有无挟带私文,方准进内。又公主下降,皇帝先择日召驸马至东华门,引见便殿,及吉期又至东华门行亲,宣召骑马进宫也由东华门入,迎礼。

西华门(即西门),为皇宫的便门。其门址据近人徐映璞《杭州山水寺院名胜志》卷一《南山纪游》载,大概在栖云山附近桃花关一带,筑于绍兴二十八年(1158)十一月,"旧有石磴,宽余寻仞"。

除上述数门外,还有东便门(或称便门)等。与丽正门、和宁门相比,东华门、东便门都不重要。

至于皇城之内,更是千门万户,主要有南宫门(丽正门内)、北宫门(和宁门内)、南水门、东水门、苑东门、苑西门、会通门、宣德门、上阁门、玉华阁门、隔门、斜门、关门、含和门、贻谟门(两门系天章阁)等。

皇城还有两个水门,一在城东,一在和宁门,是皇城水道出口的地方,两处均有水池。南宋"大内"的宫殿依凤凰山东麓建筑,自平地至山冈,随其上下,以为宫殿,而不是像北宋汴京(今开封)一样,"凡诸门与殿须相望,无得辄差"[①]。

---

① (宋)叶梦得:《石林燕语》卷一,中华书局1984年版,第2页。

南内的宫殿

南宋皇城的宫殿布局，基本上承袭了《周礼》"前朝后寝"的传统格式。具体来说，大内可以分为外朝正殿、内朝后殿、苑中殿堂（宫后苑）、东宫、学士院五个部分。外朝居于南部和西部，内廷偏东北，东宫居东南，学士院靠北门，宫后苑在北部。

所谓"前朝"，就是皇帝与文武近臣商讨政事或举行各种仪式大典的宫殿区，又称为外朝，以区别于内朝后寝。

大庆殿，又称为崇政殿，俗称为正衙或金銮殿，在丽正门内，是朝廷举行各种大典庆礼的大殿。凡遇明堂大礼、正朔大朝会，都在此举行。《梦粱录》卷一《元旦大朝会》载："遇大朝会，驾坐大庆殿，有介胄长大武士四人，立于殿陛之角，谓之'镇殿将军'。殿西庑皆列法驾、卤簿、仪仗。龙墀立青凉伞十把，效太宗朝立诸国王班次，如钱武肃、孟蜀王等也。百官皆冠冕朝服，诸州进奏吏各执方物之贡。诸外国正副贺正使随班入贺，百僚执政，俱于殿廊侍班。"

绍兴十年（1140），江东制置大使兼行宫留守叶梦得上疏宋高宗赵构，建议在皇宫中新建大庆、文德、垂拱、紫宸四殿，"规模稍大"，以适应朝廷举行多种仪式的需要。但高宗以国力尚薄，恐以此劳民，谕令辅臣简俭，只建造大庆、垂拱两殿即可。次年，高宗派提举修内司承受、提辖王晋锡与临安府共同负责兴建工作，并于同年年底建成。绍兴十三年（1143）闰四月十七日，高宗立贵妃吴氏为皇后时，又曾于文德殿内设东、西房，东西阁。端平元年（1234）曾重修。

大庆殿位于皇城司北，每殿为屋五间，东西面宽十二架，修六丈，广八丈四尺。正门深三丈，广四丈六尺。大殿当中，有一平台，台上设皇帝的御座，时称宝座。殿南檐屋三间，修一丈五尺，广亦如之。大殿东西两侧各有朵殿（即侧堂）二间，是皇帝进大殿举行仪式前

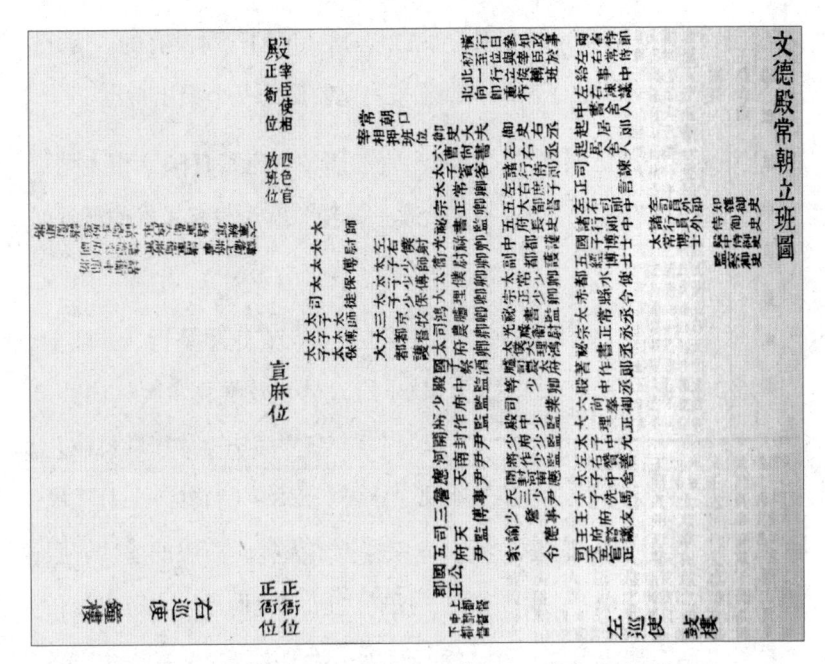

《文献通考》卷一〇八所载的《文德殿常朝立班图》

休息的地方。朵殿旁各有廊庑二十间,南廊九间,是供皇帝的侍从休息与停放车舆用的。其中,为殿门三间六架,修二丈,广四丈六尺。

绍兴十五年(1145)元旦,宋高宗在大庆殿举行第一次大朝会礼。淳熙十三年(1186),太上皇赵构八十岁,孝宗也在此殿举行"庆寿册宝"的隆重典礼。《文献通考》卷一〇八载有大庆殿朝会立班图,其仪式十分隆重。

大庆殿除举行大朝会等仪式外,还有许多典礼在大庆殿举行。如乾道元年(1165)十月壬辰,孝宗御大庆殿,举行册封皇太子仪式;淳熙十三年(1186)一月庚辰朔,太上皇赵构八十岁,孝宗于正月元日率文武百官在大庆殿举行"庆寿册宝"的隆重典礼,行礼时,"随事揭名",如"六参起居,百官听麻,改殿牌为文德殿;圣节上寿,改名紫宸;进士唱名,易牌集英;明禋为明堂殿"。因为当时宫殿少,不敷应用，只好采取一殿多用的办法，这是其他朝代所没有的。因此，一殿多用、多名，成了南宋初期临安宫室制度的一个突出特点。

文德殿是大庆殿易名，为六参官起居（群臣每日随宰相入见）、百官听麻（宣麻）的大殿。《文献通考》卷一〇八载有《文德殿常朝立班图》。

紫宸殿也是文德殿易名。凡皇帝上寿，都在这里举行，并赐宴。"殿前山棚彩结飞龙舞凤之形，教乐所人员等效学百禽鸣，内外肃然。"[①]百官进酒由第一盏，一直轮到第九盏才完毕，伴以歌舞伎艺，排场很大。孝宗退位时也选在此殿：淳熙十六年（1189）二月壬戌，孝宗下诏传位皇太子。这一天，孝宗穿上了大礼时所服的盛装吉服，御紫宸殿，宣诏曰："朕以菲质，循尧之道，兢业万几，历岁弥长。赖两仪九庙之德，边鄙不耸，年谷顺成，底于小康。爰自宅忧以来，勉亲听断，不得日奉先帝之几筵，躬行圣母之定省。皇太子仁孝聪哲，久司匕鬯，军国之务，历试参决，宜付大宝，抚绥万邦，俾予一人获遂事亲之心，永膺天下之养。皇太子可即皇帝位，朕称太上皇，移居重华宫。"[②]宣诏讫，百官赴殿庭立班，皇太子即皇帝位，侧立不坐，如绍兴三十二年（1162）之礼，百官称贺毕，三省、枢密院奏事，退，放仗。皇太子即皇帝位。接着，孝宗换上素服，乘驾前往重华宫。继位的光宗上孝宗尊号为"至尊寿皇圣帝"，皇后为"寿成皇后"。此外，金国贺正旦使，亦宴于此殿。绍兴二十八年（1158）五月戊寅，高宗在紫宸殿召见金国贺生辰使、骠骑上将军殿前司副都点检萧恭，副使、中大夫尚书工部侍郎魏子平。

[①] 《梦粱录》卷八《大内》，第62页。

[②] 《咸淳临安志》卷二《行在所录·宫阙二》，第71—72页。

明堂殿也是文德殿易名,为祭祀祖先的地方。

集英殿也是文德殿易名,为进士唱名的地方。殿试前三日,"宣押知制诰、详定、考试等官赴学士院锁院,命御策题,然后宣押赴殿。士人诣集英殿起居,就殿庑赐坐引试。依图分庑坐定,各赐印刊策题。其士人止许带文房及卷子,余皆不许挟带文集"①。凡进士考试后,"上御集英殿拆号唱进士名,各赐绿襕袍、白简、黄衬衫。武举人赐紫罗袍、镀金带、牙笏。赐状元等三人酒食五盏,余人各赐泡饭"②。宝祐四年(1256)五月甲寅,理宗御集英殿,赐正奏名进士文天祥等及第、出身,同出身凡五百六十九人。

垂拱殿。和大庆殿同时兴建于绍兴十二年(1142)十一月,由高宗命内侍王晋锡主持修建,以供朔日视朝之礼。因当时有官员奏请恢复朔日视朝之礼,而行宫只有一殿,所以改建。这里是常朝四参官起居的地方,据《建炎以来朝野杂记》乙集卷三《垂拱崇政殿》记载:崇政以原来的射殿改建而成,朔望则权置帐门,以为文德紫宸殿。垂拱以过去的内诸司地建成,在皇城司北,有屋五间,进深有虹梁十二架,南北长五丈,东西广八丈四尺;殿南檐屋三间,长广各一丈五尺;两朵殿各二间,东、西两廊各二十间,南廊九间,其中殿门三间六架,长三丈,广四丈六尺,殿后拥舍七间。又,《宋会要辑稿》方域二之一六载:"十一月十二日,提举修内司承受提辖王晋锡言:依已降指挥,同临安府将射殿修盖两廊,并南廊殿门作崇政殿。遇朔望权安置幕帐门作文德殿、紫宸殿,及将皇城司近北一带相度修盖垂拱殿。今具拨移诸司屋宇共二百四十七间。乞依画到图本修建。"

---

① 《梦粱录》卷三《士人赴殿试唱名》,第22页。

② (宋)周密:《武林旧事》卷二《唱名》,浙江人民出版社1984年版,第27页。

垂拱殿复原示意图

皇帝同意了他的建议。十四日，准王晋锡上言，"依已降指挥修盖射殿廊舍，合用两朵殿，乞一就修盖。"这座大殿也称前殿，高宗一度"因以为延庆殿"。淳熙六年（1179），孝宗重建垂拱殿，亦循其旧。此殿以馒头山为屏障，地势优越。至元朝，改为报国寺。其范围较大，按《考古录》所载："南自苕帚湾，北至柳翠桥，皆报国寺界，则垂拱殿址。"

后殿，为绍兴初年建造的一座便殿。至孝宗淳熙六年（1179），因此殿木梁等损朽的地方甚多，遂诏令重修。而临安知府吴渊等人认为，此殿年代久远，重修不如重建。孝宗同意了他们的意见，下令由临安府与修内司共同筹划。三个多月后，后殿的重建工程竣工。孝宗对此殿工程的建设速度和建筑质量都极为满意，特给主持盖造的官员晋升一级与减四年磨勘的奖励。

"前朝"后面，就是皇帝、皇后及太子居住的地方。据吴自牧《梦梁录》卷八《大内》的记载，有延和、崇政、福宁、复古、缉熙、勤政、嘉明、射殿、选德、奉神等十余殿。下面择要介绍：

延和殿。据《宋史·宫室志》记载，孝宗淳熙八年（1181）秋，改后殿拥舍为延和殿，在垂拱殿之后。凡遇圣节、冬至、正旦、寒食大礼,皇帝斋宿于此。时臣撰后殿上梁文云:"听朝决事,兼汴都延和崇正之名;论道谈经,殆炎汉虎观金华之比。"据此可知,延和殿沿袭了北宋都城东京的"延和崇正之名"。又,清代朱彭《南宋古迹考》卷上《宫殿考》载:"孝宗作敬天之图,开延和之殿,躬讲读之勤,设补遗之官。"孝宗以后诸帝也常在此殿接见群臣,商讨国家大事。据《宾退录》记载,淳熙十四年(1187),宰执大臣奏事延和殿,讨论太上皇赵构的谥号问题。开禧北伐失败后,朝廷上下不满权相韩侂胄;开禧三年(1207)十一月三日,韩侂胄上早朝,路过六部桥,被礼部侍郎史弥远派遣的中军统制夏震率领的健卒包围,并拥至南郊玉津园槌杀而死。然后由参知政事钱象祖和史弥远等到延和殿奏告皇帝,说韩暴卒。

崇政殿,以旧射殿改建而成。据《宋史》卷一五四《舆服志六·宫室制度》记载:"休兵后,始作崇政、垂拱二殿。"可知崇政殿的建造年代与垂拱殿同时,都在绍兴十二年(1142),并曾在此举行大朝会礼。崇政、垂拱二殿虽曰大殿,"其修广实如大郡之设厅"。每殿为屋五间,十二架,长六丈,广八丈四尺。崇政殿也是学士侍从"掌进读书史、讲释经义,备顾问应对"的地方,据《宋史》记载,有崇政殿说书,以备讲说。该职位一般由故左史兼。如绍兴二年(1132),万俟卨、罗汝檝并兼讲读纲目;绍兴七年闰二月,由尹焞担任此职。此后,王十朋、范成大也曾兼此职。

崇政殿是否即祥曦殿,有不同说法。《宋史·地理志》《方舆胜览》《舆地纪胜》均将崇政殿和祥曦殿列为两殿,而《咸淳临安志》和《武林旧事》两书则以崇政殿即祥曦殿。清代朱彭《南宋古迹考·宫殿考》也认为,"崇政殿即祥曦殿,淳熙六年与后殿同建"。据陈随应《南渡行宫记》载,自北宫门循廊而左序,"巨珰幕次,列如鱼贯",转南为祥曦殿,朵殿西接修廊为后殿。《武林旧事》卷二《御教》记载:

宋孝宗坐像　　　　　宋孝宗诗帖（局部）

孝宗亲自教练军队时，均"自祥曦殿戎服乘马"。元世祖遣伯颜入临安，宋主㬎率文武百官前往祥曦殿，仰望元朝天子呈上降表，乞为藩辅。

福宁殿。为皇帝寝殿，绍兴二十八年（1158）与祥曦等处殿一起建造。苑中有澄碧、观堂及凌虚阁等，殿侧有清暑楼。光宗逊位后居住在这里，福宁殿因此改名为寿康宫。《宋史》卷一五四《舆服志六·宫室制度》载："寿康宫即宁福殿也。初，丞相赵汝愚议以秘书省为泰宁宫，已而不果行，以慈懿皇后外第为之。上皇（光宗）不欲迁，因以旧宁福殿为寿康宫，光宗逊位御之。"另据《乾淳岁时记》载，立春前一日，临安府进大春牛，设于福宁殿庭。又，《武林旧事》卷二《元正》载："先诣福宁殿龙墀及圣堂炷香，用腊沈脑子。次至天章阁祖宗神御殿行酌献礼，次诣东朝奉贺，复回福宁殿受皇后、太子、皇子、公主、贵妃，至郡夫人、内宫、大内已下贺。"

选德殿。在禁垣之东，本是射殿。宋孝宗乾道元年（1165）建，规模法度，朴素壮观。此殿在理宗时为讲殿，取"选射观德"之义，故名"选德"。殿内御座后有一金漆大屏风，上面分画诸道，列监司郡守为两行，各标职位姓名。又屏风背面画有南宋全国政区及周围诸国的疆域，诏学士臣周必大为记并书。

（前略）名之曰选德，规模朴壮，为陛一级。中设漆屏，书郡国守相名氏。群臣有图方略来，上可采者辄栖之以壁，以备观览。数延文武讲论治道，询求民隐。至于中外奏报，若军国之机务，皆于此省决。暇则紬绎经传，或亲御弧矢，虽大寒暑不废……太古之初，谓射本男子之事，非专用于武也。射所以观德，非专以觌威也，故为是殿，以延群臣，以裁庶务，以阅图史。①

孝宗将它作为考察文武百官政绩的"备览"表。每天暮时，孝宗在这个宫殿召集执政的文武大臣，共同商讨国家大事，总结"古今治乱"的经验。漆屏的背面还画有中外疆域的地图。

殿前有个大球场，淳熙四年（1177）九月戊午，孝宗曾于此殿观看马球，并作有《芙蓉阁观击球赐宴选德殿》诗："昊穹垂佑福群生，凉德惟知监守成。禾黍三登占叶气，箫韶九奏播欢声。未央秋晚林塘静，太液波闲殿阁明。嘉与臣邻同燕乐，益修庶政答丕平。"据周必大《玉堂杂记》载，周必大为礼部侍郎兼权直学士院时，曾宣入选德殿，同宰执赴芙蓉阁观击球，内宴选德殿，有御制诗。周必大《丁酉岁恭和内宴御诗草跋》："淳熙丁酉九月戊午，早赴明庆寺开启圣节。先是，有旨令阁门依仿太宗太平兴国二年故事，宣宰执侍从正任

---

① 《咸淳临安志》卷一《宫阙一·选德殿》，第 1 册，第 273 页。

内宴观击球。午时入东华门,过选德殿,其后即球场也。相对有大堂,曰水堂。其左为芙蓉阁,右为凌虚阁。"①对选德殿击球,杨太后曾有《宫词》描述:"用人论理见宸衷,赏罚刑威合至公。天下监司二千石,姓名都在御屏中。""击鞠由来岂作嬉,不忘鞍马是神机。牵缰绝尾施新巧,背打星球一点飞。"

缉熙殿。原系讲殿,理宗绍定五年(1232)十一月二十七日开始改建,次年六月建成竣工。宋理宗御书"缉熙"两字,并亲自为记,阐述取名的缘由,记曰:"采成王日就月将之意,匾以缉熙,屏去长物,衷置编简,燕闲怡愉,藏修移日,习熟滋久,若常程然。至于翻阅古今,尚友贤哲,得片言以紬绎有味其旨,则不知万几之劳;因一理以融会充广于心,则足窥宇宙之大。意之所欣,时寄翰墨,无他嗜也。"②他还刻石立碑于殿中,并在此殿以读书自娱,或寄情翰墨。御制敬天地、法祖宗、事亲、齐家而下,凡四十八条,御札十二轴,诏讲读苑书官撰箴辞。端平三年(1236),给事中兼侍读洪咨夔还撰有《缉熙箴》。

熙明殿。即修政殿。咸淳三年(1267)三月,度宗改东宫益堂,内藏经籍,以为讲读之所,并自作记。《咸淳临安志》卷一《宫阙一·熙明殿》载:"今上皇帝即东宫新益堂改建,以为讲读之所。御制记曰:学之为王者事,其已久矣。天地民物之理,圣贤言行之则,与凡古今立政立事、国家大经大法,其本末源委,精微曲折,具在典籍。博观而约取之,以措诸天下,莫不由学,学之用大矣!《中庸》自博学、审问、慎思、明辨、笃行,以至于尽性赞化育;《大学》自致知、格物、诚意、正心、修身,以至于齐家治国平天下,用此道

---

① (宋)周必大:《文忠集》卷五十一,文渊阁《四库全书》。

② 《咸淳临安志》卷一《宫阙一·缉熙殿》,第1册,第274页。

也。我朝烈圣相承，汲汲然于是加之意，辟书帷礼，经士朝日二讲，寒暑靡倦，用能明于理道，追踪帝王，以成长治久安之业。遗我后人，式克至于今日，猗欤盛哉！朕奉先帝宫室，无所改作，惟兹广厦，所与学士大夫坐而论唐虞之际，今我曷敢后？此殿之所以作也。殿实东宫讲堂，先皇帝名以新益，诏于冲子，彝训谆谆，言犹在耳。乃咸淳三年春三月落成，揭'熙明'以袭'缉熙'，壹是皆以敬之之意。"文天祥曾至熙明殿，为皇帝进讲《敬天图》《周易·贲卦》。

勤政殿。《梦粱录》卷八《大内》载："勤政，即木帷寝殿也。"此殿的建造时间，据《咸淳临安志》卷一《宫阙一·勤政殿》记载，于咸淳二年（1266）由进食殿改建而成。可见，此殿是度宗皇帝的寝殿，其建筑和装饰都比较简朴。

嘉明殿。据《咸淳临安志》卷一《宫阙一·嘉明殿》载，嘉明殿于度宗咸淳二年（1266）以东宫绎己堂为基础改建而成，供进御膳。在勤政殿之前，"殿上常列禁卫两重，时刻提警，出入甚严。内皆近侍中贵。殿之廊庑，皆知省、御药、御带、门司、内辖等官幕次，听候宣唤。小园子、快行、亲从、辇官、黄院子、内诸司司属人员等上番者，俱聚于廊庑，祗候服役。"① 嘉明殿相对东廊门楼，是殿中省六尚局所在地，分别掌管皇帝的膳食、医药、衣服、车辇等，皇宫中祗应内侍人员都集中在这里办公。

钦先孝思殿。又名内中神御殿，绍兴十五年（1145）建，在崇政殿之东。此殿的建造仍是沿袭北宋东都的旧制，以奉累代神御。"凡朔望、节序、生辰，上皆亲酌献，行香用家人礼"，表示不忘祖宗的

---

① 《梦粱录》卷八《大内》，第63页。

功勋，并继承其业绩。[1]

慈宁殿。也称慈宁宫，即高宗生母显仁太后韦氏所居，它是南宋临安东宫中最早兴建的一个大殿。绍兴九年（1139），高宗听说母亲韦后有可能从五国城返回临安，因此就在当年正月命令修内司在禁中预造此宫，以等待太后韦氏南归。高宗对此宫的建造十分重视，从选择殿址到殿内器物供帐之类的布置，他都亲临现场，认真查看，并加以仔细的安排。对此，当时的宰执大臣颇为称赞，说他"纯孝"至极。在高宗的极力督促下，大殿的建设速度非常快，到十月底竣工。宫依山建造，供日常宴饮之用的帷帐、用具和饮食等物都一应俱全。高宗非常满意，曾召集宰相秦桧等入内参观。他还根据大臣的奏议，将其取名为"慈宁殿"，并于该年十一月八日亲书匾额"慈宁之殿"四个大字。绍兴十二年（1142）五月，当他证实金人将放回其母韦后，并得知母亲韦后返回南宋的确切日期后，又重新修缮和扩建了慈宁殿。同年八月，韦氏回来，被高宗迎至慈宁宫养息。绍兴十九年（1149）正月朔与二十九年（1159）正月，在韦太后七十岁与八十岁生日时，都在此宫中举行了盛大的庆寿典礼。

绍兴二十九年一月丙辰，高宗以皇太后年八十，诣慈宁殿行庆寿之礼。宰执、使相皆进上寿礼物。诏庶人年九十、宗子女若贡士以上父母年八十者，皆授官封；文臣致仕官、大夫以上并赐三品服；僧尼道士年龄八十以上者，区别赐给紫衣及师号。宰执沈该率百官前往文德殿称贺，用建隆故事。王仲信撰有《慈宁殿赋》，云其"高下曲折，涂塈丹青，此兴造之本意，而动作之形容也。既而四周凌天而岌嶪，九门参空而伶俜。阙百常兮屋十寻，皆捷猎兮建瓴。儋儋千栭，闲闲旅楹。岫绮对砌，窗霞翼棂。彤墀洋洋，金碧煌煌。

---

[1] 《咸淳临安志》卷一《宫阙一·钦先孝思殿》，第1册，第278页。

神鸥展吻而口互呀，文犀压牖而赫张。宝琲象栱，列星间梁。橑桷栾梁，黼藻铅黄。玫瑰玳瑁，翡翠明珰。方疏圆井，琑连斗扛。枅欂上承，柱石下当。腾双猊兮盘础，刻怒虺兮伏相。其蟠也颜九渊之虬屈，其蹇也若千仞之凤翔。或倒文漆于卫社，或荐孤桐于峄阳。乌枑横截，缃蘖交相。第栲栵与椅檟，积梗楠兮豫章。盖天下之奇干，尽羽猋而国楗。夫然，未足以比其胜，未足以形其雄……"[①]由此可见，其宫殿建筑极为雄伟壮丽。

慈明殿。为宁宗杨皇后所居，宝庆二年（1226），理宗对她加尊号曰"寿明"。绍定四年（1231）正月朔，杨太后七十岁大寿，理宗率文武群臣至慈明殿庆贺，并大赦天下。次年十二月，杨皇后死于此殿。此后，这里一直为"累朝母后"所居之宫，其宫名也随之改换。陈随应《南渡行宫记》载："接绣香堂便门，通绎己堂，重檐复屋，昔杨太后垂帘于此，曰慈明殿。"

仁明殿。为度宗全皇后所居。全太后，会稽（今浙江绍兴市）人，是理宗慈宪夫人的侄女，后被选入宫中。景定二年（1261），她被封为永嘉郡夫人，咸淳三年（1267），又被封为皇后。次子瀛国公登基，被尊为皇太后。不久，她和瀛国公一起被俘到燕京（今北京）。后来瀛国公到白塔寺为僧时，她也至正智寺为尼，直至寿终。

慈元殿。理宗谢皇后所居。据《宋史》卷二四三《后妃传》载，谢太后（1210—1283）名道清，台州天台（今浙江台州市）人，右丞相谢深甫之孙女，父谢渠伯。宁宗杨皇后将她选入宫中，给理宗作妃子。谢氏进宫后，深得杨后的赏识。宝庆三年（1227）十二月，她被册封为皇后。度宗接位，尊为皇太后。咸淳十年七月，恭帝（即

---

① （清）朱彭：《南宋古迹考》卷上《宫殿考》，浙江人民出版社1983年版，第21页。

瀛国公)即位,"上皇太后尊号曰寿和圣福太皇太后,皇后曰皇太后"。德祐元年(1275)二月,元军攻入临安,恭帝与全后被俘到燕京,而谢太后独以疾病留在杭州。据《宋史》卷四七《瀛国公本纪》载,"(咸淳十年八月)甲寅,太皇太后以老不能御正衙,命暂以慈元殿为后殿"。

受釐殿。钦圣向后所居。据《天禄识余》载,南宋钱忱伯之妻瀛国唐夫人为正肃公之孙,绍兴初,随其姑长公主到宫中入谢钦圣向后。当时先有戚里妇数人在内,俱从后步过受釐殿。同行者皆仰视大殿门匾,读"釐"为"离",夫人在傍边笑曰:"受禧也,盖取宣室受釐之义耳。"钦圣向后听了大喜,回头对长公主说:"好人家男女终是别。"

坤宁殿。皇太后所居。曾觌《海野词》有《蓦山溪·坤宁殿得旨次韵赋照水梅花》词。

和宁殿。亦为皇后所居之殿,两殿皆有大官及殿长、内侍、黄院子、幕士、殿属、亲从、辇官等人祗候。

射殿。绍兴四年(1134)大享明堂,更修射殿以为享所,其基即五代吴越国时的握发殿。吴人语讹,乃称其为"恶发殿",谓钱王怒时即乘此座也。当时此殿壮丽无比,柱大的每根围二百四十千足(即十二尺),总木价六万五千余贯。绍兴四年二月癸卯(二十三日),高宗诏权以射殿为景灵宫,四时设位朝献。绍兴五年(1135)一月,高宗始御射殿,阅诸班直殿前司诸军、指教使臣、亲从宿卫亲兵,并提辖部押亲兵、使臣射,共1260人,每60人作一拨,遂诏户部支金千两,付枢密院激赏库充犒用。三月,高宗再御射殿,阅等子、赵青等五十人角力,转资支赐钱银有差。八月,高宗再御射殿,阅广东路经略司解发到韶州士庶子弟陈裕试神臂弓,特补进武校尉,赐紫罗窄衫、银束带,差充本路经略司指使。绍兴八年(1138)六月壬申,高宗特御射殿,引见礼部合格举人黄公度以下,遂以南省及四川类试合格举人黄贡等共395人参定为五等,赐及第出身、同出身,奏名林格以下出身至助教。

除上述一些大殿外,尚有一些规模较小的殿,如:

清燕殿,禁中重九在此殿观赏,并品尝地方上贡来的时新水果橙、橘。据周密《武林旧事》卷四《故都宫殿》载,淳熙八年(1181),太上、太后同至南内损斋进茶,然后到清燕殿观赏书画、古玩珍器。又,该书同卷《元正》载,朝廷元日冬至行大朝会仪后,"后苑排办御筵于清燕殿,用插食盘架"。

膺福殿,元夕,禁中灯火在此殿张挂。

庆瑞殿,原为顺庆殿,理宗时改名。禁中例于八日作重九的活动场所,在殿前分列万菊,灿然眩眼,且点菊灯,略如元夕之盛景。

𩆨云殿,又名霄云殿,为大燕之所。

玉牒殿,收藏宗潢世系的场所。

纯福殿,绍兴二十六年(1156)建。用途不详。

符宝殿,贮藏躬应(一作恭膺)天命之宝。

秾华殿,皇后所居。

清华殿,建造时间和用途都不详。

至于苑中殿堂,则有复古殿、损斋等。

复古殿。为皇帝燕闲休息的地方。绍兴初建,高宗常在此挥毫泼墨作书画。后来高宗感到此殿过于简陋,于是在绍兴二十八年(1158)十一月增筑皇城东门之外城时,下令重建复古殿。他还特地从新安请来墨工戴彦衡，专门为他制造御墨，质量甚佳。他为行在大学书写的石经与《千字文》，至今还保存在杭州孔庙与辽宁历史博物馆。周必大《读三朝宝训诗》注："臣所得端砚刻'复古殿'三字。"端平元年（1234），理宗曾重修复古殿，并亲撰《复古殿记》，说："内殿禁严，名曰复古，以为省览延访之所。"云："复古殿者，高宗皇帝燕闲之所御也。惟帝以圣神武文之资，履中天艰难之运，飙回雾塞，民莫底宁，先物沈几，皇威耆定，遂能削平群寇，攘却外夷，炎德重辉，系隆帝统，皇皇乎中兴之功，视周宣王、汉世祖盖有光焉。内殿禁严，名曰复古，以为省览延访之所，厥既跻时乂安，王度鼎饬，谟烈启佑，垂祐无穷。如丰水有芑，数世之仁，而兹实源委之所发也。如日月照临，显于西土，而兹实光躔之所舍也。固宜亿万斯年，昭揭敬仰。岁久弗葺，浸成陊圮，其可缓欤？……"① 此殿因临近后苑的小西湖和人工叠砌的飞来峰，空气清新，是禁中避暑的好地方。《武林旧事》卷三《禁中纳凉》载："禁中避暑，多御复古、选德等殿。"朝廷元日、冬至大朝会仪后的晚筵也在此殿举行，"用烟火，进市食，赏灯，并如元夕"②。元夕灯火往往在此殿张挂，非常热闹。

损斋。绍兴二十八年（1158）十月建成，高宗攻读经史古籍、学习治国之道的地方。十一月，高宗出御制亲札《损斋记》石本赐群臣，《损斋记》曰："朕宫中有尝辟一室，名为损斋，屏去声色玩好，置经史古书其中，朝夕燕坐，亦尝作记以自警。记曰：尝谓当天下之正位，抚域中之万微，苟日徇异物而无以立其独，则多见弊精神、疲志意而不知止；广宴游、事不急而牵于爱，胶胶扰扰，莫收其放心。顾能回光抑损之道，岂不较然有感于斯！且汉唐之君，乐道为切而

---

① 《咸淳临安志》卷一《宫阙一·复古殿》，第1册，第271页。

② 《武林旧事》卷三《禁中纳凉》，第42页；《武林旧事》卷二《元正》，第29页。

未烛元览者。武帝以雄心,内慕神仙,外攘夷狄,穷边黩武,天下骚然矣,非用损以持盈也;明皇以侈心,委信逆胡,弥缝斯文,耽惑内嬖,烟尘四溟矣,非知损以守位也。推原本指,俱失满戒。兹鉴往事,夕惕以思……"[1]由此可知,他认为汉武帝、唐玄宗的骄奢淫逸,最后导致天下纷扰,都是由于他们不知节制的缘故。于是,他以"损"名斋,"凡追逐时好,一切长物率屏去,不复经意";"其于荡心侈目、惑志害性者,罔不扫除;清心寡欲,省缘薄费者,奉以周旋焉"[2]。他常在这里阅读经史,曾编排了一张日课表:"早阅章疏,午后读《春秋》《史记》,夜读《尚书》,率以二鼓罢。尤好《左氏春秋》,每二十四日而读一过。"[3]大儒胡安国进《春秋解》,高宗非常喜欢,放置在自己的坐侧,时常翻阅。又认真将《六经》全部书写了一遍,刻石置放在首善阁下面。此外,他还"染毫弄翰,真草自如,浓淡斜行,茂密惟意,第于笔砚"[4],从而使高宗的书法也有了一定的造诣。绍兴三十一年(1161)七月,高宗所宠幸的近臣买了价值十万缗的"北珠"奉献给高宗赵构,当时正在京城任敕令所删定官的陆游知道后当即上奏说:"陛下以损名斋,自经籍翰墨外,屏而不御。小臣不体圣意,辄私买珍玩,亏损圣德,乞严行禁绝。"[5]这一奏议受到高宗赞赏,并下诏升陆游为大理司直(正八品)兼宗正簿(从八品)。

翠寒堂。高宗时用日本罗木建造,不施丹腆,白如象齿。堂前

---

[1] 《咸淳临安志》卷一《宫阙一·损斋》,第1册,第272—273页。

[2] 《咸淳临安志》卷一《宫阙一·损斋》,第1册,第272页。

[3] (宋)李心传:《建炎以来朝野杂记》甲集卷一《高宗圣学》,中华书局2000年版,第31—32页。

[4] 《咸淳临安志》卷一《宫阙一·损斋》,第272页。

[5] 《宋史》卷三九五《陆游传》,第34册,第12057页。

南宋 佚名 《江山殿阁图》表现的南宋临安宫殿建筑

有古松、修竹，苍翠蔽日，还有寒瀑飞空，下注大池。池中有红白菡萏万柄，庭中布置着南方地区盛产的名贵花卉数百盆，鼓以风轮，清芬满庭。周必大《文忠集》卷一八一《记恭请圣语》有详细的记载：

淳熙七年（1180），少保宁武军节度使充醴泉观使曾觌奏：三月十八日，车驾请诣德寿宫恭请太上皇帝、寿圣皇后。于是，乘舆至大内，开宴于凌虚阁下。三面设牡丹酴醾花，皆层级，高数尺。一面垂帘，设乐庭下。乐作，太上皇帝、寿圣皇后就坐，今上初欲着帽御赭袍玉带，太上皇帝宣谕止之。中里赭袍，赴太上皇帝、寿圣皇后榻前，各再拜。太上云："毋拜。"令左右扶掖。今上仍拜，起捧觞上千万岁寿，进奉仪物酒三行。太上皇帝、寿圣皇后联步辇以行，今上亦步辇从。至翠寒堂，栋宇轩敞，不加丹雘，太上皇帝指以示臣觌云："营造何如？"臣觌奏曰："宏壮精巧，二者兼之。臣不娴营造，开府仪同三司郑藻留心于此，尝向臣言京师亦未尝见如此之工也。"太上曰："是。"今上皇帝即曰："凡此巨材，一椽已上皆太上皇帝所赐，且莹洁无节，目所以更不采饰。"酒复数行。至水堂中路石桥上，肩舆少憩，面对酴醾花架，高柳参天，酴醾引蔓垂梢而下，其长袤丈，芳菲照座，馥郁袭人。今上捧觞劝太上，次劝寿圣，皆釂饮，今上亦满饮。更相劝酬者再三，今上云："苑囿池沼，久已成趣，皆太上皇帝积累之勤，臣蒙成坐享，何德以堪之！"太上云："吾儿圣孝感天神明，海内无事垂二十年，安得无功？"臣觌奏云："父慈子孝，家给人足，可谓太平之盛。臣觌目睹斯宴超冠古今，可无纪述以示外庭？辄不揆纪实以备执史笔者之阙云。"三月二十五日，三省同奉圣旨宣付史馆。

这里是避暑佳地。据周密《武林旧事》卷三《禁中纳凉》记载，某年炎暑天，高宗在此召见学士洪迈，因凉气逼人，洪迈浑身战栗，高宗赐给"北绫半臂"以御寒。这则记载可以说明，这里在夏天确实是一个避暑的好地方。

澄碧殿。即后苑澄碧水堂。据周必大《玉堂杂记》卷中载：淳熙二年（1175）五月辛卯，孝宗宴请辅臣于此。淳熙三年（1176）九月丙辰，孝宗又召侍读、少保史浩，并赐宴于此殿，送以金莲烛，宿玉堂直庐。宴后，史浩进古诗三十韵记述宴会情况。据此可以推测，此殿约建于淳熙二年（1175）之前，是皇帝宴请近臣的地方。

天章诸阁。除以上众多的宫殿外，宫中还建有众多的阁，现据《咸淳临安志》卷二《宫阙二》记载，列表如下：

阁名	收藏对象	设置时间
不详	太祖皇帝御制御书图籍宝瑞	不详
龙图阁	太宗皇帝御制御书图籍宝瑞	不详
天章阁	真宗皇帝御制御书图籍宝瑞	绍兴六年三月丁酉
宝文阁	仁宗皇帝御制御书图籍宝瑞	不详
显谟阁	神宗皇帝御制御书图籍宝瑞	不详
徽猷阁	哲宗皇帝御制御书图籍宝瑞	不详
敷文阁	徽宗皇帝御制御书图籍宝瑞	绍兴十年五月
焕章阁	高宗皇帝御制御书图籍宝瑞	淳熙十五年十月
华文阁	孝宗皇帝御制御书图籍宝瑞	庆元二年五月
宝谟阁	光宗皇帝御制御书图籍宝瑞	嘉泰元年十一月
宝章阁	宁宗皇帝御制御书图籍宝瑞	宝庆二年十月
显文阁	理宗皇帝御制御书图籍宝瑞	咸淳元年六月

这些阁"皆以藏御制御书图籍宝瑞等。惟天章阁自东京时以奉列圣御容。中兴以来，驾所幸处，必择地安奉，恭称曰'天章阁神御'。绍兴二十四年十一月，始讨论制度，重建天章一阁，而诸阁所藏皆在其中。自龙图至显文之阁凡二十四字，合为一區"[①]。又，吴自牧《梦粱录》卷八《大内》载："更有天章诸阁，奉艺祖至理庙神御书图制之籍。宝瑞之阁，建于六部山后，供进御膳。"

---

① 《咸淳临安志》卷二《宫阙二·祖宗诸阁》，第1册，第281页。

独特的北大内

与之前不同的是，南宋还出现了独具时代特色的"北大内"德寿宫。

德寿宫，在望仙桥东。此宫原本是高宗赐给秦桧的府第，岳珂《桯史》卷二《行都南北内》云："朝天之东，有桥曰望仙，仰眺吴山，如卓马立顾。绍兴间，望气者以为有郁葱之符，秦桧颛国，心利之，请以为赐第。其东偏即桧家庙，而西则一德格天阁之故基也。"绍兴十五年（1145）四月，高宗赐秦桧望仙桥东甲第一区。秦桧死后，高宗将其收回朝廷。绍兴三十二年（1162）六月四日，高宗以大内狭小，自己居住不便，遂在城东新开门内、望仙桥东、沿盐桥运河东岸建造了新宫，取名为"德寿宫"，作为他退休以后的游乐场所，在此"澹泊为心，颐神养志"。是月十一日，当了36年皇帝的高宗下诏退位，迁居于德寿宫，称太上皇帝，皇后称太上皇后。都人将皇宫称为"大内"，或"南内"和"南宫"，而将德寿宫称为"北大内"，又称为"北内"或"北宫"。

德寿宫的建筑规模和格局与皇宫相仿，当时都人习称为"北大内"。德寿宫的主殿称"德寿殿"，其匾名与德寿宫的匾名均为孝宗皇帝所书。后生金芝于左栋，遂又改殿匾为"康寿"。鼎盛时期，里面拥有建筑270余间，御苑"小西湖"划分为四大区域，布置春夏秋冬四季景观，是皇家园林建筑的集大成者。宋孝宗曾用"山光水色无尽时，千岩万壑藏云烟"描述德寿宫的宏大景象。淳熙十四年（1187）十月，太上皇赵构死后，吴氏也"遗诰改称皇太后"。据太常博士叶适奏，吴氏居所定名为"慈福"。孝宗淳熙十六年（1189）正月，德寿宫改名为重华宫，孝宗也在这里度过了他退休后的晚年时间。后因侍奉宪圣吴太后、寿成谢太后，先后改名为慈福宫、寿慈宫。到咸淳四年（1268），度宗将其地的一半改建为道宫，取名为"宗阳宫"。据《梦粱录》卷八《德寿宫》所载，"其时重建，殿庑雄丽，圣真威严，宫闱花木，靡不荣茂，装点景界，又一新耳目"[1]。另一半废为民居，圃地改为道路，自清河坊一直筑桥，称为宗阳宫桥。每遇孟享之时，车驾临幸宗阳宫，举行盛大的烧香典礼，宗阳宫桥左右两边设帅漕两司。由此可见，德寿宫在较长一段时期内，在高宗之后继续作为上皇或皇太后的寝宫及游乐之所。

德寿宫的范围，南至望仙桥直街，北至佑圣观路，西临靴儿河下，东至吉祥巷。宫门外有百官待漏院。

高宗赵构死后，孝宗于淳熙十六年（1189）一月己未，诏将德寿宫改名为重华宫，准备禅位后，作为其退养之所。《宋史》卷一五四《舆服志六·宫室制度》载："重华宫即德寿宫也，孝宗逊位御之。"后重华宫、重华殿二匾，皆光宗皇帝用隆兴故事（即隆兴初孝宗题德寿宫匾）所书。

慈福宫，即德寿宫。淳熙十五年（1188）九月甲寅，孝宗诏以太上皇后宫为"慈福宫"。《建炎以来朝野杂记》乙集卷二《成肃谢皇后》载："永思陵既复土，寿皇欲迎宪圣还居大内，而宪圣以为上皇享天下之养，优游二十余载，升遐此宫，何忍遽然迁去？今几筵又复安奉于此，傥欲还内，当俟终制。乃命有司改筑本殿为慈福宫，就居之。"同年十二月，宫成。淳熙十六年（1189）春正月丙午，寿成皇太后移御慈福宫。随即改德寿宫之主体为重华宫，二月，孝宗退位迁居。周必大《思陵录》对其布局有详细的记载：

---

[1]《梦粱录》卷八《德寿宫》，第64页。

（淳熙十五年十二月己卯）提举修内司刘庆祖申：契勘本司恭奉圣旨指挥，修盖慈福宫殿堂门廊等屋宇，大小计二百七十四间。内殿门三间……正殿五间、朵殿二间，各深五丈，内心间阔二丈，次间各阔一丈八尺，柱高丈五尺。……殿后通过三间，随殿制作装饰，真绿刷柱，并寝殿五间、挟屋二间、瓦凉棚五间。……后殿五间、挟屋二间……次后楼子五间……正殿前后廊屋共九十四间，各深二丈七尺，阔一丈二尺，柱高一丈五尺。……侧堂二座，各三间，龟头一间……殿厨及内人屋六十六间，官厅、直舍、外库等屋六十五间。大门一座，三间。中间隔门二座，各一间，深阔不等……①

据此，现代著名建筑史家傅熹年先生绘制有《慈福宫平面复原图》。

绍熙五年（1194）六月，孝宗去世，重华宫重新改名为慈福宫，于是吴后迁居；改旧慈福宫为寿慈宫，谢后迁居。光宗则在南内，号寿康宫。后来光宗又在宫后建成寿成皇后殿，以便他能够定时看望。庆元三年（1197）十一月，吴后去世，撤除祭祀的席位前，慈福宫名号尚存。

寿慈宫，即德寿宫，为太皇太后吴氏的养老场所。庆元二年（1196）五月甲辰，宁宗更改慈福宫名为寿慈宫。程珌《戊子正旦贺寿慈宫》诗二首，曰："曙色浮丹栱，春风暖禁街。微澜迷秀石，纤草荫新槐。""凤驾回天仗，鸳班集露门。须臾趋魏阙，杲日正中暾。"嘉泰二年（1202）八月，祭祀光宗的席位已经撤除，宁宗于南内另外建造了寿慈殿，请谢后回到南内居住，但一直没有如愿。开禧二

---

① （宋）周必大：《思陵录》下，《庐陵图益国文忠公集》集173，《宋集珍本丛刊》第52册，线装书局2004年版，第733页。

年(1206)二月,寿慈宫前殿发生大火,谢后无奈,只得迁回南内居住,仍用"寿慈"名号。至三年(1207)五月,谢后在此去世。

咸淳四年(1268)四月,度宗赵禥以其地接近自己诞生之地荣王府,遂利用南屏山侧翠芳园的建筑材料,将旧日德寿宫北半部改建为宗阳宫,为御前宫观之一,南半部则析为民居。于是,由清河坊向东,辟旧兴礼坊为御路,以抵宗阳宫前。当时有大臣赵顺孙(1215—1277)提出反对意见,他在《奏新宫事》中说:"迩来鼎创琳宫,造端阔大,毁庐辟路,闻者惊疑。……况感生等殿决当就潜邸为之,则自宝祐坊大弄直进,既可以昭潜龙之旧,又可以免民居之拆,为计之便,无以易此。若自兴礼坊入,不惟民居拆毁,怨咨嗷嗷然,亦但见开一新衢路,创一大宫观而已,安知其为潜跃之符也?"[①]即反对朝廷在建造御前宫观时扰民。

1985年,考古工作者为配合中河治理工程,在中河东岸发现了一条长百余米的砖铺道路,两旁砖砌排水沟,结构讲究,经专家考定为德寿宫遗址。2001年,为配合望江路拓宽工程,考古工作者又在望江路北侧清理出德寿宫的南宫墙、南宫墙与东宫墙的拐角遗迹以及夯土台基、过道、廊、散水等宫内建筑遗迹。该组建筑遗迹规模宏大,南宫墙的长度在140米以上,墙体营造极为考究,宫内建筑与南宫墙平行而建,布局严谨、设置合理,非一般建筑物可比。此后,又经过数次考古发掘,发现的遗迹均以建筑基址为主,并辅有少量园林遗存。目前,已经在德寿宫遗址上建成了南宋德寿宫遗址博物馆,综合采取遗址展陈、建筑复原和数字展示等形式,打造约4600平方米的保护厅棚(罩),在保证遗址本体和文物安全的前提下,基本恢复重华宫和慈福宫的建筑格局,从而完美地、精彩地实现了"保护

---

① (宋)赵顺孙:《格庵奏稿》,清道光金山钱氏守山阁刻《指海》本。

第一，加强管理，挖掘价值，有效利用，让文物活起来"的新时代文物工作方针。观众可在考古遗址、南宋景观与虚拟场景中来回转换，沉浸式体验南宋历史文化，特别是皇家宫殿建筑、科技、艺术和社会生活风貌的方方面面。

第三章 凤凰山上的皇城

皇家礼制建筑

需要说明的是，统治者除在城内建造了规模庞大、豪华壮丽的皇城外，还在凤凰山左右两翼陆续建造了太庙、景灵宫、万寿观、东太乙宫、郊坛等礼制建筑，并对临安府城进行了大规模的改造和扩建，太庙和郊坛等便是其中的代表作。

1. 太庙

太庙位于瑞石山左面，今太庙巷。北宋东京陷落时，东京的太庙神主随宋室流落至扬州寿宁寺。建炎三年（1129），金军继续南侵，宋高宗赵构匆匆忙忙从扬州渡江逃到镇江，当时太常少卿季陵派亲事官随身携带太庙神牌随着大军过江，可是他在逃亡的途中丢失了宋太祖的神牌。后来，高宗用重金才把太祖神牌找回。当南宋君臣逃到浙东沿海时，又把太庙神主送往温州安置。绍兴四年（1134），高宗在平江（今江苏苏州市），准备以临安为行在所，司封郎中林待聘上奏说："太庙神主，宜在国都。今新邑未奠，当如古行师载主之义，迁之行阙，以彰圣孝。"[①] 高宗准奏，诏命临安知府梁汝嘉择地建造瓦屋10间，暂时充当太庙之用。但诏令刚刚下了一会儿，侍御史张致远、殿中侍御史张绚都向高宗提出了反对意见，认为"陛下去年建造明堂，今年又要建造太庙，是将以临安府为久居之地，莫非不想恢复中原了？"但高宗还是诏令梁汝嘉根据情况修盖，只是说"不得过兴工役，俟移跸日复充本府（临安府）使用"。次年二月戊寅（四日），命祠部员外郎兼权太常少卿张铢奉太庙神主自海道运到临安府，令临安府雅饰同文馆安奉，其景灵宫神御祭享的事情仍令温州通判权管。二月己丑（十五日），正式建造太庙。当时在瑞石山之左建成的

---

① 《宋史》卷一○六《礼志九·宗庙之制》，第8册，第2577页。

太庙，正殿七楹，分十三室。五月二日，高宗到太庙行款谒礼。七月丁丑（六日），始行孟秋荐飨太庙之礼。从此以后，每年五飨，与北宋东京时一样行礼。

绍兴七年（1137），高宗移跸建康（今江苏南京市），太庙神牌也随着迁往建康，临安太庙遂改名为圣祖殿。同年年底，高宗从建康迁回临安，圣祖殿复名太庙。绍兴十六年（1146），数千件祭器制作完毕，但当时的临安太庙虽有七楹十三室，但还是因殿室狭窄而不能将所有的祭器陈列进去，于是只好再扩建"六楹"，使太庙的正殿由七楹增加到十三楹。与此同时，还增筑了祭器库和册宝殿。绍兴十九年（1149）建斋殿，至此，临安太庙已初具规模。高宗以后，历朝统治者又对临安太庙进一步扩建。绍熙五年（1194）闰十月，在太庙大殿之西又建造了四祖殿（又称四祖庙），奉祀僖祖、顺祖、翼祖和宣祖四祖神主，每年令礼官荐献。宋理宗宝庆元年（1225）八月，诏建阁旌表本朝功勋大臣，自赵韩王普至葛文定公邲，合文武勋臣23人，绘像其中。明年（1226）八月，阁子建成，理宗赐名为"昭勋崇德之阁"，并亲笔题写匾名，又命翰林学士郑清之撰写记文。绍定四年（1231），太庙因火灾烧毁，只得重建。到了景定五年（1264），为扩建太庙，又拆迁太庙四周的居民住宅，在其地址上建造了致斋阁子四十四楹。同时，又将行在粮料院、白马神祠等迁出，将太庙扩建到紫阳山边。咸淳元年（1265），添置理宗皇帝祜室，又建二成之台，为祠官升下以奉神主出入之地。至此，直到南宋灭亡，太庙再也没有扩建、改建之事了。

南宋太庙共分为十三室，每一室供放一位皇帝的神位。皇帝神位两旁有配享（附祭）的功臣。现把诸室神主及配享文武功臣的名字排列如下：

太祖室，配享忠献赵韩王（普）、武惠曹周王（彬）。

太宗室，配享文惠薛太师（居正）、元懿石太师（熙载）、武惠潘郑王（美）。

真宗室，配享文靖李太师（沆）、文正王魏公（旦）、忠武李太师（继隆）。

仁宗室，配享文正王沂公（曾）、文靖吕许公（夷简）和武穆曹侍中（玮）。

英宗室，配享司徒忠献韩魏王（琦），宣靖曾鲁公（公亮）。

神宗室，配享文靖富魏公（弼）。北宋绍圣年间（1094—1097）改为王安石，南宋建炎年间（1127—1130）又恢复富弼，撤除了王安石的名字。

哲宗室，配享文正司马温公（光）。北宋崇宁元年（1102）曾以太师蔡确配享，南宋建炎年间罢换。

徽宗室，配享文定韩魏公（忠彦）。

高宗室，配享忠穆吕秦公（颐浩）、忠简赵太傅（鼎）、忠武韩蕲王（世忠）、忠烈张循王（俊）。

孝宗室，配享文王陈鲁公（康伯）、忠定史越王（浩）。

光宗室，配享文定葛少师（邲）。

宁宗室，配享福王赵汝愚。

理宗室，不详。

理宗以后的度宗等，因都城临安被元军攻陷而未建。

在宋代，历朝皇帝最为重视是太庙的朝享之礼。据李心传《建炎以来朝野杂记》甲集卷二《太庙景灵宫天章阁钦先殿诸陵上宫祀式》所说："一岁五享，朔祭而月荐新。五享以宗室诸王，朔祭以太常卿行事。"[1] 其"四孟躬行献礼，用副罔极之恩"，即安慰祖宗在天之灵。每年每季的第一个月和冬季，皇帝宗室诸臣前往太庙行朝享礼。每过三年，在孟冬这一天，皇帝还要亲自主持，举行一次盛大的祭祀礼，时称祫礼。此外，如果正值旧皇之丧，新皇登位后也要立即到太庙去朝享，如果不去，则被视为不孝，会引起朝野的非议。据《宋史》卷一〇八《礼志十一·时享》所载，绍熙五年（1194）宁宗即位，时有孝宗之丧。闰十月，浙东提举李大性言："自汉文帝以来，皆即位而谒庙。陛下龙飞已阅三月，未尝一至宗庙行礼，銮舆屡出，过太庙门而不入，揆之人情，似为阙典。乞早择日，恭谒太庙。"宁宗听后，"诏乃遵用三年之制"。

南宋王同祖撰有《车驾宿太庙》《车驾回太庙》等诗，对当时的朝享仪式作了生动的描述：

车驾宿太庙

金甲重矛两内臣，阶前对立气英英。

巡更场内知谁问，听得传呼宰相名。

车驾回太庙

瑞霭祥云傍晓开，九重法驾太宫回。

一声静跸千官肃，卫士传呼御座来。

---

[1] 《建炎以来朝野杂记》甲集卷二，第70页。

元代时，太庙毁于火灾，其后被民居湮没。1995年5—9月，杭州市文物考古研究所对紫阳小区旧城改造一期工程地块进行发掘，揭露面积1000平方米，清理出了东围墙、东大门门址和大型夯土台基等重要建筑遗迹，南宋太庙遗址终于浮出水面。尽管遗址只是部分揭露，尚未揭示太庙全貌，但从已发现保存完好的围墙基础等来看，其规模宏大，营造水平高超，充分印证了文献中关于南宋太庙"穷极奢丽"的记载，对深入揭示南宋都城临安特别是皇城的面貌有着极其重要的价值，被认为是中国城市考古中取得的一项重要成果。南宋太庙遗址的发掘，被评为1995年度全国十大考古新发现。为保护这一重要的南宋历史文化遗址，杭州市政府决定停止实施在遗址地块上的原建设项目。同年年底，对已发掘的太庙遗址实行覆土回填保护，并在此建设南宋太庙遗址公园，免费对市民和游客开放。2001年6月25日，包括南宋皇城和太庙遗址的临安城遗址被列为第五批全国重点文物保护单位。

2. 郊坛

举行南郊祭天礼，是历代皇帝最重视的吉礼之一，每三年一次。但南渡初年，"三岁之祀独于明堂，而郊天之礼未举"。绍兴十二年（1142），大臣们屡上奏书，要求高宗恢复郊礼。杨存中等上言略云：相视圜坛地步，今于在嘉会门外南四里、龙华寺西空地得东西长一百二十步，南北长一百八十步修筑圜坛，除坛及内壝丈尺依制度用九十步外，其中壝、外壝欲乞随地之宜，用二十五步，分作两壝外，有四十步若依前项地步修筑，其兵部车辂仪仗殿前司禁卫皆可以排列，兼修建青城并望祭殿，委是可以图备。次年（1143）正月，礼部太常寺请依国朝礼制建坛于都城的东南城外，并在坛侧建青城斋宫，以备郊宿。二月二十五日，高宗准殿前都指挥使杨存中等言，诏令殿前指挥使杨存中和临安知府王晚等"先次踏逐可以建圜坛并

南宋孝宗皇后像

青城斋宫去处"，共同筹建郊坛。绍兴十三年（1143）三月丙午，诏临安府同殿前司修筑圜丘于龙华寺之西空地，得东西长一百二十步、南北长一百八十步，修筑坛。十一月庚申，日南至，合祀天地于圜丘，太祖太宗并配。

  郊坛即圜坛，又称天坛。据《武林旧事》卷一《大礼·南郊》所载，南宋临安郊坛建在嘉会门外以南四里龙华寺西，"天盘至地高三丈二尺四寸，通七十二级，分四成，上广七丈，共十二阶，分三十六龛。舞阶阔一丈，主上升降由此阶，其余各阔五尺。圜坛之上，止设昊天上帝、皇地祇二神位，及太祖、太宗配天。三十六龛共祀五帝、太乙、感生、北极、北斗，及分祀众星三百六十位"。《咸淳临安志》卷三《行在所录·郊庙》"郊丘"亦载：郊坛共四层，从上层起，纵广分别为七丈、十二丈、十七丈、二十二丈；分十三陛，陛七十二级，

宋　佚名《书画孝经》中官员晋见皇帝的情景

坛及内壝"凡九十步，中外壝通二十五步。燎坛高一丈，方一丈二尺。在坛南二十步丙地余四十步以列仗卫"。"惟青城斋宫及望祭殿诏勿营。临事则为幕屋，略仿京师制度，大殿曰端诚，便殿曰熙成，其外为泰禋门"。拜祭"自天地至从祀诸神凡七百七十有一"，上设祭器九千二百零五件，卤簿一万二千二百二十人。绍兴二十五年（1155）郊坛祭天时增加了三千人，总数达到了一万五千二百二十人。以龙华寺为望祭殿，不筑斋宫。

每年春首上辛祈谷、四月夏雩、冬至冬极，皇帝都要亲自率领百官到郊坛行礼，以祭天和祈祷丰年。

三年一度的南郊之礼，在当时极为隆重。据文献记载，皇帝预先于元日降诏，以冬至有事于南郊，或用次年元日行事。先于五六月内择日命司漕及修内司修饰郊坛，并搭建青城斋殿等房屋，总数达到数百间，房屋上全部覆盖上苇席，护以青布。同时，差官兵修筑从太庙到泰禋门、自嘉会门到丽正门的两条泥路，总计长九里三百二十步，全部以潮沙填筑，其平整如铺上席子一样，以方便皇帝所乘的五种车子（即玉辂、金辂、象辂、革辂、木辂）往来。道路铺好后，还要以车五辆，车上压上铁块，多至万斤，到道路上试行，看看是否结实、平坦，直到符合方便往来的要求为止。至仪式举行前的一个月，将情况进呈宫中，谓之"闪试"。等到皇帝出行前一天，于太庙前搭建一座大的彩屋，屋里放着皇帝乘坐的车辂，允许都城百姓到这里观看。郊前十日，执事、陪祀等官都要到尚书省受誓戒。郊礼前三天，百官奏请皇帝到大内大庆殿行斋戒之礼三日。在这三天之内，皇帝必须沐浴更衣，穿戴通天冠、绛纱袍等礼服，不能饮酒，也不能吃荤，以表示诚意祭天。第二天，皇帝又要穿上衮冕服饰，到景灵宫奏告祖宗，告毕又赴太庙斋殿宿斋。这一天晚上四鼓时分，皇帝穿着衮冕礼服，到祖宗诸室行朝飨之礼。是夜，卤簿仪仗军兵于御路两旁分列，开始做好严密的保卫工作。其中从太庙到郊坛的泰禋门之间，一路上置放着数不清的祭祖送神时焚烧松柴的火盆和蜡烛，辉映如同白昼。文武百官和贵家巨室在道路两旁搭建的帐篷一座连着一座，一望无际，他们的主人都是不远千里、不惮金钱到此攀比争富，希望能够得到帝王和文武大臣的关注。于是，"珠翠锦绣，绚烂于二十里间，虽寸地不容闲也"。当然，如此隆重的大礼，也是商业经营的好时光，有眼光的商家自然不会轻易放过。故此，"歌舞游遨，工艺百物，辐辏争售，通宵骈阗"。直到五鼓，"则稏稍先驱，所至皆灭灯火，盖清道袚除之义"[①]。

郊祭那一天黎明，皇帝自太庙乘坐玉辂辇，后面跟着金、象、革、

---

① 《武林旧事》卷一《大礼·南郊》，第7页。

木四辂，队伍前面以驯象为引导，千官百司，法驾仪仗，锦绣杂遝，"盖十倍孟飨之数，声容文物，不可尽述"。自嘉会门按着顺序出郊，浩浩荡荡来至端诚殿（又称行宫或青城）致斋。端诚殿前，树有五丈高的"盖天"大旗，迎风招展。仗仪卤簿队排列在端诚殿前，铁骑围绕保护。方圆三里之内，由总务官与殿帅、皇城司提点官等率禁卫兵一千多在四周守卫，又有行宫都巡检使部率领甲军往来巡逻。可以说，安全措施是极其严密完备的，以防万一。

至是日三鼓时分，执事陪祀官一起进入郊坛之中，就黄坛排立。届时，万灯辉煌，灿若列星。丑时一刻举行郊祭，是时，皇帝服戴通天冠和绛纱袍，在奏乐声中三登三降郊坛：一登郊坛，举行"初献礼"，礼毕降坛，委托亲王行"亚献礼"；二登郊坛，读玉册，跪奠结束后，再降坛，委托亲王行"三献礼"；三登郊坛，饮福受胙，举行送神礼。

仪式结束后，皇帝乘玉辂辇回宫。当皇帝坐辇从丽正门进入城内，文武百官立班于皇宫前迎候。进入城门后，皇帝登丽正门御楼，举行"三岁遇郊则赦"的仪式。

关于"登门放赦"，《宋史》和《梦粱录》《武林旧事》等书均有详细的记述。这一天，要赦放的罪犯早早集合在宣赦台下，文武百官则立班于丽正门下。皇帝的车驾自文德殿启动，教坊宫架乐作，在前面迎导。至丽正门，皇帝在《乾安》的乐曲声中，登上御楼，临轩。时人有诗描写道："扇盖初临楼槛外，卷帘敞坐正临轩。要令祭泽该方国，先示尧民肆罪恩。"是时，门下鸣鞭，宫架奏曲，帘卷扇开，乐止，撞右五钟。黄伞才出门下，宰相以下文武官员两拜，分班站立。随着门上中书令"有赦，立金鸡门下"的号令，一支五丈五尺高的尖直长竿马上在前面立起来，长竿上有彩盘，盘顶上立着黄金饰首的金鸡，口中衔着长约七尺的红幡，上书"皇帝万岁"四字，盘底用红色彩绳悬于四角。皇帝命令四个头包红巾的戏曲艺人争先沿竿而上，先拿到金鸡的人向皇帝高呼万岁。皇帝赏赐缬罗袄子一领，绢十匹，三两重的银碗一只。有人观赏这个场景以后，不禁诵诗曰：

立起青云百尺盘，文身骁勇上鸡竿。
嵩呼争得金幡下，万姓均欢仰面看。

御楼上以红锦索牵引着金凤衔赦文放下，直至宣赦台前。通事舍人接到皇帝的赦文后，在宣赦台前大声宣读。当他读至"咸赦除之"时，由大理寺帅漕两处指挥狱卒脱掉罪犯的褐衣，除去他们头上的花枷，然后将他们当场释放。罪犯们三呼"万岁"，歌呼而出。待宣赦台前的罪犯全部放赦完毕，御楼垂下帘子，伞扇已入，皇帝准备回宫。此时，教坊艺人奏响乐曲，撞左五钟，迎接皇帝进入大内文德殿。

郊礼在宋代大讲排场与烦琐礼节，北宋时举行一次郊礼就要花费钱财数十万缗。是时，郊坛之侧设有青城斋宫，供皇帝斋宿。南渡初年，因国家经济困难，许多宰执大臣认为三年郊礼只住一夜，不必枉费人力和物力兴建青城斋宫，只需在举行祭礼时临时搭建帐篷即可。但即使如此，每次郊礼之费仍然高达"缗钱十余万"。淳熙年间（1174—1189），张端明初为京尹，开始讨论正式建筑斋宫之事，以便一劳永逸解决这个问题，这个方案得到孝宗允准，开始实施。但时为兵部尚书的宇文价因夜间值班，提出了反对意见，他上奏曰："陛下方经略河南，今筑青城，是无中原之意也！"孝宗听后也觉得有理，遂立即下令停止这一工程的建设。

随着宋代政治中心南迁，备受战争之苦的中原地区士民也大量南下。《宋史》卷一七八《食货志上·振恤》载"高宗南渡，民之从者如归市"。其时"西北衣冠与百姓奔赴东南者，络绎道路，至有数十里或百余里无烟舍者"[1]。李心传《建炎以来系年要录》卷八六说："中原士民，扶携南渡，不知其几千万人。"庄绰《鸡肋编》卷上说："建炎之后，江、浙、湖、湘、闽、广，西北流寓之人遍满。"朱熹说："靖康之乱，中原涂炭，衣冠人物萃于东南。"[2] 经济和文化发达的浙江地区，是中原和江淮移民的首选之地。莫濛说："四方之民云集二浙，百倍常时。"[3] 郑毅说："平江、常、润、湖、杭、明、越，号为士大夫渊薮，天下贤俊多避地于此。"[4]

赵宋政治中心和北方移民的南迁，带来了北方先进的文化和生活方式，进一步促进了北方中原文明向南方地区渗透，加强了南北文化的交流与交融，对南宋都城临安的社会经济与文化生活各个层面均产生了全面而深远的影响。

---

[1]《三朝北盟会编》卷一三四，建炎三年十一月十三日条，下册，第977页。

[2]（宋）朱熹：《朱熹集》卷八三《跋吕仁甫诸公帖》，四川教育出版社1996年版，第7册，第4303页。

[3]《建炎以来系年要录》卷一五八，绍兴十八年十二月己巳条，第4册，第2573页。

[4]《建炎以来系年要录》卷二〇，建炎二年二月庚午条，第1册，第405页。

第四章

南北文化交融

第四章
南北文化交融

临安商业中的"汴京气象"

南宋临安的商业十分发达,远远胜过北宋汴京。对此,时人吴自牧《梦粱录》卷一三《两赤县市镇》载:"盖因南渡以来,杭为行都二百余年,户口蕃盛,商贾买卖者十倍于昔,往来辐辏,非他郡比也。"但毫无疑义,南宋临安商业的繁荣,与汴京的影响密不可分。据史籍记载,当时流寓到杭州的北方人,特别是东京的一些商人,纷纷在此经营商业。特别需要指出的是,在临安众多的商铺中,东京人开设的饮食店更占有举足轻重的地位,时人耐得翁在《都城纪胜·食店》里述及:"都城食店,多是旧京师人开张。"这些汴京人不仅纷纷在临安开设酒楼、茶肆和食店,而且把中原传统的烹饪技术、汴京风味制作以及饮食店的经营管理方法等带到了杭州,从而使当时的都城临安有颇多"汴京气象",临安的商业以异乎寻常的速度蓬勃发展起来。总之,以汴京为代表的北方饮食文化的南传,不仅丰富了南宋都城临安市民的饮食生活,而且进一步提升了其在全国的地位,以致社会上时有"不到两浙辜负口"的谣谚。

东京手工业对临安的影响

南宋临安的手工业十分发达，纺织、酿酒、造纸、印刷、陶瓷、造船及军火等工业都居全国前列。虽然杭州这些手工业的生产历史非常久远，且至北宋时已有相当的规模和水平，但南宋临安手工业的发达往往又跟宋室的南迁联系在一起。特别是宋室定都临安后，直接为皇室、官府服务的规模庞大的官方手工业作坊在临安纷纷建立，同时东京等地大量具有各种手工业技艺的专业人才移居临安，大大改变了当地官、私手工业的结构与比重，并对都城临安手工业生产的发展产生了极其重要的影响。

宋室南迁前，杭州的陶瓷业在全国并无地位，也没有影响。但宋室定都杭州后，不久即在当地设立了两座新窑，一个是凤凰山下的修内司窑，另一个是南宋郊坛东侧乌龟山南麓的"郊坛官窑"。毫无疑义，这两座官窑都是汴京官窑的继续。南宋叶寘《坦斋笔衡》明确记载说："中兴渡江，有邵成章提举后苑，号邵局，袭故宫遗制，置窑于修内司，造青器，名内窑；澄泥为范，极其精致，釉色莹澈，为世所珍。"这样，杭州一下子就成为全国陶瓷业的中心之一。

丝织业同样如此。宋室南迁后，汴京的工匠们带来了汴京和北方其他地区精湛的纺织技艺，对临安官方及民间丝织业发展起了积极的促进作用，使其成为全国丝织业最为发达的地区。

印刷业同样在北方工匠的参与下而愈加发达了，如寄居临安府中瓦南街东荣六郎家开的书肆在当时较为著名，主要印刷和出售经史书籍，并在书上刻明他们在开封时的原址。

临安城市建设中的汴京因素

南宋临安的城市建设受到了汴京的影响,当时城中的许多建筑仿效汴京而成,如南宋朝廷精心设计的皇宫,不仅规模和汴京大内相仿,而且连宫殿的格局也和汴京相同。临安大内丽正门前是二里至三里许的宫廷广场,就继承了北宋东京的宫殿格局。与北宋东京宫殿一样,一殿多用、多名,也是南宋初期临安宫室制度的一个突出特点。

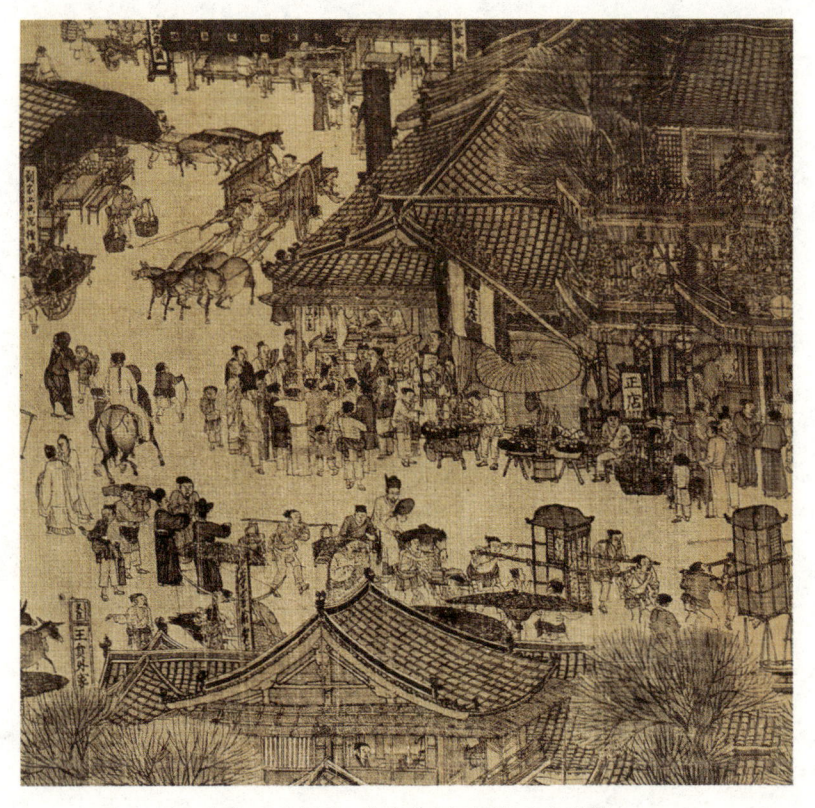

北宋 张择端《清明上河图》中的茶楼

贯穿京城临安南北的"天街",也是一个较为突出的例子。它仿效汴京御街,在街中划设御道、河道、走廊等不同功能的分道。

城市园林建筑也竞相仿效汴京,不仅大量采用汴京的建筑技术和方法,而且连名称、布局等也沿用汴京。如建于绍兴十七年(1147)的御园玉津园,就是沿用"东都旧名",并在园林布局上也仿效东京南薰门外的玉津园。

临安风俗中的中原旧俗

由于宋室的南迁,特别是汴京人大量移居临安,他们带来了北方的风俗习惯,使临安的社会风俗及生活方式发生了根本性的变化,这首先体现在吃、穿、住、行以及杭人的日常生活之中。

首先是杭人的饮食结构发生了较大的变化。南人食米,北人食面,是北宋时人们早已熟知的生活常态。可是在南宋,杭人尽管在一定程度上仍然保持着自己的饮食习惯,但大量迁居临安的北人,尤其是由汴京来的移民携来了以汴京为代表的北方烹饪方法,在临安纷纷从事饮食业的经营,这就在很大程度上改变了临安饮食业经营者的成分,同时也使临安饮食业经营的品种发生了很大的变化。《梦粱录》卷一六《面食店》谓:"向者汴京开南食面店,川饭分茶,以备江南往来士夫,谓其不便北食故耳。南渡以来,几二百余年,则水土既惯,饮食混淆,无南北之分矣。"

从衣饰来看,北宋东京市民的许多服装式样和发饰等在南渡以后也传到了临安。袁褧《枫窗小牍》卷上云:"如瘦金莲、方莹面丸、遍体香,皆自北传南者。"因杭人流行和崇尚北宋末年汴人的衣饰,以致一些寓居临安而经营汴京衣饰的服装店铺大发横财。

节日风俗,在南北宋之交,北宋东京与南宋临安尚有较大的差异,故时人庄绰《鸡肋篇》卷上载:"南方之俗,尤异于中原故习。"但到南宋后期,这种情况已经完全改变。我们试将吴自牧《梦粱录》、周密《武林旧事》、耐得翁《都城纪胜》等书所载的南宋末年杭州社会风俗与孟元老《东京梦华录》所记北宋汴京的社会风俗作一比较,几乎看不出这两个都城之间有什么差异。毫无疑义,这些风俗正如周密在《武林旧事》卷三《乞巧》中说的"大抵皆中原旧俗也"。

南宋 马远 《华灯侍宴图》

朝回中使传宣命
父子同班侍宴荣
酒捧倪觞祈景福
乐闻汉殿动驩声
宝瓶梅蘂千枝绽
玉栅华灯万盏明
人道催诗须待雨
片云阁雨果诗成

楼外楼前的宋嫂雕塑

其他如婚娶、育子、丧葬中的礼仪，同样渗入了中原的礼俗。

上述史实说明，经过一百余年的杂糅以后，北宋东京的社会风俗已深深地融入临安的社会风俗之中。有鉴于此，明代学者沈士龙跋孟元老《东京梦华录》一书说："余尝过汴，见士庶家门屏及坊肆阛扇一如武林，心窃怪之。比读《东京梦华录》载，贵家士女小轿不垂帘幕，端阳卖葵蒲、艾叶，七夕食油麦糖蜜煎果，重九插糕上以剪彩小旗，季冬廿四日祀龟，及贫人妆鬼神逐祟，悉与今武林同俗，乃悟皆南渡风尚所渐也。至其谓勾栏为瓦肆，置酒有四司等人，食店诸品名称，武林今虽不然，及检《古杭梦游录》，往往多与悬合。"影响之大、之深，由此可见一斑。

第五章

都城的生命线——大运河

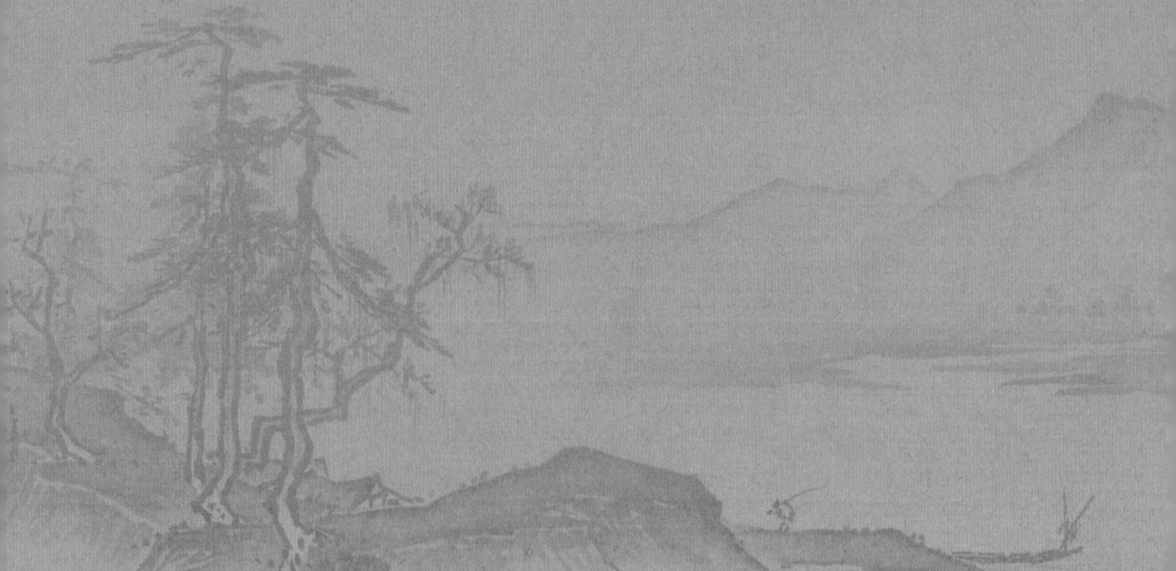

第五章
都城的生命线——大运河

临安的运河水系

杭州是一座"五水共导"的城市。这里集江（钱塘江）、河（京杭大运河）、湖（西湖）、海（钱塘江入海口杭州湾）、溪（西溪）于一体，面海而栖、濒江而建、傍溪而聚、因河而兴、由湖而名，这种大自然的造化和厚爱，使杭州在中国众多的城市中可以说是独一无二的。其中，大运河的影响巨大。隋大业六年（610），隋炀帝开凿由京口（今江苏镇江市）通往余杭（今浙江杭州市）的江南运河。大运河的开通，迅速提高了杭州的地位，有力地促进了杭州城市的发展与繁荣，使它成为中国东南地区一颗光彩夺目的明珠。杭州虽在隋代大运河开通之前，经济和文化已经有了一定程度的发展，成为州治所在，城市建设也稍具规模，但其地位北不及苏州、湖州，南不及越州（今浙江绍兴市）。随着南北大运河的开通，杭州因为浙东运河和浙西运河的形成，遂成为千里运河线上的一大枢纽，将大运河的影响快速地向闽、粤、赣和长江中上游延伸，并成为兼具河港和海港双重功能的重要运河城市，都市政治、经济地位也有了迅速的提高。自此，杭州迅速成为"川泽沃衍，有海陆之饶，珍异所聚，故商贸并凑"（《隋书》卷三一《地理志》）的商业城市，充分体现了作为交通枢纽和商业中心的双重地位。到南宋，临安更是被后人喻为"运河之城"。

1. 城外运河

临安的城外运河主要有两段，即浙西运河和浙东运河。

浙西运河，又称为江南运河，是指临安府北郭务至镇江江口闸的一段，计641里。这条运河是南宋都城临安最重要的生命线，在国家的政治、军事和经济中占有举足轻重的地位。时人言："自临安至京口，千里而远，舟车之轻［经］从，邮递之络绎，漕运之转输，军期之传递，莫不由此途者。"① 陆游在《渭南文集》卷二〇《常州奔牛闸记》中也说："自天子驻跸临安，牧贡戎贽，四方之赋输，与邮置往来、军旅征戍、商贾贸迁者，途出于此，居天下十七，其所系岂不愈重哉！"又其《入蜀记》第一说："自京口抵钱塘，梁陈以前不通漕。至隋炀帝始凿渠八百里，皆阔十丈。……朝廷所以能驻跸钱塘，以有此渠耳。汴与此渠皆假手隋氏而为吾宋之利，岂亦有数耶！"特别是粮食，俗话说："民以食为天。"一旦运河水浅，粮食等运输不继，整个都城便会陷入困境，故隆兴元年（1163）有诏曰："临安府近缘河道浅涩，客旅兴贩未至，深虑民庶艰食。"嘉定年间（1208—1224），有官员在给皇帝的奏言中更是说："国家驻跸钱塘，纲运粮饷，仰给诸道，所系不轻。水运之程，自大江而下，至镇江则入闸，经行运河，如履平地。川、广巨舰，直抵都城，盖甚便也。"②

由于浙西运河畅通无阻，因此人们可以很方便地到达江淮、两湖及四川等地。从当时的文献记载来看，临安与两湖、四川等地的联系主要是通过水路。如陆游《入蜀记》载孝宗乾道六年（1170），他赴夔州（今四川奉节县）通判任，即经都城临安，沿南运河，历

---

① 《宋会要辑稿》方域一七之一九，第8册，第7478页。

② 《宋史》卷九七《河渠志七·东南诸水下·浙西运河》，第2406页。

第五章　都城的生命线——大运河

临平、崇德、石门、秀州、吴江、平江、无锡、常州、丹阳至镇江，然后换乘江船，沿长江而上，沿途经瓜洲、真州、建康、江口、当涂、铜陵、池州、东流、江州、黄州、鄂州、石首、公安、峡州、归州、巴东、巫山而至夔州。反之，行程也大致如此。据范成大《吴船录》载，孝宗淳熙四年（1177），范成大在四川安抚制兼知成都府任上，奉旨到都城临安召对，即由成都经永康军（治今四川都江堰市），然后沿岷江东南行，于戎州（今四川宜宾市）进入长江，沿江而下，至镇江转入浙西运河，到达苏州。有鉴于这种交通十分方便，方回在《听航船歌》中写道："船头船尾唱歌声，苏、秀、湖、杭总弟兄。"

在浙西运河中，都城临安一段称上塘河。在当时相近诸条河道中，以这条运河最长，故亦称长河，明人或称中河，以对清湖闸水而言，又名夹官河。西自德胜桥东，抵长安坝、长安镇，又东抵海宁县城，总长度达一百余里。南通外沙河、菜市河、蔡官人河，东达赤岸河、施何村河、方兴河。两岸田土千顷以上，为都城重要的粮食和蔬菜供应地。南宋诗人对上塘运河的景色多有生动的描述，如与尤袤、杨万里、陆游并列为"中兴四大诗人"的范成大，其《暮春上塘道中》诗曰：

客舍无烟野水寒，竞船人醉鼓阑珊。
石门柳绿清明市，洞口桃红上巳山。
飞絮著人春共老，片云将梦晚俱还。
明朝遮日长安道，惭愧江湖钓手闲。

此诗为范成大年轻时从苏州吴县赴临安参加考试，途中自大运河乘舟而来时所作。诗题所指上塘，即上塘河。因运河为苏州来杭的主要交通干道，故人们往往称其为"长安道"。诗中所说的"石门"，指桐乡石门镇，大运河在此急转向东，是古代水上要道。此诗首联写舟行水中两岸所见,次联点明清明、上巳两个节日。

浙东运河指钱塘江与姚江之间几段互相连接的运河,因地处浙东,故名。它北起钱塘江南,经西兴镇到萧山县城,又东南至钱清镇与钱清江交汇,又东南经绍兴城,东折至曹娥镇与曹娥江交汇,曹娥江以东起自梁湖堰,东经上虞县(丰惠镇),至通明连接姚江,并经姚江经余姚、慈溪(慈城)、宁波,汇奉化江后称甬江,又北至镇海入海。由于钱清江、曹娥江等潮汐河流切穿于浙东运河之间,历史上整条运河设有西兴、钱清北、钱清南、都泗、曹娥、梁湖、通明七个堰闸。船舶小者,可候潮牵挽而过;大者必须盘挽,航运极费周折。然而,浙东运河早在北宋时期就占有重要地位。王应麟《玉海》卷二三《运路二十一堰》条引《国史·职官志》载:"堰:楚州之黄蒲、宝应、北神、西河,高邮之新河、樊良,扬州之邵伯、瓜洲,润州之京口、吕城,常州之望亭、奔牛,秀州之杉青,杭州之长安,越州之曹娥、梁湖、钱青,孟州之济源,汝州之梁县,泰州之白蒲、捍海;总二十一,监官各一人;余堰不居运路者皆领于州县。"南宋时,随着杭州成为行在之地,浙东运河也得到较为彻底的修整,通过运河的交通运输达到极频繁的程度。陆游在《法云寺观音殿记》中就有这样的记载:

法云禅寺,寺居钱塘、会稽之冲,凡东之士大夫仕于朝与调官者,试于礼部者,莫不由寺而西,饯往迎来,常相属也。富商大贾,捩柁挂席,夹以大舻。明珠大贝、翠羽瑟瑟之宝,重载而往者,无虚日也。

浙东运河的运输能力也得到显著提高。据《嘉泰会稽志》卷四载,浙东运河在萧山境内可通二百石舟,山阴县境内可通五百石舟,上虞县境内可通二百石舟,姚江可通五百石舟。

另据《淳祐临安志》卷一〇《城外诸河》和《梦粱录》卷一二《城内外河》所载，都城临安城外运河的支流主要有以下十余条：

下塘河。南自天宗水门，接盐桥运河、余杭水门，接城中小河、清湖河，两水合于北郭税务前，再从清湖堰闸至德胜桥，与城东外沙河、菜市河、泛洋湖水相合，然后分为两脉：一脉由东北上塘，过东仓新桥，入大运河，至长安闸，时人称嘉兴路运河；一脉由西北过德胜桥，上北城堰，过江涨桥、喻家桥、北新桥以北，入安吉州界，称下塘河，通苏、松两府。

前沙河。菜市门外太平桥外沙河北水陆寺前入港，可通汤镇、赭山、岩门、盐场。南宋时，前沙河仍发挥着航运的作用。

下湖河。在溜水桥柴场北，自策选马军寨墙、八字桥，沿东西马塍、羊角埂、上泥桥、下泥桥，直抵步司中军寨墙北。一脉自打水楼南折入左家桥河，入江涨桥河。一脉自八字桥、西策选军寨、神勇军寨、步人桥、马军桥、王家桥、西观音桥至古塘桥下，折入余杭塘河。又一脉自西堰桥、西溪山一带至饮马山，亦折入余杭塘河。

新开运河。淳祐七年（1247）夏，临安城内外大旱，城外运河因此干涸。临安知府赵与𥲅向皇帝上奏要求新开运河，他在奏折中说道："照得临安府客旅船只，经由下塘，系由两路：一自东迁至北新桥，今已断流，米船不通。一自德清沿溪，入奉口，至北新桥，间有积水，去处亦皆断续，每米一石，步担费几十余千，米价之增，实由于此。若亟不行开浚，事关利害。今委官相视，见得自奉口至梁渚，仅有一线之脉，止可载十余石米舟。自梁渚至北新路，则皆干涸，不可行舟，共三十六里，计五千五百三十九丈五尺。除已雇募乡夫，差委官属，分段开掘外，又契勘塘岸一带，都保久失修筑，日渐隳坍，纤路狭窄，艰于行往。今就此河所掘之土，帮筑塘路，庶几水陆皆有利济，实一举而两得。谨具奏闻。"这一奏议得到了孝宗的批准。于是，赵与𥲅动员民众新开运河。其中，自北新桥至狗葬，阔三丈，深四尺；狗葬至奉口，开阔一丈。时人称这条位于余杭门外北新桥北的运河为新开运河，又称城外运河。它南自浙江跨浦桥，北自浑水闸、萧公桥、清水闸、众惠桥、椤木桥、诸家桥转西，由保安寨至保安水门入城，长达36里。整治后，不仅漕运输便顺，而且堤岸亦在原有的基础上得到了整修。临安西北一带州郡，如苏、湖、常、秀、润诸州的粮食与物货，可以从这里船运到城内，接济京师的居民，往来浙西的人无不称其方便。高翥《下塘》诗赞此河的景色说："河水新添三尺高，河边芦苇有龟巢。波流夜夜飘渔箔，空点篮灯照树梢。""日出移船又日斜，芦根时复见人家。水乡占得秋多少，岸岸红云是蓼花。"

外沙河。旧志作外河。据《淳祐临安志》卷一〇《城外诸河》载，此河南自竹车门北去绕城，东过红亭税务前螺蛳桥，东至蔡湖桥，与殿前司军寨内河相合，转西过游弈寨前军寨桥、太平桥、端平桥，至无星桥、坝子桥河相合，入艮山门，沿城至泛洋湖水，转北至德胜桥，与运河汇合。南宋时，设有外沙巡检司。

子塘河。自北郭税务亭下，直抵左家桥，系下湖泄水的去处。《三吴水考》卷二载："子塘河，在今江涨税司，北为新河头，北行经米市桥，入清水潭，过左家桥，西达余杭塘河，北达新开运河。"

余杭塘河。在北关门外，江涨桥往西45里至余杭，故名。时人多有诗咏，如汪龙溪《余杭道中》诗曰："过境全疑道若穷，萦纡百转曲回通。人行山顶半天上，舟绕溪流乱石中。"范成大《余杭道中》诗："落花流水浅深红，尽日帆飞绣浪中。桑眼迷离应欠雨，麦须骚杀已禁风。牛羊路杳千山合，鸡犬村深一径通。五柳能消多许地，客程何苦镇匆匆。"连文凤《余杭道中晓行》诗："晓雾溟蒙未见天，山光水影白相连。余杭不似西川路,六月中旬叫杜鹃。"曹勋《苕溪道中》诗:"秋日苕溪路,轻舟棹晚霞。梦魂犹畏客,行李乍离家。细细来凉吹,娟娟有晚花。平生云水兴,老境似难夸。"从上述诗歌中,人们可以看出此河两岸的风景。

奉口河。自北新桥至奉口大溪,长36里。《三吴水考》卷二载:"奉口河去杭城西北四十五里,西南接钱塘奉口大溪,西北抵德清县界。"淳熙十四年(1187)七月一日,浚奉口河至北新桥。时有官员说:"窃见奉口至北新桥三十六里,断港绝横,莫此为甚。临安众大之区,日用之粟不可亿计。舟楫不通,则须人力,计其脚乘之费,日应踊贵。照得淳熙七年亦以久旱,守臣吴渊曾被旨开浚奉口河一带河道,七日而役成,自奉口斗门通放客船六百余只,相继舳舻不绝,谷直遂平。窃谓区区目前之策,莫急于此。"于是,孝宗下令浚治奉口河,恢复了此河原有的交通功能。

宧塘河。在余杭门外板桥西,宧塘河接连运河。大塘长36里,其西又有一塘,曰西塘,周围面积达18平方里,直抵安溪。淳祐七年(1247)大旱,临安知府赵与𥲅发动民众修筑西塘开浚宧塘河,以通米舟。《三吴水考》卷二载:"宧塘河去杭城西北三十五里,南接北新江涨桥,北达奉口河。"

赤岸河。赤岸河在城东北35里赤岸南,自运河入通高塘、横塘诸河。西接蔡官人塘河,东北达施何村河。

菜市河。南自新门外,北沿城景隆观后,至章市桥、菜市桥、坝子桥,入泛洋湖,转北至德胜桥,与运河合流。清代以盐桥河居中,小河在其西面,遂称此河为东河。南宋粮运往往由此入城,葛澧《钱塘赋》说的"清流中贯,荡漾涟漪",即指城中诸河。

后沙河。在艮山门外坝子桥北,其南接城内运河,北达蔡官人塘河。早在北宋时,这里便是繁盛的去处。南宋时,这里的居民更多,碧瓦红檐,歌管不绝。

蔡官人塘河。在艮山门外九里松塘河姚斗门,通河渎店、汤镇、赭山止。其西南接后沙河,东北达赤岸河。郑江《蔡塘河舟行》诗描述这里的景色:"出郭霁微雨,清川荡小舟。鸟栖原上树,人倚水边楼。径草通春亩,篱花媚素秋。沙河塘稍北,最称结庐幽。"蔡官人即宋代蔡汝撰,为蔡塘东里人,曾任朝奉大夫、瑞州通判。汝撰幼小时,其庶母沈氏死,汝撰父亲用佛教之俗习将其火葬。后来汝撰为官,深感失礼,没有将母亲按儒家之礼法土葬,每次说起此事,他总是大哭不止。为此,他请人用木头雕成母亲的形象,并备衣衾棺椁,择地而葬,仍置坟田、建庵屋,令僧人在坟旁守卫,乡人呼为"木娘墓"。与此同时,蔡汝撰还捐钱并发动民众开挖了上述的塘河,后人为了纪念这位大孝子,遂名为"蔡官人塘河"。

施何村河。因当时有施姓何人居住在此,故名。该河在桐扣山水汏堰东,自运河入,通里外沙河。

方兴河。在临平镇东,自运河入,通像光湖、赭山、汤镇,又通海宁长安坝。

真珠河。在钱塘门里,岁久堙塞。淳祐五年(1245),府尹赵与篥重行开浚,并护以石岸,置闸蓄水和放水。

龙山河。南自凤山水门直至龙山浑水闸,旧有河道,计10余里,长1251丈,置闸以限潮水。宋代以龙山闸靠近内河道,不通舟楫。至南宋末年,由于时间久远,导致淤塞。

2. 城内运河及其主要河道

小河、大河、西河是南宋城内主要的水上交通线,这三条河上许多桥梁又是陆上交通枢纽。当时城内外数以百万计的居民日常必需品，都要依靠水陆两路运来，水路用船，陆路要用人力搬运，因而利用水路较多。《梦粱录》卷一二《河舟》载："盖杭城皆石版街道，非泥沙比，车轮难行，所以用舟只人力耳。"在过去，城中沿河一带原来并无门栏，唯居民门首自为拦障，不相联属。河之转曲，两岸灯火相直，醉酒者夜行经过，往往感觉如履平地，因此误入运河中溺死的人，每年要多达数十百。自从王宣子担任临安知府后，始于抽解场材置大木栏，城内沿河皆周匝，每船埠留一门，从而解决了运河的安全问题，城中百姓始交相称赞。《马可波罗行纪》第一五一（重）章《补述行在》便载道：

城之位置，一面有一甘水湖，水极澄清，一面有一甚大河流。河流之水流入不少河渠，河渠大小不一，流经城内诸坊，排除一切污秽，然后注入湖中，其水然后流向海洋，由是空气甚洁。赖此河渠与夫街道，行人可以通行城中各地。街渠宽广，车船甚易往来，运载居民必需之食粮。

盐桥运河是临安城内河道最长、航运量最大的河，时人又称其"大河"。它南起碧波亭州桥、通江桥，与保安水门里横河汇合，过望仙桥、柴垛桥、荐桥、丰乐桥、盐桥、仙林寺桥、西桥，直北至梅家桥，出天宗水门，长达十四五里；一派自仁和仓后葛家桥、天水院桥、淳祐仓前，出余杭水门水道。当时城内的谷米、柴薪等物，主要依靠此条河道传送。河南端柴垛桥下为临安最大的柴木交易场；北端西岸为都城粮食聚积之地，有葛家桥下的丰储仓，西桥场上的平籴仓、厅官仓、淳祐仓等及法物库、草料场。

市河，俗呼小河，位于盐桥运河西边。据《梦粱录》《淳祐临安志》等书载，东自清冷桥，西流至南瓦横河口转北，由金波桥、巧儿桥、猫儿桥、舍人桥、炭桥、李博士桥、鹅鸭桥、北桥、军头司桥、清远桥，直北至仁和仓桥，又转东与茅山河河水汇合，再由天水院桥转北，过便桥出余杭水门。

清湖河因湖水引自西湖，河水清澈见底，故名；又因其流经杭城西隅，故俗称"西河"。据《梦粱录》《淳祐临安志》等载，此河西自临安府治前净因桥，过闸转北，由楼店务桥、凌家桥、仁寿桥至转运司桥，然后转东由渡子桥与涌金池水相汇合，流至金文库，再与旱河头桥、三桥水相合，由军将桥、施水坊桥、井亭桥、洪福桥、鞔鼓桥、马家桥、清湖桥投北，由石灰桥、结缚桥、下瓦桥、众安桥又投北，与市河相合，入鹅鸭桥转西；一派自洗麸桥、左藏库桥、安福桥、丁家桥、纪家桥转北，由车桥、杨四姑桥、新庄桥、师姑仓桥、斜桥至便桥，出余杭水门。

清湖河在北宋初主要是向城内供应清水，供居民饮用。后经苏轼的治理后，除原先的饮用功能外，又增加了水运的作用，从而使沿河两岸迅速兴旺起来。两宋之交时，张九成、凌景夏、杜旃、武衍等许多文人曾寓居于此。

茅山河流经城东隅，东自保安水门，向西过榷货务桥，转北过通江桥，一直至梅家桥旧德寿宫（后改名为宗阳宫）之东。如前所述，此河在北宋时是城内的两条主要运河之一。南宋绍兴末年，由于宋高宗在茅山河南段扩建德寿宫，在此填塞河道；此外，城中的百姓也借机侵占河道。虽然当时仍然存有去水大渠，但水流至蒲桥后，被修内司营填塞，因此到南宋末年，这里已经被人称为"断河头"。不久，高宗的御医王继先又在蒲桥附近兴建"快乐仙宫"时填塞了中段，最后仅剩下后军东桥至梅家桥一段，也彻底荒废了。

第五章 都城的生命线——大运河

临安运河的疏浚与管理

1. 运河的疏浚

进入南宋以后，临安的运河，特别是城中的运河，因日纳钱江潮水，沙泥混浊，一汛一淤，加上运河两岸居民向河中丢弃杂物垃圾，日久累积，河道逐渐填塞，变成了丘阜。一些不法居民为了侵占土地，竟在丘阜上增叠基址，不断地侵占河道。于是，原先的纤道自然已不复存在，且常常需要官府三年至五年即一浚治。

绍兴三年（1133）十一月五日，宰相朱胜非等向高宗上奏，请求浚修开挖水浅不通畅的大运河，高宗批准了他们的请求。当时有官员向高宗建议，利用五军中不堪出战的年老体弱的士卒来整治运河，也有官员认为应该调集民夫来浚治运河。高宗认为，前说万不可行，后者也尤其不可，惟发旁郡厢军壮城捍江之属为宜，至于廪给之费，则不必节省！当时正值盛寒之际，参加修治运河的人都感到苦不堪言。故此，朱胜非建议"临流居人侵塞河道，悉当迁避。至于畚闸所经，泥沙所积，当预空其处，则居人及富家以僦屋取赀者皆非便，恐议者以为言"。高宗听后极为不满，说："禹卑宫室而尽力于沟洫，浮言何恤焉？"于是，开始调集浙东西州军充厢军，准备浚治都城运河。次年二月四日，两浙路转运副使马承家等言："开撩临安府运河，元约两月为期。已于今月二十三日兴工，自跨浦桥及飞虹桥北，下手开掘，以二十日为一料。今欲候第一料毕工，从朝廷先次差官覆视，应得元开深阔丈尺。接续开撩第二料，更合取自朝廷指挥。"

绍兴四年（1134）二月二十二日，工部员外郎谢伋等言："知临安府梁汝嘉具到开撩，本府里河深处，不须开掘。其坝子基并余杭门里外一节措置，并工量行挑撩。臣等躬亲将带壕寨前去，自地名葛公桥坝子基探量水势，至余杭门里外两处，各有水四尺五六寸，可以随宜挑撩。外其余河，本皆及四尺七八寸至五尺以来，欲依梁汝嘉等所乞施行。"

绍兴八年（1138）十一月十一日，知临安府张澄上《请开河奏》："今驻跸之地，公私所载，资于舟船者百倍前日。"又曰："临安府引江为河，支流于城之内外，舟楫往来为利甚博。岁久湮塞，民颇病之。顷由陛对，尝乞以农隙略加浚治。今再讲究，更不调夫工。止乞下两浙转运司，刷那厢军壮城兵士逐州军定，共差一千人同，选兵官将校部辖，严责。近限发赴本所开浚，以工程计之。半年之外，河流无壅，岂惟百物通行，公私皆便。兼春夏之交，民无疾疠之忧。"高宗同意了他的请求，命其发一千名厢军壮城兵开浚运河堙塞，以通往来舟楫。于是，张澄调集两浙厢军千余人，经过半年的治理，临安城内外大小河道畅通，为利甚溥，百姓受益，张澄也因功升为户部侍郎。

绍兴十四年（1144），张澄第二次知临安府，再次疏浚城内外运河，同时治理西湖。为达到长久管理西湖的目的，他又从临安府中抽调厢军200人，拨给钱塘县尉指挥，专门负责浚湖，不得他用。并发布布告，谓沿湖居民如有"包占种田"或向西湖"沃以粪土"者，将一律绳之以法。

绍兴十六年（1146）五月，开始疏浚运河。同年八月二十五日，宰执进呈临安府措置在城的舟船，并令城外摆泊。高宗听后，充分肯定了他们的成绩，认为通过河道浚治，舟船的航运比过去方便多了。同时，要求临安府加强管理，严令禁止居民向运河丢弃垃圾，填塞河道，犯者重罚处置。

绍兴二十六年（1156）年底，诏浚治运河河道六千余丈。是时，权相秦桧刚死不久，临安老百姓因恨他，故意将运河中挖出的淤泥堆放到他家的门口。有人题诗挖苦道：

格天阁在人何在？偃月堂深恨亦深。
不向洛阳图白发，却于鄜邬贮黄金。
笑谈便解兴罗织，咫尺那知有照临？
寂寞九原今已矣，空余泥泞积墙阴。

绍兴三十二年（1162）二月二十七日，诏令临安府自浙江清水闸横河口西曲尽头，南至龙山闸一带河道，进行浚治。

因扩建德寿宫，龙山河禁止通航，部分河流渐淤，致盐桥河河水干涸。为此，吴芾在隆兴二年（1164）上奏曰："城里运河先已措置北梅家桥、仁和仓、斜桥三所作坝，取西湖六处水口，通流灌入府河，积水至望仙桥以南，至都亭驿一带。河道地势自昔高峻，今欲先于望仙桥城外保安闸两头作坝，却于竹车门河南开掘水道，车戽运水，引入保安门，通流入城。遂自望仙桥以南开至都亭驿桥，可以通彻积水，以备缓急。计用工四万。"孝宗同意他的意见，命臣工多次勘察测量，并发动民工及厢军开浚运河，在此段运河两头作坝，通过城内运河引西湖水，再用水车戽水的办法向坝内的河道输水，从而大大提高了这一段运河的水位，使大船能够自由往返，航运畅通。这次运河治理，测量、作坝、引水、戽水几个环节能够一气呵成，标志着临安运河的综合治理水平有了很大的提高。吴芾（1104—1183），字明可，号湖山居士，台州仙居（今属浙江）人，以龙图阁学士致仕。著有《湖山集》。

乾道三年（1167）六月，荆南知府王炎曰："临安居民繁夥，河港埋塞，虽屡开导，缘裁减工费，不能迄功。臣尝措置开河钱十万缗，乞候农暇，特诏有司用此专充开河支费，庶几河渠复通，公私为利。"孝宗同意了他的请求，命令其负责运河浚治的工程。又，守臣说："募人自西兴至大江，疏沙河二十里，并浚闸里运河十三里，通便纲运，民旅皆利。复恐湖水不定，复有填淤，且通江六堰纲运至多，宜差注指挥一人，专以开撩西兴沙河系衔及发挥江兵士五十名，专充开撩沙浦，不得杂役。仍从本府起立营屋居之。"

乾道四年（1168）十月，临安府尹周淙出公帑三十余万缗，米一万六千余斛，招集社会上闲散的民工，开浚都城城内外河，对一千二百五十丈长的河道进行了彻底的浚治，至明年二月完工。与此同时，他还对浙江三闸进行了整修，使其启闭以时，并置设巡河用的办公场屋三十所，撩河船三十只，每天派军兵六十人负责运河的疏通淤塞事务。

淳熙二年（1175）十一月二十二日，两浙漕臣赵磻老言："临安府长安闸至许村巡检司一带，漕河浅涩，未曾开浚。除两岸人户自出力开浚。"又说："欲于通江桥置板闸，遇城中河水浅涸，启板纳潮，继即下板固护水势，不得通舟。若河水不乏，即收闸板，听舟楫往还为便。"他的请求得到了朝廷批准，于是发动民众浚治长安至许村一带运河。

淳熙七年（1180），大臣吴渊云："万松岭两旁古渠，多被权势及有司公吏之家造屋侵占，及内砦前石桥都亭驿桥南北河道，居民多抛粪土瓦砾，以致填塞，流水不通。今欲分委两通判监督地分厢巡逐时点检，勿令侵占并抛扬粪土。秩满若不淤塞，各减一年磨勘；违展一年，以示劝惩。"即将政绩与考核结合起来，督促官员加强运河的管理。同一年，孝宗还下诏："运河有浅狭处，可令守臣以渐开浚，庶不扰民。"

淳熙十四年（1187）七月，临安久久不下雨，干旱成灾，有官员向孝宗上言道："窃见奉口至北新桥三十六里，断港绝潢，莫此为甚。今宜开浚，使通客船，以平谷直。"孝宗同意了他的建议。于是，守臣吴渊率人对奉口河至北新桥一段的运河进行了疏浚，七天后毕工。从此以后，"自奉口斗门通放客船，六百余只相继，舳舻不绝"。

宋宁宗嘉泰二年（1202）六月壬午，浚浙西运河。

淳祐七年（1247）大旱，城内河道干涸，上塘河不通，府尹赵与𥲅凿渠引东苕溪自余杭塘河入注西湖；又上新开河奏，主张开凿城外运河。随后开奉口河自奉口（即今杭州余杭奉口）引东苕溪东南达北新桥，漕运改走奉口河与下塘河（南起古板桥，西北过祥符镇入余杭境，称西塘河；又经勾庄、良渚，北至安溪上纤埠接东苕溪，奉口河又称宦塘河）。赵与𥲅开凿新运河，不仅为运河开辟东苕溪水源，使之成为江南运河进入都城临安的又一通道，而且也为后来杭州运河的改道奠定了基础。

据《咸淳临安志》卷三五"新开运河"条记载："新开运河，在余杭门外，北新桥之北，通苏、湖、常、秀、润等河。凡诸路纲运及贩米客舟，皆由此河达于行都。淳祐七年夏大旱，城外运河干涸。赵安抚与𥲅奏请，得临安府客旅船只，经由下塘，系有两路：一自东迁至北新桥，今已断流，米船不通；一自德清沿溪入奉口至北新桥，间有积水，去处已皆断续。……自奉口至梁渚，仅有一线之脉。……自梁渚至北新桥，则皆干涸，不可行舟，共三十六里，计五千五百三十九丈五尺。……今就此河所掘之土，帮筑塘路……一自北新桥至狗葬，开阔三丈，深四尺。一自狗葬至奉口，开阔一丈，自是往来浙右者，亦皆称其便焉。"

咸淳六年（1270），清湖河疏浚时导致西湖水堤毁坏，河道干涸。朝廷命安抚潜说友开修，一自断河至清湖桥，共计四千二百一十尺；一自观桥西至杨四姑桥，共计二千三百三十五尺。整治工作包括以下几项：疏浚河道淤泥，拓宽河道，修筑河坝，补全堵塞河堤决口所用的竹木、土石等材料，使断河完整地连接在一起。当时，城内的吴山每当大雨之时，山上流动的雨水便挟着草壤汹涌而下，乃即其处穿海子口，深三丈余。为此，在这里专门设置铁窗棂，将杂草等过滤掉，不让水面上的垃圾冲入运河和江海；设置澄水闸，使混浊的钱塘江潮水不进入运河。接着，朝廷又下旨：宗阳宫前沿河修筑，共计二百七十七丈。和宁门外河之上流开淘为积水，计自登平桥至六部桥，共四十丈；都置水闸，辟水门清湖桥而下。后来潜说友调任，安抚赵与𥛙接续浚筑至众安桥。

2. 运河的管理

为了加强对河道的管理与疏浚，南宋朝廷采取了一系列的措施，主要有以下几点：

一是指定浙西运河由两浙路厢军负责。绍兴四年（1134）正月，两浙厢军集中四千余人将运河挖深加宽。为了鼓励厢军开挖运河的积极性，当时规定，从疏浚中得到的有价值的遗物，抽出十分之四奖赏浚河军兵。如遇尸骨，听便僧徒收埋，满200之数给度牒一道，以资鼓励。

二是以法律条令保护城内运河不受污染。绍兴四年（1134）二月二十七日，刑部转起发诸州厢军开河转运副使马承家等奏："临安府运河开撩渐见深浚。今来沿河两岸居民等尚将粪土瓦砾抛掷已开河内，乞严行约束。"高宗接到报告后，马上下诏要求大理寺立法，严令禁止居民粪土填河："辄将粪土瓦砾等抛入新开运河者，杖八十

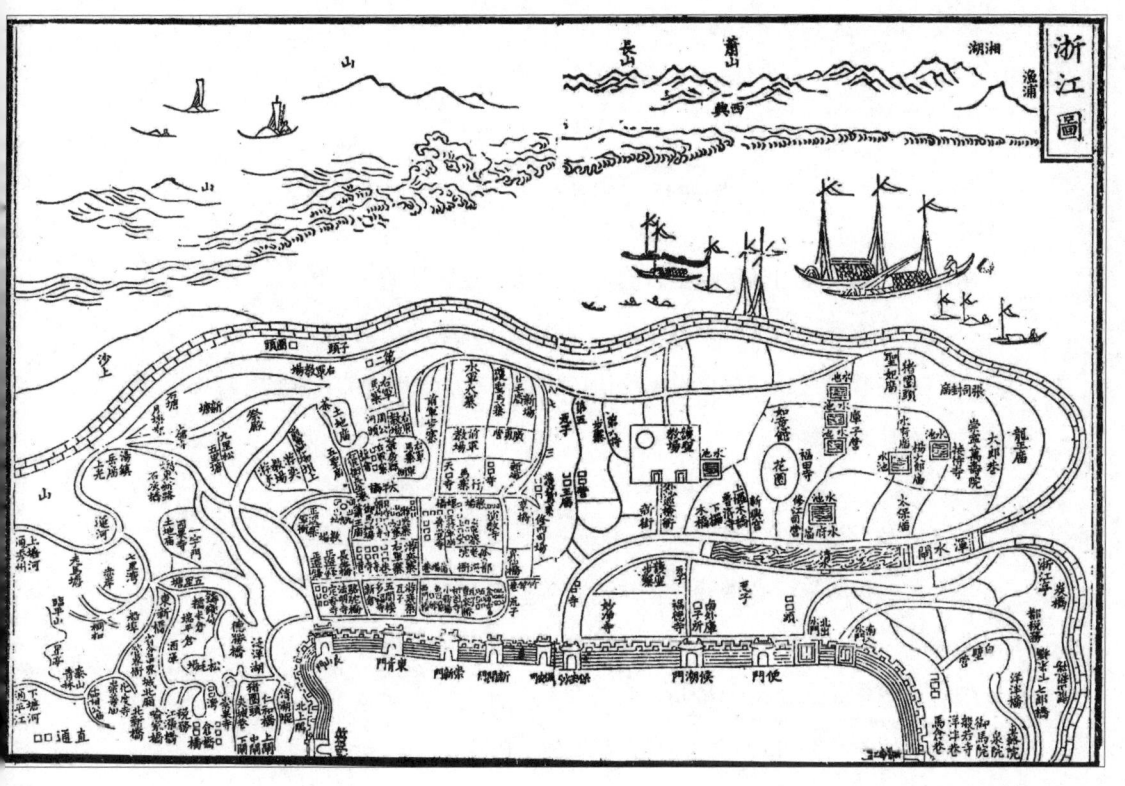

南宋《咸淳临安志》中的浙江图

科断。"并令在城都监及排岸外沙巡检要经常加以巡察,"如有违戾,许临安府依法施行"。同时,要求临安府在城内外多贴榜示,让禁令做到家喻户晓。绍兴二十六年(1156),权知临安府韩仲通要求进一步加以严禁。

三是对运河的建筑设施进行及时的维修整治。如咸淳四年(1268),临安知府潜说友奉朝廷之命维修加固城内外桥梁,"撤旧更新者大半,余则随其阙坏,一切整葺,庳者增崇,狭者增阔"。整治后,城内外运河舟楫往来,始无过去逼仄阻碍的现象。

临安运河码头

南宋时,临安城内外运河上设有许多码头。这时期的运河码头,从江口一直延续到运河中的浑水闸处,呈现出一派繁荣昌盛的景象。南宋末年,葛澧在《钱塘赋》中详细地叙说了城南码头上众多货物交会繁盛的景象:

江帆海舶,蜀商闽贾,水浮陆趋,联樯接武。红尘四合,骈至丛贮,涩囂荣獠,挥袂飘举。息操倍菠,功辨良苦。乃有安康之麸金白胶,汝南之蓍草龟甲,上党之石蜜赟布,剑南之缟纥笺锦。其他球琳琅玕,铅松怪石,蠙珠氀丝,枇干栝柏。金锡竹箭,丹银齿革,林漆丝枲,蒲鱼布帛。信都之枣,固安之栗,暨浦之三如,奉化之海错,奇名异状,伙够堆积。贸易者莫详其生,博洽者畴克遍识……

而吴自牧在《梦粱录》卷一二《江海船舰》中更是把这里的江口码头与上游的龙山码头合起来进行描述:

其浙江船只,虽海舰多有往来,则严、婺、衢、徽等船多尝通津买卖往来,谓之长船等只。如杭城柴炭、木植、柑橘、干湿果子等物,多产于此数州耳。明、越、温、台海鲜鱼蟹鲞腊等货,亦上通于江浙。徂往来严、婺、衢、徽州诸船,下则易,上则难,盖滩高水逆故也。江岸之船甚夥,初非一色。海舶、大舰、网艇、大小船只,公私浙江渔浦等渡船、买卖客船,皆泊于江岸。盖杭城众大之区,客贩最多,兼仕宦往来,皆聚于此耳。

换言之,浙江上游的山货与浙东及由海道而来的海货,都在这里的江口码头处汇集。

此外，城内外运河沿岸也分布着众多码头，特别是在湖墅米市桥、黑桥一带。因下面有涉及，此不赘述。

南宋定都杭州以后，杭州运河沿岸码头大为发展，沿河店铺作坊几乎都有小型码头，以方便舟船货物上下。新开门外草桥南街（今望江门内一带），开有"米市三四十家"，显然是一个规模不小的米市专用码头。

尤其是城北，《梦粱录》卷一二《河舟》载："公私船只，泊于城北者夥"，北关、半道红、湖墅、江涨桥等地，码头鳞次栉比。以"米"而言，《梦粱录》载：司农寺管辖的"上供米斛"，"搬运自有纲船装载……到岸则有农寺排岸司掌拘卸、检察、搜空"。同书卷一六《米铺》记载："然本州所赖苏、湖、常、秀、淮、广等处客米到来……船只各有受载客户，虽米市搬运混杂，皆无争差，故铺家不劳余力，而米径自到铺矣。"码头的一整套工作流程，已经是相当成熟了。

规模最大的码头，是在城北的湖墅米市、黑桥一带。《梦粱录》卷一六《米铺》载："湖州米市桥、黑桥，俱是米行，接客出粜"，是一个专业的米市码头。

临安运河桥梁建筑

由于临安城内河道众多，因此桥梁便成为都城交通的重要特色之一。《马可波罗行纪》第一五一（重）章《补述行在》便说：

人谓城中有大小桥梁一万二千座，然建于大渠而正对大道之桥拱甚高，船舶航行其下，可以不必下桅，而车马仍可经行桥上，盖其坡度适宜也。就事实言，如果桥梁不多，势难往来各处。

《马可波罗行纪》载临安"城中有大小桥梁一万二千座"，也许有夸大之嫌，但我们完全可以肯定，南宋临安城内桥梁之多，在中国历代都城中当是首屈一指的。仅从《梦粱录》《武林旧事》《咸淳临安志》等书，就可查到上千座有名的桥梁。下面，我们依临安城内外运河桥梁的地区分布，择要叙述：

1. 大河上的桥

六部桥，原名通惠桥，因桥东设有接待北方诸国来使的都亭驿馆，时人又称都亭驿桥。东通候潮门，大河之水自龙山闸入凤山水门，从南而北，首过此桥。到明代又改名为锦云桥。据《宋史》卷二四三《后妃下》记载，六部桥在南宋历史上曾发生过一次事件：开禧三年（1207）十一月初三，权臣韩侂胄上早朝，路过六部桥，被礼部侍郎史弥远派遣的中军统制夏震率领的体格强壮的军士包围，并拥至南郊玉津园槌杀而死；然后由参知政事钱象祖和史弥远等到延和殿奏告皇帝，说韩侂胄暴卒。

通江桥，本名庆元桥，在杂卖场西，桥的南边为过军桥。杂卖场出产雪泡豆儿水、荔枝膏、甘豆汤、戈家蜜枣儿等知名小吃和饮料。淳熙二年（1175），通江桥置板闸，遇城中河水浅涸之时，则启动板

第五章 都城的生命线——大运河

闸,纳潮水入城,以便行舟。如城中河水泛滥,即下板闸固护水势,不得行船;如果河水不泛滥,即收板闸,听舟楫往还为便。因此桥通钱塘江,故名"通江桥"。

望仙桥,在朝天门的东面,在望仙桥上仰眺吴山,如卓马立顾。相传南宋绍兴年间(1131—1162),有风水大师以为此处有郁葱之符,风水极佳,当时秦桧权倾一时,他设法想请高宗赐此地给他建造宰相府第。绍兴十五年(1145)四月丙子,高宗果然赐秦桧在望仙桥东建府第,并在桥东建秦桧家庙,西侧建一德格天阁。此桥在南宋初年曾发生一件惊天动地的大事,据《咸淳临安志》卷九三《纪遗五》载:绍兴二十年(1150)正月十日凌晨,加封一品宰相的秦桧乘坐着大轿,在数十名亲兵、随从的前呼后拥下,好不威风地从赐第出发去上早朝。当一行人刚刚走到望仙桥上,突然有一个刺客冲出,手持斩马刀,以迅雷不及掩耳之势向秦桧乘坐的轿子砍去。刺客的突然出现让秦桧和他的手下仓皇失措,几个随从试图去阻拦,和刺客展开了搏斗,但都被刺客砍成重伤。最后,秦桧的随从利用人数的优势一拥而上,终于将刺客的刀夺了下来,将其制服,然后将他送到最高审判机关大理寺审讯,得知是殿前司后军军人施全,最后将施全判处死刑。五天之后,也就是正月十五元宵节,施全在闹市区被当街斩首。这次事件,施全虽然只持刀砍断了秦桧肩舆一柱,而没有达到杀死秦桧的目的,但对秦桧造成了严重的心理创伤。从此以后,秦桧加强了对自己的护卫工作,每次外出,一定要以五十个精壮的亲兵手持长棒跟随左右,直至五年之后他病死,再也没有遭遇过刺杀的危险。秦桧死后,高宗在其府第的基础上改建为德寿宫。此桥东南的狮子巷为歌馆集中的地方,这里还有饮食店铺出产的名品"糕糜"。

宗阳宫桥,在宗阳宫西。《梦粱录》卷八《德寿宫》载:"咸淳年间,度庙临政,以地一半营建道宫,扁曰宗阳,以祀感生帝。其时重建,殿庑雄丽,圣真威严,宫闱花木,靡不荣茂,装点景界,又一新耳目。一半改为民居,画地改路,自清河坊一直筑桥,号为宗阳宫桥。每遇孟享,车驾临幸,行烧香典行。桥之左右设帅漕二司,起居亭存焉。"

三圣庙桥,在介真道馆前。因当时有三圣庙,故名。三圣庙建于南宋绍兴年间(1131—1162),以纪念北宋元丰五年(1082)因抗击西夏而于银川战死的统军高永能、景思谊、程博古三人。南宋初年,朝廷追封三人为王,在此建旌忠庙祭祀他们,民间俗称为"三圣庙"。据费衮《梁溪漫志》卷十《临安旌忠庙》载:"绍兴初,张、杨、郭三大将,建永乐三侯庙于临安柴垛桥之东,赐额旌忠,各有封爵。三侯者,高将军名永能,程阁使名博古,景崇仪名思谊。"这一带景色非常美丽,陈鉴之《到三圣庙坐池亭久之记以四十字》诗赞道:"倦踏软尘陌,琳宫取次行。红桃窥潋滟,翠柳立虚明。眼底得诗料,耳根犹市声。黄冠邀啜茗,犹有旧交情。"

佑圣观桥,在荣王府前,因桥旁边有佑圣观,故名。又因桥旁边有铁佛寺,也称铁佛寺桥,铁佛寺正名为慈光寺,五代后晋开运初僧晤恩建。南宋宝庆(1225—1227)初,张浚在桥旁扩建,寺内供奉铁铸的弥勒佛像,故世间俗称为铁佛寺。

太和桥,一作太和楼桥,因这里有官营东酒库的太和楼而得名。后来此楼因失火烧毁,遂废弃。此桥桥址原为渡口,南宋时建柴场于河东,以柴木运输堆垛于此,后因运输不便,在此建石拱桥,民间俗名柴垛桥。在常庆坊东北。

荐桥,在富乐坊东,崇新门外章家桥南。这里有荐桥门瓦子和英济庙。英济庙(后名清泰庵)常用来祀潮神。明代改名为清泰桥。

丰乐桥,在富乐坊北,因著名的丰乐楼酒肆而名。其北有橘园亭,附近橘树极多，并且集中了众多的书铺。绍兴年间（1131—1162），王继先强占丰乐桥官地，在此建造府第，屋宇雄丽，都人称之为"快乐仙宫"。另据费衮《梁溪漫志》卷一《临安旌忠庙》载："绍兴初，张、杨、郭三大将，建永乐三侯庙于临安柴垛桥之东。……今迁庙于丰乐桥之东北，故觉苑寺基也。"

盐桥，在兴福坊东，五代吴越国时即有，其时在桥西还有盐桥门。北宋苏轼知杭州时，曾浚茅山、盐桥两河。天圣九年（1031），仁和人崔育材舍盐桥住宅为灵隐下院。南宋时因盐船待榷于此，故民间称呼为"盐桥"。桥旁有广福孚顺、孚惠、孚佑侯蒋相公祠（即广福庙），后因广福庙改名为惠济庙，故民间又俗称盐桥为惠济桥。当时，这里还是生帛的行市所在。杨万里有《大儿长孺同罗时清寻凉盐桥》诗记述此地景色："灯火希疏夜向中，追凉只与热相逢。意行行到新桥上，两岸无人四面风。"此外，桥东还有赡军北酒库，桥南有翰林司营、橘园亭，北面有驭舟亭等。

蒲桥，在中河盐桥东，一直不通水，为旱桥。其原因据日本著名学者梅原郁《南宋的临安》一文考证，"从北方涌入的大量流民，在新城外面开凿了菜市河加以利用，茅山河除北面的一段外，已全被居民的房子所掩埋，所以在编纂《咸淳临安志》的那个年代，盐桥以东的蒲桥附近，已经成为瓦子林立的繁盛地区，所谓蒲桥不过仅成一个空名而已"[①]。蒲桥之东有蒲桥瓦子（亦名东瓦），南宋末年时废为民居。杨万里在杭州为官时，曾寓居于此桥附近，并有诗："三岁都城寓远坊，今年一热古无双。夜来何处山村雨，凉到蒲桥桥北窗。"其《朝天集》有《幼圃》诗，前有小序，文云："蒲桥寓居，庭有刳方石而实以土者，小孙子艺花蓺菜本其中，戏名幼圃。"诗为：

---

① 载《中国近世的都市与文化》，日本同朋舍1984年版。

寓舍中庭劣半弓，燕泥为圃石为墉。

瑞香萱草一两本，葱叶薤苗三四丛。

稚子落成小金谷，蜗牛卜筑别珠宫。

也思日涉随儿戏，一径惟看蚁得通。

杨万里（1127—1206），字廷秀，号诚斋，吉州吉水（今属江西）人。绍兴二十四年（1154）进士，任赣州司户参军，调永州零陵丞，后调京都临安任职，乾道六年（1170）任国子博士，次年为太常博士，寻兼吏部右侍郎官，转将作少监，后为郎中、秘书少监、秘书监等。

田家桥，在通济桥北。清代厉鹗《田家湾志》云："入杭城北武林水门二里而近，有地曰田家湾，故田家桥也。桥废而地存，当水洄曲处，土人遂呼为湾，若扬之茱萸、苏之明月之类。至问田氏为何人，则土人不知。考之图乘，亦不详所始。偶阅叶氏《四朝闻见录》，有云：田家桥在北关门内，莫知名桥所自。开禧时，朝廷建宅以赐田俊迈之子，盖有兆之于先者。"[1] 田俊迈是池州马军司统制。开禧二年（1206），韩侂胄伐金，池州马军司副统制郭倬、主管马军行司公事李汝翼会兵攻宿州，兵败，被困于蕲县。金人遣使说："田俊迈守濠，实诱我入而启衅，执以归我，我全汝师。"于是，郭倬卑鄙地把田俊迈交给金军，田氏遂被害。后来，宋廷将罪将郭倬处死，建宅以赐田俊迈的儿子。时人为纪念田俊迈，以其地名田家湾，以其桥名田家桥。清时，桥上曾刻有柱联："毓秀钟灵，文运大开金粟界；赏心乐事，武林小现水晶宫。""南渡旧风光，荷送清香集鸥鹭；北门新水利，苔披幻影伏蛟龙。"

---

[1] （清）黄士珣：《北隅掌录》卷上《田家湾》，载孙忠焕主编：《杭州文献集成》，杭州出版社2009年版，第2册，第314—315页。

白洋池桥，在白洋池前，白洋池周回三里。南宋叶绍翁《四朝闻见录》戊集《侂胄师旦周筠等本末》载："时又有李士谨者，亦用申呈。有乞兼职者，其词甚哀，后果由兼职阶相位。士谨家居白洋池田家桥侧，相传莫知名桥所自，芰荷渺然，鸥鹭杂集，号'小水晶宫'。其实近在北关门之内。开禧朝廷以赐田俊迈之子，盖已有兆之于其先矣。"

2. 小河上的桥

平津桥，俗名猫儿桥，在贤福坊内。此桥在北宋时已见于文献记载，苏轼《申三省起请开湖六条状》中称其桥为猫儿桥。南宋名臣陈文龙即寓居于此，据程棨《三柳轩杂识》载："陈文龙志忠，兴化人。度宗朝状元也。德祐末，归守本州。北兵入闽，不屈，生缚之。至杭，病卒于杭之猫儿桥巷。"附近设有许多店铺，如布铺、扇铺、温州漆器店、青白瓷器店等，其著名者，据《梦粱录》卷一三所载，有猫儿桥魏大刀熟肉、潘郎干熟药铺等。

水巷桥，在兰陵坊内铁线巷西。此桥沿河有针铺、彭家温州漆器铺，桥东的铁线巷有笼子铺、生绢一红铺。

芳润桥，原名炭桥，在羲和坊内。南宋时这里设有药市，集中了许多制药的作坊和药店。又北为书坊，沿河而南为履善坊。

李博士桥，在武志坊内。南宋时，李性传为武学博士时，曾居此地修《武志》。后人为纪念他，故名其所居的巷为武志坊，桥为李博士桥。李性传（？—1255），字成之，号凤山。嘉定四年（1211）进士，因奏对颇得皇帝赞许，迁武学博士，不久又升为太常博士，官终观文殿学士。致仕卒，特赠少保。当时，这里有邓家金银铺、汪家金纸铺等名店。

棚桥，在新安坊内，因近棚心寺，故名。周围居民、店铺密集。

临安府择其地为行刑之处，因此时人称此地为鬼门关、阴山道。

新安桥，一作新桥，在新安坊东。据倪思《经锄堂杂志》载，作者在嘉泰年间（1201—1204）曾寓新安桥，"寄居冯封椿家书院"。清代因新安桥上建有千胜将军庙，因此又名千胜桥，以纪念唐代千胜将军张亚夫。

众安桥，出御街投北，为一平桥。《梦粱录》卷七《小河桥道》载："出御街投北曰众安桥……其众安与观桥皆平坦，与御街同，盖四孟车驾经由此两桥转西礼部贡院路，一直过新庄桥，诣景灵宫行孟飨礼也。"当时的文献还记载了不少与此桥有关的故事。周密《齐东野语》卷一二《雷书》载："丁亥六月五日，雷震众安桥南酒肆，卓间有雷书……。此类甚多，殊不可测。此所以神而不可知者乎？"又，洪迈《夷坚志·支癸》卷八《吴师颜》载："太史局令史吴师颜，在京师时，已世为日官。及渡江，掌其职者犹二十年，居于临安众安桥下。"此桥建造时间较早，在五代时便存。宋释赞宁《宋高僧传》卷三十《梁成都府东禅院贯休传》载：唐末五代时期画僧、诗僧贯休（832—912）善书法小笔，得六法，谓之姜体。尤善画道释，尝画罗汉十六帧，庞眉大眼，丰颊高鼻，称为"梵相"。曾受众安桥强氏药肆的邀请，"出罗汉一堂，云每画一尊必祈梦，得应真貌方成之，与常体不同"。

鹅鸭桥，原名度生桥，在安国坊内，因当时贩卖鹅鸭的人多集于此，故名。南宋时，鹅鸭桥桥畔有官营的春风楼，属于北酒库。明代改名为清宁桥，清康熙二十六年（1687）重修，民间俗呼为和合桥。

安国桥，原名北桥，在怀远坊内，附近有文思院、吉祥寺。南宋建炎三年（1129）三月癸未，御营副都统苗傅、刘正彦命中大夫王世修伏兵于此桥下，待签书枢密院事王渊退朝经过这里时，突然将他拉下马，诬其勾结宦官谋反，正法于市。

回龙桥，在报恩坊北。据《乾道临安志》卷二载，此桥跨大街南北，下为断河头，自北而西一带为观桥河。五代吴越国时建，当时始名观桥，南宋时改名为回龙桥。对此改名，明代仁和人沈仪《两湖麈谈》一书有载："郡城东潮鸣寺，门径曲临通衢。其东、南、北三面皆水，水之外皆菜畦，而寺独踞其中。竹树幽茂，人迹罕到，俨然一山林也。询之僧，云：'寺旧名归德。南宋高宗驾幸至此，闻潮声而回，因易今名。今寺后有小桥，曰回龙，即当时旋驾处也。'"[①]南宋诗人王同祖曾在此瞻望皇帝去景灵宫朝祭，当时他心情非常激动，作《回龙桥望驾》二首描述道："回龙桥上望龙颜，毅采英英仰视难。须信吾皇自神武，何忧中国不尊安？""两行卫士锦宫袍，万岁声长彻九皋。过尽羽旄风细细，彩云不动御炉高。"

观桥，在报恩坊北至御街上，过此桥转西，一直至新庄桥，入万寿观。这一带居民、店铺密集，据洪迈《夷坚志》支癸卷三《宝叔塔影》载，淳熙初年，王良佐居住在观桥下。起初他是一个小商贩，每天负担贩油。后家道小康，夫妇觉得是上天所赐，遂天天奉佛施舍，无虚日。有一天，夫妻俩焚香，见到了一座七层高的塔影，黄碧璀璨，金书三字曰"保俶塔"。于是捐资修塔，塑其夫妇像于第一层。又岳珂《桯史》卷五《看命司》载：宋人相信命运，看相、算命、占卜已经普及，蔚然成一代风尚。为适应算命热的需要，京城有个靠嘴吃饭的算命师，居住在观桥的东面，他在家门口设了个铺面，上面公开打着旗号："看命司"，号称"百不失一二"，妄想借此能够一夜暴富。

---

① （清）厉鹗：《东城杂记》卷下《回龙桥》，载《武林掌故丛编》，广陵书社2008年版。

结果前去算命的人竟然达到"问者盈门,弥日方得"的程度。但他的这种欺骗、无限荒诞的违法行为,甚至连他的徒弟都看不下去了,说:"司者,乃是国家政府部门和机构才有的称呼。他就会耍点嘴皮子,怎么敢这样称呼呢?真是岂有此理!"于是大家一起商量,要不要联合起来起诉他滥用官家名称。一人说:"这个事情不难,我能让他去掉那个旗号。"第二天,那出主意的人就搬迁到"看命司"对面的街道居住,也在门前开了个相命的铺子,铺子上的旗号为:"看命西司。"经过的人都看懂了,捂着嘴,一边笑,一边走。那个"看命司"的人也知道了,觉得很难为情,就立即将旗号悄悄撤掉了。通过这个故事,岳珂讽刺了拉虎皮、张大旗、不切实际的自吹自擂的行为,并告诉大家这样一个道理:在一个有序的社会里,容不得一点点无序的事情,一个旗号充其量只是一个广告,但这也要合乎社会和道德的规范,名副其实,不能忽悠人、欺骗人。宋代永嘉人王镐(字从周,仕至忠州)有观桥寓楼诗句:"避喧那厌雨,宜睡不思茶。"

贡院桥,在礼部贡院前、观桥之西。清代称此桥为阔板桥,以桥心但用丈许大紫石一块,两头跨街处同样也有丈许大紫石一块,故此俗名"阔板桥"。建于五代吴越国时,据《宝刻丛编》载,桥身有文:"吴越王宝正六年岁次辛卯四月八日,因建钱明观,造此石桥。"吴越王建,题其梁。后人有《阔板桥》诗赞曰:"石狮苔不侵,题柱字隐见。贡院尚留名,礼部久罢选。走桥人林林,看榜一时羡。迄今问姓名,桥下水空巇。板荡余石顽,紫云烂一片。"

藩封酒库桥,一作潘尌库桥,在祥符桥东藩封酒库前,为一座小桥。按宋代酒库有正库、栈库之分,藩封酒库,即藩封酿造的酒存放于这个酒库。藩封为地名,是一个镇名,在江苏无锡县西北十八里。清人称藩封酒库桥为小桥,并有《小桥》诗述云:"小杠跨支河,旧列宋官府。寄储藩封酒,藏等红亭醋。杏留第二泉,天水碧南渡。鱼珠混藩封，题桥昧掌故。心醉味醺醺，书库一雏误。"

仁和仓桥，简称仓桥，在仁和县衙对巷。因南宋绍兴初年徙仁和县治，以其址为北省仓，故名。隆兴二年（1164），临安知府吴芾说："城里运河先已措置，北梅家桥、仁和仓、斜桥三所作坝，取西湖六处水口，通流灌入府河。"据许应元《仓桥记》载："仁和仓去县治十五里，仓后小河有跌马桥，由小河出官河，则四达诸乡。诸乡民输租，舟自大河入次桥下。上河浒由仓大道数步抵仓下。"此桥清代犹存，康熙二十六年（1687）重修。

万岁桥，在仁和县巷北，桥跨大理寺新北渠之上。新渠为嘉定二年（1209）大理卿费公培浚造，治司道陈壁曾为记云："绍兴庚午，诏徙大理寺于仁和县西，基视旧三倍而广。刑官之属，各有攸处。然地本塘泺，外崇中坳，旧渠填淤，所在卑湿。官宇吏区，漫为沮洳，况狴犴乎？梁溪费公喟念渠功，因旧作新周垣。南北昔有渠二，乃从而增浚之。首起垣西，尾属河堧。南渠长八百三十尺，东抵仓桥，而注之河。北渠之广，增南渠三之一，其长杀百有三十尺，东过万岁桥而达之河。"后来此桥沿用北宋开封府天汉桥的俗名，而改名为天汉洲桥。

仓桥，一作百万仓桥，在小淳祐仓前。据俞文豹《吹剑录》外集载："淳祐九年（1249），临安府造百万仓。一应客板，尽拘定监抽解场。刘坦道语吏曰：'客板每百片，将作监、临安府、转运司三处共抽解二十四片，仅余七十六片。若又尽拘买，是杀其一家也。此必非上意。'吏遂束手。"宋亡后，此仓废圮，后人遂改名为破仓桥。康熙二十六年（1687）曾重建。

3. 西河上的桥

众安桥，西河自断河头直北至众安桥止，清湖河至此止。众安桥北有太平惠民西局，桥北南起居亭有一柴场，这里在南宋时为繁华之地。《西湖游览志余》卷二十《熙朝乐事》载："正月十五日为上元节，前后张灯五夜。相传宋时止三夜，钱王纳土，献钱买添两夜。先是腊后春前，寿安坊而下至众安桥，谓之灯市，出售各色华灯。其像生，人物则有老子、美人、钟馗捉鬼、月明度妓、刘海戏蟾之属，花草则有栀子、葡萄、杨梅、柿橘之属，禽虫则有鹿、鹤、鱼、虾、走马之属。其奇巧则琉璃球、云母屏、水晶帘、万眼罗、玻璃瓶之属。而豪家富室，则有料丝、鱼魫、防珠、明角、镂画羊皮、流苏宝带，品目岁殊，难以枚举。好事者或为藏头诗句，任人商揣，谓之猜灯。或祭赛神庙，则有社伙、鳌山、台阁、戏剧、滚灯、烟火。无论通衢委巷，星布珠悬，皎如白日，喧阗彻旦。市食则糖粽、粉团、荷梗、苧娄、瓜子诸品果蔌。簚灯交易，识辨银钱真伪，纤毫莫欺。人家妇女则笤帚姑、针姑、苇姑、筲箕姑，以卜问一岁吉凶。乡间则有祈蚕之祭。俗子以上元为天官赐福之辰，亦有诵经持斋、不御荤酒者。"

结缚桥，在沂王府北。相传宋时，下瓦勾栏观者云集，以致观众常常丢失物品。马光祖担任临安知府时，令行禁止，拾到遗失物的人则将失物缚于此以待失者，故名。清时，桥栏镌字作"积福桥"。

石灰桥，在十官宅前。南宋时这里多官寓，如范成大、周必大、李德远等人就曾居住于此，故时人又称为百官宅。后因南宋范成大（号石湖）居此，故民间亦名石湖桥。周必大有《送光禄寺丞李德远得请奉祠》诗述及："君家临川我庐陵，两郡相望宜相亲。长安城中初结绶，石灰桥畔还卜邻。扣门问道日不足，簚灯夜照论心曲。寸莛那许撞洪钟，跛鳖近将随骥騄。"

八字桥，在十官宅前，旧呼洗麸桥，因与清湖桥呈"八"字形，故洗麸桥在南宋时改称八字桥。八字桥西转入清湖桥。

鞔鼓桥，在洪福桥北。关于这座桥名的来历，《四朝闻见录》戊集《罢韩侂胄麻制》等有记载，据说南宋太学造工之初，当时有个山东来的双目失明姓刘的老人，一天路过此地，听到修建太学的工匠击鼓开饭的声音，就问旁边的人："这里是什么地方？刚才听到鼓声，官气甚旺。"旁人告诉他这里将建太学，现在匠人正在击鼓用膳。刘姓老人听后说："原来如此，那地方官气很旺，且永无火灾，但不能出宰相。"嘉泰（1201—1204）中，高文虎为祭酒，想拍陈自强的马屁，遂谓太学的鼓坏了，请重新制造新鼓。不久，陈自强正拜，因名其所为鞔鼓桥。桥南河西岸有知名的陈家书籍铺，曾刻印洪迈《容斋随笔》等书。

井亭桥，以相国井得名，在甘泉坊东。南宋时，庄文太子府、煮库设在这里。陈起《井亭桥》诗赞道："桐花夹岸柳遮山，水面谁家燕子还。摩利阁边唐相井，濯衣人散暮潺潺。"桥西面有诸天阁、华严院。井亭桥南边的俞家园，居民密集，是一个热闹的地方，如明人田汝成《西湖游览志》卷一三《南山分脉城内胜迹·衢巷河桥》载："过井亭桥而西，宋有俞家园、诸天阁、华严院、鹤林宫、激赏库、卿监郎官宅。"又曰："俞家园，在宋初皆荒池污亩，菱稻杂植，行潦所归，故谚云：'俞家园一雨便撑船。'自为行都，而闾阎辐辏，遂成平原。其南有九官宅。"

曲阜桥，一名溜水桥，在西横街韩府前。桥下不通舟楫，水脉自六房院后石桥下，湖水从此流出。南宋时，附近有韩侂胄府。周密故居即在此，其《浩然斋雅谈》卷中云："余家向有小廨，在杭之曲阜桥。每夕五鼓间，早朝传呼之声，虽大雨风雪中亦然。于是慨叹虚名之役人也如此。既而于壁间得一绝云：'霜拂金鞍玉坠腰，邻鸡催唤紫宸朝。争如林下饱清梦，残月半窗松影摇。'颇得予心之同。"方回《与孟能静饮，联句复和三首》之一曰："三月三日一觞酒，同上危楼望晴柳。岂可不饮负此春,向来风雨十朝九。何必水边看丽人,何必水晶行素鳞？曲阜桥边同一醉,杭州城里两闲身。"又,其《辛丑中秋曲阜桥倚楼》诗：："月渐高虽小,星全隐不明。老夫偶有酒,独酌过三更。""世间千万户,谁是倚楼人？今夜中秋月,危栏一病身。"

军将桥,在韩府南、三桥北。南宋时,桥旁有参议官厅、嗣濮王府、恭淑韩皇后宅、茉莉园等。据洪迈《容斋随笔·五笔》卷五《冥灵社首风》所载,其表弟沈日新曾在军将桥客邸住过。又,周密《齐东野语》卷十《多蚊》云："余有小楼在临安军将桥,面临官河,污秽特甚,自暑徂秋,每夕露眠,寂无一蚊。过此仅数百步则不然矣,此亦物理之不可晓者。"

三桥,俗呼三桥子,在韩府南、西楼金文西酒库北。陈起有《过三桥怀山台》诗："卖花声里凭栏处,沽酒楼前对雨时。景物如初人自老,夕阳波上燕差池。"这里设有众多的旅馆,附近还有杨三郎头巾铺等名店。桥西有六房院、南井。

侍郎桥,与罗汉洞巷相对。这里过去有一位姓廉的侍郎,名简,字叔廉,王安石有寄诗,高度评价他有才能有德行,后来廉简以工部侍郎致仕,居住在这里,里人感其贤德,遂以名桥。南宋时,《却扫编》的作者徐度也曾居于此。王明清《挥麈录·前录》卷四载："(徐度)敦立为贰卿,明清偶访之。坐间忽发问曰：'度今此居号侍郎桥,何耶？'明清即应以'仁宗朝郎简,杭州人,以工部侍郎致仕,居此里,人德之,遂以名桥'。又问：'郎表德谓何？'明清云：'两朝国史本传字简之,王荆公集中有寄郎简之诗,甚称其贤。'少焉,司马季思来,其去,复问明清云：'温公兄弟何以不连名？'明清答以'温公之父天章公,生于秋浦,故名池。从子校理公,生于乡中,名里。天章长子以三月一日生,名旦。后守宛陵,生仲子,名宣。晚守浮光,得温公,名光。承平时,光州学中有温公祠堂存焉'。敦立大喜曰:'皆是也。'且顾坐客云:'卒然而酬,博闻如此,可谓俊人矣。'呜呼!敦立今墓木将栱,言之于邑。"

清湖桥,自八字桥转西。桥跨街南北,自北而西一带名清湖河,附近有戚家犀皮铺、慈明殿园、睦亲宅。宋代汪莘有《寓清湖桥夜枕闻雨》诗:"要识人间过去愁,春宵风雨到湖楼。如今此恨无分处,应有知人在后头。"

长生老人桥,简称为长生桥,在霍使君庙前。周密《癸辛杂识·续集》卷下《老张防御沈垚》记载有一个与此桥有关的故事:杨和王府中原有一位"掠屋钱人",叫沈垚,居住在长生老人桥,每至杨和王忌辰,必设牌位,书恩主杨和王大名,供事极其恭谨。有人问他为什么要这样做,沈垚则说:"某家在世,皆衣食其家。今其位虽凌替,然不敢忘此。"对此,周密感叹说:"亦小人知义者。今世号为士大夫者,随时上下,自以为巧而得计,视此真可愧矣。"

中正桥,原名斜桥,在余杭门里,自此而南至正阳门,为南宋时御街。桥东有普慧院,旧名能仁寺,北宋治平二年(1065),改额为"普慧"。南宋乾道六年(1170)六月丁丑,周必大曾暂居于此院。据周密《齐东野语》卷一六《降仙》载,绍兴年间(1131—1162),斜桥客邸曾经举行请紫姑的活动,命以"船橹"为题,诗云:"寒岩雪压松枝折,斑斑剥尽青虬血。运斤巧匠斲削成,剑脊半开鱼尾裂。五湖仙子多奇致,欲驾神舟探仙穴。碧云不动晓山横,数声摇落江天月。"此桥至清代犹存,康熙二十六年(1687)重建。

4. 小西河上的桥

州桥,《咸淳临安志》卷二一作"府衙前桥",在临安府治前,因到讼庭的人来到此桥时心生悔意,故民间称为"懊来桥"。又因以接骨著名的医师嵇清居住于此，民间也俗称为"嵇接骨桥"。明时改名为宣化桥。

5. 倚郭城南地区的桥

美政桥，在城南厢美政坊前，其名与当地的一位姓韩名屏的官员有关。韩屏，乐平（今山西昔阳）人，绍兴十一年（1141）任临安左厢官，因其执法严明，政绩突出，深得百姓好评，人们便将其辖境内的一座桥命名为美政桥，以纪念他。桥旁有御园玉津园。

四板桥，在善应寺北。南宋时，附近有右军步军三寨，并设有收税的关铺。乾道六年（1170）五月十八日，户部尚书曾怀言对官府在都城四板桥、黑亭子、龙山、儿门、白塔、赤山、九里松等处设关铺以收取苛捐杂税的做法极为不满，经上奏皇帝，得以免除。此桥至清代犹存，曾多次重修。清人吴农祥《四板桥记》便记载了此桥重修时的一个神异故事："杭城清泰门郭外不一二里，有四板关，江水入城河大道也。关有桥，近圮。僧圣基慨然思修复，已选石成柱，独无巨石为函，盖艰于费且止。里贤王君圣如谓：'僧若试营，我为若成斯事。'约曰：'某日予来，则斯桥且成矣。'至日，圣基具板干载绳索戒工徒督匠石，而王君已采巨石至。观者色喜，工者邪许，辇至，而所辇巨石千钧，失势堕江水中，江水迅疾，石下随流而没。圣基叹息曰：'兹事幸有善人，得终始吾愿。今石一去，永无望矣。'号于江，曰：'江神有灵，尚辅相予七日。'夜则石涌起，所没处若有物凭之者，试以屠夫数十人，汩而戴之，则轻如一叶，随手上岸。于是众杂然欢曰：'江果有神。'桥屹然为通津要途。吾友钱君裔尚为余道此事，曰：'是不可以无记。'桥创于康熙辛酉（引者按：1681）十一月，成于壬戌（引者按：1682）六月朔日。"

通利桥，在景隆观侧，元代起改名为平安一桥。厉鹗《东城杂记》

卷上《东里草堂》中曾述及此桥，"元至正间，有王维贤者，隐居嗜古，所交多胜友。筑东里草堂于城东……广陵成原常廷珪亦留题云：'平安一桥吾旧游，君屋乃在桥东头。晚山得月更宜酒，春水到门还放舟。太守诗成写素壁，老大兴发思沧洲。淮南丛桂不得往，抚卷因之生远愁。'……云门寺在越，凡过客之由杭东渡者，必于断河平安一桥登陆"。至明代，平安一桥、平安二桥、平安三桥又俗称为斗富一桥、斗富二桥、斗富三桥，或豆腐一桥、豆腐二桥、豆腐三桥。桥下通断河头之水。

福济桥，一名席潭桥，又名广泽桥，在五柳园北，为单孔石拱桥。后人为纪念岳飞部将王佐，改名为安乐桥。民间传说王佐断臂劝陆文龙归宋，宋帝封其为安乐王，并在东河边修建王府。王佐以修建王府所剩的材料建造此桥，取名为安乐桥。

章家桥，原名春熙桥，一名装驾桥，在崇新门外直东，为单孔石拱桥。相传宋高宗自越州渡江还临安，泊舟装驾于此。其时，桥在城外，土人讹为章家桥。《东河棹歌》中有诗云："銮舆昔日越州还，船泊春熙绿水湾。留得桥名说装驾，金支翠羽在人间。"

螺蛳桥，在崇新门外拱圣营东。螺蛳桥东为军营密集之地，驻有骁骑、宁朔、广勇、前军马步军、浙江水军五寨。此外，这里附近尚有抽解竹木场、资贤院、长寿院等。

普安桥，又名横河桥，在崇新门外小粉场前。横河为东运河的支流，西湖水灌市河，从城外过坝便进到横河，东西夹以双桥，如眉影窥镜。其地近城，树色高下，屋宇参差，雨篷烟艇，早暮聚集。明代虞淳熙《横河打鱼行》诗云："霏霏晓雾古城低，竹压危桥渔艇迷。此时月钩不落水，大鱼小鱼争出溪。""宿鹭憎人翻雪去，鹭沙尽被渔人蹋。飞罾十丈浪花浮，赤脚何妨多沮洳。""鱼惊迸散背尾驰，囊头戢戢交参差。老夫无缘救不得，飞红斫玉糜汤池。""鲕鯈泣釜沸声切，犹记芦根有残穴。后身愿复潏前濡，洒子仍忧值江鳖。""魂归贝坻诉白龙,白龙鱼服泳寒风。渔人捕得燔枯处,急雨打船帆影空。"明代改名为横河第一桥，清代名西横河桥。

太平桥，在东青门外选锋军东、菜市桥北，因南宋时这里设有太平里，故名。是时，杭城土著居民皆迁到城外，汴人扈跸来者则留在城中，这里便是杭城土著居民集中之地。桥为三孔石拱桥，主孔可通船。

顺应桥，旧名坝子桥，在艮山门东，此桥有三个桥洞，民间传为鲁班所造，又传张果仙曾骑驴来游。实际上建于宋代以前，时名观音桥，当时这里建有水坝以调节河水，故民间又俗称坝子桥。淳祐年间（1241—1252）改名为顺应桥。附近有定香寺，据《西湖游览志》卷一九《南山分脉城外胜迹》载："定香寺，在艮山门外。宋乾德四年建于西湖上，今定香桥是也，名香积院。治平二年改今额。宝庆间建旌德观，移建今所。"释实月有《定香寺杂咏》十一首，其二曰："清晓柴门手自开，烟凝小径绿封苔。卖花声向桥西去，买得一枝随意栽。"诗中的桥便是坝子桥。附近有鲜鱼行。

无星桥，在艮山门外仁和尉司前。相传有一姓俞的居民，眼睛曾患上了一种古代所谓"星"的病（类似现在的白内障、青光眼之类的眼病），后病愈，故建桥以纪念，命名为"无星"。后来此桥又改名为俞家桥，桥在会安坝侧，沙河柳林闸水由此桥注入五里塘。绍兴年间（1131—1162）创置禁卫诸军，额管七万三千人，共六十一寨，其中后军、马军两寨即在无星桥北。浙江水军额一万人，共十寨，其中一寨也在无星桥北。

茧桥，一作笕桥，在离城东北十里的法明寺山门外走马塘。这里特产甚多,其中以绵茧、药材、麻布最为著名。

范家桥在城东胡陈畈等处,因南齐范元琰故迹而名。相传范元琰以种蔬菜为业,时有一小偷曾越过河沟来偷菜,范知道后为方便其安全偷菜,专门砍来一株大树横放在河上。小偷深感惭愧,从此一乡之中再也没有出现偷盗之事。后人为了纪念范元琰,遂名"范家桥"。

普宁桥因位于普明寺后,故名,其东北即乌盆桥。徐家桥在明代犹存,明末杭州文人施汝进曾居于此,并榜所居为"东郊小筑"。

菩萨桥,在张家桥桥侧,桥上建有庙,奉诸葛明王为神。据《艮山杂志》卷二所载:"庙庑有石龛一座,高广各五尺余。佛像三身并香炉烛锭,通以一石刊凿。像左刻文四行,曰:'临安府城东,新九里松下菩萨庙,焚修香火。善友系嘉兴府行孝,里人募建,刊凿圆通圣像一龛,并重建施水一所。祈求丰稔,国泰民安,上达四恩三宝。嘉熙元年四月初八日,嘉兴府行孝善友,义庵周觉圆谨题。'共计八十一个字。辞虽质朴,而城东九里松等迹颇足以资考证。六百余年旧物,不可忽置也。"清时此桥俗称为庙桥。

杨相桥,在五里塘。乾道年间(1165—1173),仁和县尉带头募钱再造此桥,并修五里塘。释居简有《城东杨相桥再造并修五里塘,仁和县尉为首求疏》:"桥名杨相,如子产济人之心;事属梅仙,试相如题柱之手。春至甘棠夹道,秋来潢潦无垠。咫尺长安,淹回半路。欲展扶颠之力,平步青云;要知驾险之功,横陈砥柱。"但此桥《咸淳临安志》未载,是否此后所造,或其地其他桥再造后改名,不得而知。

黄山桥,在钱塘门外、北山路上,附近有扫帚坞、涌泉、宁国院等名胜。如潜说友《咸淳临安志》卷三八《山川一七》载:"涌泉,在霍山张真君庙西、清心院前山坡下。绍兴间,高宗皇帝日遣人取水瀹茗,寺僧至今护以朱栏。泉从石罅中流出,庙前折入黄山桥杨府园前小河。味极清甘,亢旱不竭。"

米市桥,在下闸西北,因这里的米市而得名。《梦粱录》卷一六《米铺》曰:"湖州米市桥、黑桥,俱是米行,接客出粜。"米市桥下有米市桥瓦子。另据《咸淳临安志》卷一四所载,在湖州市米市桥一带还有神勇步、军二寨。洪迈《夷坚志》支景卷四《人生尾》载:"临安荐桥门外米市桥之傍,有卖豆者,腰间生尾,长四尺余,每用索缠缚数匝乃得出,常为市中小儿窘逐,必求观乃止。"

黑桥,在米市里。明洪武(1368—1398)初重建,改名为宝庆桥。据《梦粱录》卷一六《米铺》载,黑桥与湖州米市桥一样,这一带"俱是米行,接客出粜"。元代宋本《舶上谣·送伯庸以番货事奉使闽浙》曰:"旧时家近黑桥街,三十余年不往来。凭仗使君一问讯,杨梅银杏几回开。"诗注:"予以至元廿六年(1289)出杭,故君东厢隅四条巷旁有桥,名黑桥。居有杨梅、银杏二树,在巨井上园。"

德胜桥,一作得胜桥,旧名堰桥,在府北五里籴场后。此处亦称枯树湾,为单孔石拱桥。建炎(1127—1130)中,因韩世忠掩击苗傅于此,大胜,故杭人称之为"得胜桥"。如赵雄《韩蕲王神道碑》载:"诏王讨方腊,王遇别将王渊于杭之北关堰桥,贼掩至,渊惶怖。王说渊当以智胜,渊怒。王选勇二十余人伏堰桥,伏发贼乱,师遂大克。渊乃叹服曰:'真万人敌。'……至今杭人呼堰桥为得胜桥云。"桥东有端平仓、佑圣庵。

东新桥,在五里塘大路口。南宋时这里曾设关以稽查商税,并取船料。江湖诗人朱南杰《东新桥值雪》诗描写其地景色说:"间关人帝乡,飞雪断羁肠。天地皆明白,山川忽老苍。柳眉遮旧影,梅额上新妆。客里急先务,湖边问老航。"又,方回《舟出东新桥》诗:

第五章 都城的生命线——大运河

"市声巷语哭还歌,客舍喧啾奈汝何?才出城闉愁眼豁,适逢秋霁病身和。力行古道于时背,心感皇天所相多。鸿雁稻粱焉用足,政须寥廓谢虞罗。"

江涨桥,在江涨税务东、归锦桥北。北宋时已有此桥,苏轼便有《杭州故人信至齐安》诗述及此桥,诗云:"昨夜风月清,梦到西湖上。朝来闻好语,扣户得吴饷。轻圆白晒荔,脆酽红螺酱。更将西庵茶,劝我洗江瘴。故人情义重,说我必西向。一年两仆夫,千里问无恙。相期结书社,未怕供诗帐。还将梦魂去,一夜到江涨。"并在诗中自注:"江涨,杭州桥名。"另据《宋稗类钞》卷一七载,宋时有士人不欲书名,曾于钱塘江涨桥为狭邪之游,作乐府,名《玉珑璁》。后朝廷收复河南,但士人陷入金人之手,无法返回南方。其友钱塘士人作诗寄友,并附上龙涎香,诗云:"江涨桥边花发时,故人曾共着征衣。请君莫唱桥南曲,花已飘零人不归。"不归士人在河南得诗,遂作《酬友》诗回赠:"认得吴家心字香,玉窗春梦紫罗囊。余熏未歇人何许,洗破征衣更断肠。"李新《晚宿江涨桥》诗述其地景色:"鸟径青山外,人家苦竹边。江城悬夜锁,鱼市散空船。岸静涵秋月,林昏宿水烟。又寻僧榻卧,夜冷欲无眠。"对江涨桥周围的环境做了细致的描写。南宋时,这一带极为繁华,江涨桥税务、江涨桥醋库、转运司院坊等机构便设在这里,附近还有湖州市和各种店铺,韩世忠赐第之一亦在江涨桥(后舍为真如寺)。元末,开河构木而渡。明宣德年间(1426—1435),僧觉澂改建为石桥。嘉靖年间(1522—1566)圮,清代复建。

北新桥,原名中兴永安桥,在羊棚桥北。宋哲宗元祐八年(1093),僧人舜钦建。南宋绍兴七年(1137)桥圮,耆民陈德诚等重建。冯槐《重修北关中兴永安桥记》载:"钱塘大郡,甲于二浙。中有两河,架桥数百所。府北十余里,号北关镇,商贾骈集,物货辐萃,公私出纳与城中相若，车驰毂击，无间昼夜，而河流阻乎其间。旧有三石桥，行者赖以获济。其最大者，曰'永安'。建中靖国初，僧舜钦募缘成之。积有岁年，日就隳损，经由不敢俯视，虑其覆坠。耆艾陈德诚、余庆、施宗宥等及僧梵海结约募缘，共成其事，自绍兴丁巳仲秋鸠工聚材，至次年戊午初春告成，用钱四千余缗，号曰中兴永安桥。"①嘉定年间（1208—1224）重修，为单孔石拱桥。当时，桥旁停有殿前司红坐船。如《梦粱录》卷一二《河舟》载："北新桥外赵十四相公府侧，有殿前司红坐船于水次。管船军士专造红酝，在船私沽。官司宽大，并无捉捕之忧。"现此桥改名为老大关桥。

---

① （清）李卫等编修：《雍正浙江通志》卷三十三，中华书局 2001 年版。

漕运和粮仓

1. 粮食的运输

俗话说："民以食为天。"在上百万人口的大都市中，粮食供应是一个十分突出的问题。吴自牧《梦粱录》卷一六《米铺》载："杭州人烟稠密，城内外不下数十万户，百十万口。每日街市食米，除府第、官舍、宅舍、富室及诸司有该俸人外，细民所食，每日城内外不下一二千余石，皆需之铺家……"朱熹《李公椿墓志铭》云："京师月须米十四万五千石，而省上仓之储多不能过两个月。……籴洪、吉、潭、衡军食之米，及鄂商船并取江西、湖南诸寄积米，自三总所运输以达中都，常达二百万石，为一岁备。"如果加上"府第、官舍、宅舍、富室及诸司有该俸人"，则需要量更大。南宋大臣楼钥《真州修城记》也说："江湖米运输京师，岁以千万石计。"据时人周密《癸辛杂识》续集上《杭城食米》说，"余向在京幕，闻吏魁云：'杭城除有米之家，仰籴而食凡十六七万人，人以二升计之，非三四千石不可以支一日之用，而南北外二厢不与焉，客旅之往来又不与焉'"。较之前者，元初胡长孺《广福庙传》的记载要更明确一些。该文云：

长孺在武林，闻故老诵说，赵忠惠公为临安尹，会城中见口，日食文思院斛米三千石，常藉北关天宗水门米船入。四千石贱，二千石贵，与日食适相若，价固等，候之无不中者。为平籴仓二十八敖盐桥北，籴湖常秀诸州米，置碓房，舂治精善，岁六十万石。视米船入不及日食，辄取贱价与民，消折本钱巨万。竟尹去十三年，米价不翔，民不食粝恶，驵侩不罹刑辟。良尹哉。

据此，人们可以知道通过杭州城北的水门即天宗水门而来的米船客贩米斛，每日大概有三千石。一旦运河水浅，粮食等运输不济，整个都城便会陷入困境。故孝宗隆兴元年（1163）十二月二十五日有诏曰："临安府近缘河道浅涩，客米兴贩未至，深虑民庶艰食。可将本府见管常平义仓米减价出粜，其粜到价钱不得妄用，候秋成日旋行补粜。"

2. 粮仓的建造

为了储藏经运河运来的上供粮米，统治者还在城内外运河两旁建造了许多大型粮库。现据《咸淳临安志》卷九《监当诸局》等的记载，简述如下：

省仓上界。始建于绍兴十一年（1141），《宋会要辑稿》食货六二之一四载："（绍兴）十一年六月六日，诏行在三仓，以行在省仓上中下界为名。"其地三迁，至嘉熙年间（1237—1240）才始定于天水院桥北。此仓原名南仓，绍兴十一年扩建时改名。主要接纳浙西地区运来的上供谷米，以供养执宰、亲王、宗室、内侍、皇城司禁卫班直官兵及三省六部高级官员所需稻米。经常储存稻米在三十万石以上。

省仓中界。在东青门外菜市塘，因位置适中，故名，有收藏粮食的仓房三十七眼。创建于乾道三年（1167），初名丰储仓，因位于城东，俗称东仓，乾道五年（1169）改名省仓中界。主要接纳浙西苗（米）纲（十船为一纲）、和籴、公田、桩积等米，以供朝廷科支、司农寺给饷，和三学、太学、武学、宗学及诸司局吏员之需。

省仓下界。绍兴八年（1138）兴建，旧址面积极其广袤。景定三年（1262）重修时，保留三分之二，有储存粮食的仓房八十眼。

关于省仓三界受纳支遣的组织情况，《宋会要辑稿》食货六二之一五有载：

据（司农）寺状，昨在京日，系一十七仓，分立上、中、下界。逐界各拘三四仓受纳粮斛，及一百五十万石为界。候及数排立，以次界受纳，前界止是守支。今来行在省仓，系每仓差监官二员，二年成任，止在本仓收纳给遣，是致混杂色额。今此仿旧日随宜措置，将三仓分定米斛色额，专一受纳支遣。一、欲乞将上色白苗米并分拨赴南仓就用，南仓监专受纳支充上界。其米系允宰执、侍从、管军、职事官、宗室、百官、省、台、寺、监等禄粟支遣。一、欲将次色苗米，分拨东北仓卸纳，令北仓监官二员，就本仓专副专一管干受纳给遣。上件米斛充中界，更不许于预别界米斛。其次色苗米，系充班直、皇城亲事官、辇官、五军等口食支遣。一、欲将糙米分东北仓卸纳，令东仓监官二员，就本仓专副专一管干受纳给遣。上件糙米充下界，即不许于预别界米斛。其米系充五军月粮、三衙、厢禁军、诸司库务等口食、月粮支遣……

据此，我们也可知以上三仓归属中枢官署三省六部管辖，故有省仓上、中、下三界之名，每仓一般以储藏稻米一百五十万斛为额。

丰储仓。在仁和县旧治（今仓桥东），原名北省仓，扩建后因此仓所储稻米是备水旱灾荒之用，故改名为丰储仓，它主要接纳公田租谷。景定四年（1263）"以公田租浩瀚，储仓不足以受，乃诏即丰储增创"。咸淳二年（1266）八月，此仓又扩修，库房达到了一百座。扩建后的丰储仓范围较大，外墙周长达三百七十四丈，内有花园、假山，植竹成行。关于此仓储米的情况，《宋会要辑稿》食货六二之一七是这样记录的："乾道六年（1170）正月十四日，户部尚书曾怀等言：丰储仓展套大医局添造廒屋，已经相视，可以修盖新旧廒屋八十六座，贮米一百三十万石。乞下两浙漕司、临安府疾速修盖。从之。"又，据淳熙十五年（1188）《司农寺记》载，此仓可储稻米一百五十万石，每年春夏出粜陈米约五十石，秋收补入新谷，一年轮换新米三分之一。

丰储西仓。在余杭门外佐家桥北，有储存粮食的仓房五十九眼。建于淳熙七年（1180），用途与前者同。因位于丰储仓西，故名。

端平仓。在余杭门外德胜桥东，端平元年（1234）两浙转运司建，故名，主要储存两浙诸州的和籴米。嘉熙三年（1239）划归司农寺（掌管粮食积储及官禄米供应的官署），有储存粮食的仓房五十六眼，可储数十万石米。

淳祐仓。在余杭门内斜桥南，淳祐九年（1249）临安府建，故名。储临安府大米；后划归司农寺，以供诸军、诸司之需；灾年时用于贩粜。景定三年（1262）扩建，有储存粮食的仓库百眼。

平粜仓。在仙林寺东，淳祐三年（1243）临安知府赵与𥲲建，有储存粮食的仓房二十八眼，积米六十余万石，主要储临安府米。

咸淳仓。据《咸淳临安志》卷九记载：在东青门内后军寨北，仓前临河，便于舟船装载。"咸淳四年，朝廷议建廪，增贮公田岁入之米，乃捐钱买琼华废圃，益以内酒库柴炭屋地，命临安守潜说友创建。凡为廒百，为间五百有二，为米六百万石⋯⋯"由此处的记载来看，咸淳仓当专为受纳公田收入相关的米斛。此仓除储藏大米外，还堆放都城驻军的马草料，每年计三百六十万束，折钱达六十万缗。

以上这九个设在临安城内外的大粮仓，能储千万石大米，可备二年至三年之蓄，有力地保证了都城的粮食供应。

第五章　都城的生命线——大运河

临安航运交通

1. 船在临安的地位与作用

自古道："南船北马。"船对南方地区来说，自然具有举足轻重的地位。以南宋都城临安为例，绍兴八年（1138）十一月癸巳，徽猷阁待制、知临安府张澄说："临安古都会，引江为河支流于城之内外，交错而相通，舟楫往来，为利甚溥。"吴自牧《梦粱录》卷一二《河舟》也说："向者汴京用车乘驾运物。盖杭城皆石板街道，非泥沙比，车轮难行，所以用舟只及人力耳。"又说："论之杭城辐辏之地，下塘、官塘、中塘三处船只，及航船、鱼舟、钓艇之类，每日往返，曾无虚日。缘此是行都士贵官员往来，商贾买卖骈集，公私船只，泊于城北者夥矣。"耐得翁《都城纪胜·舟船》说："行都左江右湖，河运通流，舟船最便。"由此可见，船只在临安城内外的交通运输中扮演十分重要的角色。

2. 临安运河的船只种类

从南宋临安运河船只载运的对象及所属关系来看，主要有客货混杂船、货船、客船、纲船、家船、贩米船、渔船、红座船、撩河船等。这类船只的特点是吃水浅，性能多，适宜航行在运河。

客货混杂船。《梦粱录》卷一二《河舟》载："杭州里河船只，皆是落脚头船，为载往来士贾诸色等人，及搬载香货杂色物件等。"

货船。专门用来搬载诸铺米、盐袋和跨浦桥柴炭、下塘砖瓦灰泥等。

客船。客船主要有舫船、航船、飞篷船等类。舫船为大型客船，载重量为二三百石。司马迁《史记》卷七〇《张仪列传第十》载："秦西有巴蜀，大船积粟。起于汶山，浮江以下，至楚三千余里。舫船载卒，一舫载五十人与三月之食。下水而浮，一日行三百余里。里数虽多，

然而不费牛马之力。"司马贞《史记索隐》曰:"舫音方,谓并两船也。"这种舫船在宋代颇为常见,如叶茵《舫斋》诗:

居家巧作浮家样,此即人生不系舟。
政恐风波起平地,直教砥柱屹中流。
浪花影动重帘月,潮汛声喧万叶秋。
梦里不知容膝计,翻身栩栩逐轻鸥。

毫无疑义,临安就有豪华的画舫在运河中航行。如陆游《老学庵笔记》卷五载:"王黼作相,请朝假归咸平焚黄,画舫数十,沿路作乐,固已骇物论。绍兴中,秦熺亦归金陵焚黄,临安及转运司舟舫尽选以行,不足,择取于浙西一路,凡数百艘,皆穷极丹雘之饰。郡县监司迎饯,数百里不绝。平江当运河,结彩楼数丈,大合乐官妓舞于其上,缥缈若在云间,熺处之自若。"

航船为一种大中型客船,根据载重量大小,又可分为大航船、小航船。一般长数丈,如周煇《清波杂志》卷九《野艇》载:"山谷云:'野艇恰受两三人。'别本作'航'。'航'是大舟,当以'艇'为正。今所航船者,俗名轻舸。如'航湖''航海',亦为常谈。"又,赵彦卫《云麓漫钞》卷六曰:"六朝自石头东至运署总二十四度,皆浮航往来。建康城外有朱雀航,即今之浮桥是也。今浙西临流州县,凡载行旅之舟,谓之航船,义或取此。"这种大中型客船,主要往来于都城临安至苏州、湖州、常州、秀州以及江淮等州。

航船因为在夜中航行,故此又名夜航船,其名早已出现。宋代龚明之《中吴纪闻》卷四《夜航船》载:"夜航船,唯浙西有之。然其名旧矣,古乐府有《夜航船》之曲,皮日休答陆龟蒙诗云:'明朝有物充君信，携酒三樽寄夜航。'"元陶宗仪《辍耕录》卷一一《夜航船》还对此船的含义作了解释："凡篙师于城埠市镇人烟凑集去处招聚客旅，装载夜行者，谓之夜航船。太平之时，在处有之。"又，明叶盛《水东日记》卷二曰："航船，吴中所谓夜航船。接渡往来，船中群坐多人，偶语纷纷，盖言其破碎摘裂之学，只足供谈笑也。"宋末元初的方回更作有《听航船歌》十首，对夜航船作了极其生动细致的描写。

北来南去雁还飞，四十年间万事非。
惟有航船歌不改，夜深老泪欲沾衣。

莫笑船家生事微，新红米饭绿蓑衣。
一声欸和一声乃，谁识人间有是非。

家住斜塘大户边，时荒米贵欠他钱。
从此驾船归不得，无钱且驾小航船。

四千五百魏塘船，结折船牙鲜半千。
一千修柁贯三米，三日盘缠无一钱。

十千债要廿千偿，债主仍须数倍强。
定是还家被官缚，且将贯百寄妻娘。

南到杭州北楚州，三江八堰水通流。
牵板船篙为饭碗，不能辛苦把锄头。

雇载钱轻载不轻，阿郎拽牵阿奴撑。
五千斤蜡三千漆，宁馨时年欲夜行。

南姚村打北姚村，鬼哭谁怜枉死魂。
争似梢工留口吃，秀州城外鸭馄饨。

赌钱输了阿侬哥，黄草单衫破孔多。
相趋缩砂红豆客，霜风九月上淮河。

船头船尾唱歌声，苏秀湖杭总弟兄。
喝拢喝开不相照，阿牛贼狗便无情。

根据诗人诗注，上述诗歌描述的情况，"或节其私语为之"。即使不是普遍的情况，但至少"予所雇船如此"。又曰："旧航船不过扬子江，今直至淮河、三江者（钱塘江、吴淞江、扬子江）、八堰者（杭州萧公闸，北关堰，常州奔牛堰，吕城堰，润州海鲜河堰，扬州瓜洲闸，而召伯堰小不与，其一楚州北神镇堰）。"

飞篷船为中小型的河船，叶茵《苕溪行》有"吴松江头田舍翁，年年苕溪摇飞篷"的诗句。

舟同船为小船，如《说文》曰："舟同，小船也。"

纲船。纲船又称为漕船、漕运船，它是封建王朝专门运送"田赋"的船舶，载重量一船为五六十吨。南宋时的临安"乃辇毂之地，有上供米斛，皆办于浙右诸郡县，隶司农寺所辖。本寺所委官吏，专率督催米斛，斛发朝廷，以应上供支用。搬运自有纲船装载，纲头管领所载之船，不下运千余石或六七百石。官司亦支耗券雇稍船米与之,到岸则有农寺排岸司掌拘卸、检察、搜空"[1]。南宋杨万里《得临漳陛辞第二札子》载:"度其千艘衔尾,日至中都,无住滞折阅之弊。"

家船。南宋时的临安城大都是石板路,非泥沙可比,车辆难以运行,所以往往用船只或人力搬运货物。一些富户人家,如宅舍府第庄舍,自己建造船只,以方便出行,又无官府捉拿差拨之苦。

贩米船。在临安府的下塘等处,聚集着大量的贩米船。这些贩米船多是铁头舟,大小不一,有的来自外地,有的由临安所造,大的可以载重五六百石。贩米客的全家大小全部居住在船中,往来兴贩,可见船上的生活设施也比较齐全。

寺观庵舍船只。寺观庵舍船只,在当时均称为"红油桐滩",大小船只往来河中,搬运斋粮、柴炭等物。南宋时的临安,城内外仅佛教就有大小寺院500所左右,如果每座寺院有一只船,则寺院所属的船只就达500只之多,数量颇为可观。

粪船。临安有"百万人家",因此垃圾、粪便的清理搬运任务十分艰巨,每日有成群结伙的粪船来往于城内外的大小河道上。朱熹过去曾听辛弃疾说起,临安的粪船亦插德寿宫旗子。起初他不信,后提举浙东,亲见如此[2]。

渔船。临安城内外湖泊星罗棋布,河流众多,盛产鱼类及其他水产品,因此渔舟、钓艇群集。渔民们一边捕鱼,一边将捕到的水产品运送到城中鱼市去卖,"每日往返,曾无虚日"。

---

[1] 《梦粱录》卷一二《河舟》,第113页。

[2] 《朱子语类》卷一一一《朱子八·论民》,第7册,第2714页。

红座船。在北新桥外赵十四相公府旁,有殿前司的红座船,专门负责管理河上运行的各类船只。其船制曾对后世产生深远的影响,清雍正五年(1727)十一月二十一日,湖北巡抚马会伯曾上奏曰:"窃查湖北水邮额设有红座船、沙唬船、宣楼船,共九十只,以应往来勘合差使。"

撩河船。由官府置办,专门用于疏通河道淤塞。在南宋,沟通都城临安与国内外各地联系的浙西运河和浙东运河,关系着都城的生死存亡,船只往来频繁,因此其疏浚开撩工作也极其繁重,如《宋史》卷九七《河渠志七·东南诸水下》载:

绍兴初,高宗次越,以上虞县梁湖堰东运河浅涩,令发六千五百余工,委本县令、佐监督浚治。既而都省言:余姚县境内运河浅涩,坝闸隳坏,阻滞纲运,遂命漕臣发一万七千余卒,自都泗堰至曹娥塔桥,开撩河身、夹塘。诏漕司给钱米。

萧山县西兴镇通江两闸,近为江沙壅塞,舟楫不通。乾道三年,守臣言:"募人自西兴至大江,疏沙河二十里,并浚闸里运河十三里,通便纲运,民旅皆利。复恐潮水不定,复有填淤,且通江六堰,纲运至多,宜差注指挥一人,专以开撩西兴沙河系衔。及发捍江兵士五十名,专充开撩沙浦,不得杂役,仍从本府起立营屋居之。"

而临安更是如此,《咸淳临安志》卷三五《清湖河》载:

中兴驻跸,河事尤所加意。绍兴四年,尝起发近郡厢军开修。马运副承家等因奏申严填塞之禁。自是以来为守者,率以时察视惟谨。至乾道四年,周安抚淙出公帑钱,大浚治城内外河,凡六千二百五十丈。又置巡河铺屋三十所，撩河船三十只，计虑益深远矣。

3. 运河货物的输入

关于南宋都城临安物资的运输，日本著名汉学家斯波义信在《南宋都城临安的经济》一文中曾有一段概括性的论述：

物资运作的主要方向，是沿南北轴进行的。北部通过大运河、余杭塘河等河道运输大批量、沉重的物质，南部则依靠钱塘江、浙东运河。根据《梦粱录》《咸淳临安志》等书记载，表示出这一市场圈的物质集散和交通相关的状况。首先从南看，候潮门外的浑水闸边，是装卸的一大中继站。兼及促使江水泥沙沉积与提升水位、水压的闸口部，鱼类、果品、家畜、家禽、木材、粗陶、麻布等在此着岸，由团、行等卸运组织选别，进入贮存的场所。运往浙江方面米的批发市场也在这里。从此处向北穿越城墙东边的里、外两沙河，将上述的物资进一步转送至崇新、东青、艮山门边加以贮存。通过上述诸门，达到分小批量销到城内的目的。在城东的中部与北部，为大重量物资的积集地。在南边，即今江干附近，有菜园、乌盆场——人类粪肥贮积处，还有花园等。向南更远些的地方，在龙山渡的税场边有竹木贮存场。经浑水闸净化，增高水位的江水从保安门流入城内；从通江桥北上至盐桥运河，经梅家桥到达被称为白洋池的仓库、塌坊、库房密集的地域，最终经天宗水门注入北郊的大运河。这一通道，是杭州城补给的生命线。在荐桥附近，是与东西轴的交汇点，密布着客商住宿的旅馆；这附近的西边，很接近后述的商业核心，都税务的设置便是其象征。丰乐桥和盐桥之间，是薪炭、油脂、盐等日常必需品"七件事"的批发处与马市。盐桥周边有榷盐的役所，从广福庙的由来便可知是富豪的聚集之地。在这以北，正如马可·波罗所记载的一般，运河周边配置有夜警，是石质仓库林立的地区，

171

有咸淳仓、丰储仓等仓库群,还有置放民间舟车器物、商品的塌坊。从清泠桥左转,与将至盐桥的运河并行的市河,是一条若江水难以补给可引西湖水给水的小河渠,与其说它的效用是交通运输,倒不如说是用于污水的排出与小规模的运输更为妥当。现今,盐桥运河犹存,而这条小河渠已无影无踪了。

下面就具体的物品输入作一阐述:

(1)米的输入。如前所述,杭州"每日城内外不下一二千石,皆需之铺家"[1],"杭城除有米之家,仰籴而食凡十六七万人,人以二升计之,非三四千石不可以支一日之用,而南北外二厢不与焉,客旅之往来又不与焉"[2]。南宋时,浙西的"苏、湖、秀三州,号为产米去处,丰年大抵舟车四出"。临安城内外居民食用的米,主要就来自这三个州。其中,以湖州最多,所以临安北关门外有一以米为其最主要买卖的镇市——"湖州市"。《梦粱录》一书对此多有记载。如:

杭州里河……又有大滩船,系湖州市搬载诸铺米……船只。[3]

湖州市米市桥、黑桥,俱是米行,接客出粜。[4]

又,洪迈《夷坚志》甲卷一九《沈持要登科》亦有湖州人运米

---

[1]《梦粱录》卷一六《米铺》,第148页。

[2](宋)周密:《癸辛杂识》续集上《杭城食米》,中华书局1988年版,第135页。

[3]《梦粱录》卷一二《河舟》,第113页。

[4]《梦粱录》卷一六《米铺》,第148页。

第五章 都城的生命线——大运河

赴临安的记载，更可见其盛况：

沈持要枢，湖州安吉人。绍兴十四年，妇兄范彦辉监登闻鼓院，邀赴国子监秋试。既至，则有旨："唯同族亲乃得试，异姓无预也。"范氏亲戚有欲借助于沈者，欲令冒临安户籍为流寓，当召保官，共费二万五千。沈不可，范氏挽留之，为共出钱以集事。约已定，沈殊不乐。而湖州当以八月十五日引试，时相去才二日耳，虽欲还，亦无及。是日晚，忽见室中长人数十，皆如神祇。叱之曰："此非尔所居，宜速去。不然，将杀汝。"沈惊怖得疾，急遣仆者买舟归。行至河滨，见小舟，呼舟人平章之，曰："我安吉人，贩米至此，官方需船，不敢归。若得一官人，当不取其佣直。然所欲载何人也？"曰："沈秀才。"复询其居，曰："吾邻也。虽病，不可不载。"即率舟人共舁以登。薄暮出门，疾已脱然如失。十六日早，抵吴兴城下……

此外，常州、秀州、镇江、婺州等处也有米船贩运往临安的现象，如施谔《淳祐临安志》卷一〇《城外诸河》载：

城外运河，在余杭门外东新桥之北，通苏、湖、常、秀、镇江等河。凡诸路纲运及贩米客船，皆由此河达于行都。

另据方回《古今考续考》卷一八载：

予见佃户携米或一斗，或五七三四升，至其肆，易香烛、纸马、油盐、酱醯、浆粉、麸面、椒姜、药饵之属不一，皆以米准之，整日得米数十石，每一百石舟运至杭、至秀、至南浔、至姑苏粜钱，复买物货归售水乡佃户如此。

而距离较远的淮南、广东、江西、湖南等地，同样有米贩运米到临安来卖。例如《梦粱录》卷一六《米铺》载："然本州所赖苏、湖、常、秀、淮、广等处客米到来。"朱熹云："京师月须米十四万五千石，而省上仓之储多不能过两个月。……籴洪、吉、潭、衡军食之米，及鄂商船并取江西、湖南诸寄积米，自三总所运输以达中都，常达二百万石，为一岁备。"①南宋大臣楼钥也说："江湖米运输京师，岁以千万石计。"②其中，两广地区的米质量较好，朱熹《上宰相书》说："今二广之米，舻舳相接于四明之境。乘时收籴，不至甚贵，而又颗粒匀净，不杂糠秕，干燥坚硕，可以久藏。"再通过浙东运河，从四明运到都城临安。

（2）水产品的输入。杭州水系众多，江河湖海兼有，因此这里的渔业非常发达，并形成了饭米羹鱼的饮食习俗。例如北宋文人晁补之在《七述》中说："杭之为州，负海带山，盖东南美味之所聚焉。水羞陆品，不待贾而足。……鱼则鲻鲂鳣鳜，鲈鳜鳊鲤；黄颡黑脊，丹腮白齿。江鲟之醢，石首之羹，或腊而枯，或脍而生。白鳗青鲨，黄鼋黑蟹；鮔鱼花蛤，车螯淡菜。蛙白肖鸡，螺辛类芥；鼎调瓯饪，牛呴犵噆。"《马可波罗行纪》说："每日从河之下流二十五哩之海洋，运来鱼类甚众，而湖中所产亦丰，时时皆见有渔人在湖中取鱼。湖鱼各种皆有，视季候而异，赖有城中排除之污秽，鱼甚丰肥。有见市中积鱼之多者，必以为难以脱售，其实只须数小时，鱼市即空，盖城人每餐皆食鱼肉也。"

临安市场上的海产品来自海滨各地。宋末元初久居杭州的方回

---

① 《朱熹集》卷九四《敷文阁直学士李公（椿）墓志铭》，第8册，第4770页。

② （宋）楼钥：《攻媿集》卷五四《真州修城记》，文渊阁《四库全书》本。

第五章 都城的生命线——大运河

有诗云：

浙乡巨舰供鱼鲞，淮郡骈肩致蟹螯。
牛尾狸兼马蹄鳖，消得坡仙赋老饕。

临安邻近的浙东滨海明、越、温、台诸州，是南宋海产品的主要出产地之一。如《宝庆四明志》卷四《叙产》载，每年三四月，当地的"业海人每以潮汛竞往采之，曰洋山鱼。舟人连十郡出洋取之者，多至百万艘，盐之可经年。"毫无疑义，这里所产的海产品，因地理的关系，成为临安最大的海产品供应地。《梦粱录》卷一二《江海船舰》就明确指明了这一点："明、越、温、台海鲜、鱼蟹、鲞腊等货，亦上潬通于江、浙。"又同书卷一六《鲞铺》曰："姑以鱼鲞言之，此物产于温、台、四明等郡。"

四明（今浙江宁波）等地出产的江珧、香螺等海鲜珍品源源不断地运往都城临安销售。洪迈《夷坚志》支丁卷三《张四海蛳》说："临安荐桥门外太平桥北细民张四者，世以海蛳为业。每浙东舟到，必买而置于家。计逐日所售，入盐烹炒。杭人嗜食之。积戕物命百千万亿矣。"

除浙东沿海地区外，江淮和福建、两广地区等也向都城临安供应海产品。据文献记载，早在北宋时，密州（今山东胶州、胶南地区）等处就向杭州提供海产品。葛胜仲在杭州任官，就曾千方百计向这里索购名贵的鳆鱼，并为此写下了《从人求鳆鱼》一诗：

海邦邦莒固多品，此族称珍乃其伯。
沈泉湘渝付饔宰，姜桂煎调奉佳客。

> 视书已觉明病眼，点酒偏能醒醉魄。
> 君看忧愤不眠人，快啖取厌亦何择。
> 岂如吾曹饮文字，舆台不复沾余沥。
> 昔官余杭饱下箸，两载杯盘厌凡核。
> 揭来瑕丘问鲑菜，樽俎遍索未云获。
> 愿从褚公弃千万，免使刘郎鞭二百。

南宋时，这种名贵、鲜美的淮白鱼更成为皇亲贵族的日常食品，正因为其难得，文人士大夫以一食淮白鱼为豪。杨万里《初食淮白鱼》诗就表达了这种心情：

> 淮白须将淮水煮，江南水煮正相违。
> 霜吹柳叶落都尽，鱼吃雪花方解肥。
> 醉卧糟丘名不恶，下来盐豉味全非。
> 饕人且莫供羊酪，更买银刀三尺围。

并在诗注中说："淮人云白鱼食雪乃肥。"

淡水品则来自临安邻近的湖州、秀州、苏州、绍兴等地，当时这些地区除天然湖泊和河流盛产鱼类外，其养鱼业也非常发达。如施宿《嘉泰会稽志》卷一七《鱼部》载，绍兴"会稽、诸暨以南，大家多凿池养鱼为业。每春初，江州有贩鱼苗者，买放池中，辄以万计。方为鱼苗时，饲以粉；稍大，饲以糠糟；久则饲以草。明年卖以输田赋，至数十百缗……池有仅数十亩者"。因为距离都城临安较近，这些地区产的很多鱼都通过运河销到临安。如范成大《骖鸾录》记载湖州德清县："龟溪倚山，而薪蒸贵溪，而不数得嘉鱼。以其密迩行都，尽贩以往。"

苕溪的鳊鱼同样因肉质鲜美，深受人们的喜爱。据周密《癸辛杂识》后集《桐荸鲅鱼》载：

贾师宪当柄日，尤喜苕溪之鳊鱼。赵与可因造大盘，养鱼至千头，复作机使灌输不停，鱼游泳拨剌自得，如在江湖中，数舟上下递运不绝焉。余尝于张称深座间，有以活鲅鱼为献，其美盖百倍于槁干者。

除湖州外，昆山一带水产亦多运销到都城临安去售。如洪迈《夷坚志》补卷四《村叟梦鳖》云：

昆山县东近海村中一老叟，梦门前河内泊一大舟。舟中罪人充满，皆绳索缠缚。见叟来，各哀呼求救。继而舟师携钱诣门籴米。寤而怪焉。迨旦启户，岸下果有一舟。舟子市米，与所梦合。亟趋视，满舱皆鳖也，垛迭缧缚，莫知其数。询其所之，曰："将贩往临安鬻之。"叟悚悟此梦，问所直若干，为钱三万，叟家颇富赡，如数买之，尽解缚放诸水。是夜，梦数百人被甲，于门外唱连珠喏。惊出视之，相率列拜，谢再生之恩，且云："令君家五世大富，一生无疾，寿终生天。"自是叟日康宁，生计日益。乾道中事也，方可从说。

淮南地区和州出产的名贵淡水品——淮白鱼，也源源不断地运进都城，供统治者食用。司膳内人的《玉食批》中，便有"酒炊淮白鱼"之类的菜肴。而权倾一时的秦桧家中，则数量更多了。罗大经《鹤林玉露》甲编卷五《进青鱼》记载了这样一个故事：

秦桧夫人经常进入禁中。有一天，显仁太后向她说起"近日子鱼大者绝少"。秦桧夫人听后，马上回答说："妾家有之，当以百尾进。"她从宫中回来后将此事告诉了秦桧，秦桧听后大惊失色，知道夫人闯祸了，因为他深知"伴君如伴虎"的道理，皇帝家中一条大的白鱼也没有，我家倒有这么多，远远超过了皇家，那还不引起皇帝的深究？于是他立即与其馆客商量如何处理此事，结果大家都认为以青鱼百尾冒充。显仁太后看到秦桧夫人派人送来的百尾青鱼后，不禁拍掌大笑道："我道这婆子粗俗，果然是！"青鱼虽然有点像子鱼，但肉质和味道相差悬殊。从这个故事里，可知秦桧之奸。另外，百条淮白鱼都要费宰相大人反复思量，确实可见此鱼的珍贵以及皇帝、大臣对淮白鱼这样珍馐美味的垂涎。

为了方便经运河输入都城的水产品的销售，临安的鱼鲞行团全部设在城外靠近运河或钱塘江边。如《梦粱录》一六《鲞铺》载："城南浑水闸，有团招客旅，鲞鱼聚集于此。城内外鲞铺，不下一二百余家，皆就此上行合摵。"《咸淳临安志》卷一九《市（行团瓦子附）》云："鲜鱼行，候潮门外；鱼行，余杭门外水冰桥头……蟹行，在崇新门外南土门……鲞团，在便门外浑水闸头，亦名南海行。"然后，再分发给各商店零卖。

（3）家畜家禽的输入。临安人口众多，因此居民所食的家畜家禽数目也极其庞大。《马可波罗行纪》的记载更为详尽。他说杭城"居民食各种肉类，甚至狗肉等不洁兽类，亦供食用，基督徒所不为也"。"每星期有三日，为市集之日，有四五万人挈消费之百货来此贸易。由是种种食物甚丰，野味如獐鹿、花鹿、野兔、家兔，禽类如鹧鸪、野鸡、家鸡之属甚众。鸭、鹅之多，尤不可胜计，平时养之于湖，上其价甚贱，物搦齐亚城银钱一枚，可购鹅一对鸭两对。复有屠场，屠宰大畜，如小牛、大牛、山羊之属，其肉乃供富人大官之食，至若下民，则食种种不洁之肉，毫无厌恶。"

临安肉铺的买卖发达，其销售外来的牲口数量自然很大。以猪肉为例，猪肉是临安市民日常食用量最大的一种肉，消费量极大。《梦梁录》卷一六《肉铺》载:"杭城内外,肉铺不知其几,皆装饰肉案,动器新丽。每日各铺悬挂成边猪,不下十余边。如冬年两节,各铺日卖数十边……至饭前,所挂之肉骨已尽矣。盖人烟稠密,食之者众故也。更待日午,各铺又市……红白燠肉等……或遇婚姻日,及府第富家大筵,华筵数十处,欲收市腰肚,顷刻并皆办集,从不劳力。盖杭州广阔可见矣。"从文献记载来看,临安肉铺宰的猪,除少量由城郊的居民提供外,主要由秀州一带养猪专业户提供。如何薳《春渚纪闻》卷三《悬豕首作人语》载:

秀州东城居民韦十二者,于其庄店豢豕数百,散市杭、秀间,数岁矣。建炎初,因干至杭。过肉案见悬一豕首,顾之而人言曰:"韦十二,我等偿汝债亦足矣。"从者亦闻其言。韦愕然悔过。还家尽毁圈牢,取所存豕市之。得钱数千缗,散作佛事及印造经文。冀与群豕求免轮回刀刃之苦。知者谓韦善补过矣。

羊肉同样如此。羊肉在宋朝统治者的饮食生活中,具有至高无上的地位,据李焘《续资治通鉴长编》卷四八〇"元祐八年正月丁亥"载,"饮食不贵异味,御厨止用羊肉,此皆祖宗家法所以致太平者"。其消费量极大,如真宗咸平五年(1002)"御厨岁费羊数万口"。到仁宗嘉祐三年(1058)以前更是"日宰二百八十羊,以后日宰四十羊"。至南宋时犹然,虽然宫廷的羊肉消费量急剧减少,但临安市民视羊肉为贵重食品,都以嗜食羊肉为美事,以至于在举行订婚大礼时,羊列为必备的礼品之一,且烹饪方法较之过去更为丰富。据《梦粱录》等书所载,以羊肉为主要原料制成的菜肴有蒸软羊、鼎煮羊、羊四软、酒蒸羊、绣吹羊、五味杏酪羊、千里羊、羊杂熓、羊头元鱼、羊蹄笋、细抹羊生脍、改汁羊撺粉、细点羊头、鹅排吹羊大骨、大片羊粉、红羊犯、元羊蹄、米脯羊、五辣醋羊、羊血、入炉炕羊、糟羊蹄、熟羊、盏蒸羊、羊炙焦、剪羊事件、羊血粉等二十多种。品种之丰富，远远超过北宋之汴京，这种饮食风尚，自然促进了羊的贸易。朝廷在临安专门设有牛羊司，"掌畜牧羔羊，栈饲以给烹宰之用"。会稽（今浙江绍兴市）等地养殖的羊，大量经浙东运河贩运至临安城里。据《嘉泰会稽志》卷一七《兽部·羊》记载："会稽往岁贩羊临安，渡浙江，置羊艎版下。羊啮船茹，舟漏而沉溺者甚众，至今人以为戒。"

（4）日用品的输入。南宋临安的日用品大多经运河输入临安，以席子为例，临安市民用的芦席便由华亭（今上海前身）输入。洪迈《夷坚志》补卷一二《华亭道人》记载华亭客商贩运芦席往都城临安的故事：

绍兴二十八年，华亭客商贩芦席万领往临安，巍然满船。晚出西栅，一道人呼于岸，欲附载。商曰："船已塞满，全无宿卧处，我自露立，岂能容尔！"道人曰："与汝千钱，但辍一席地足矣！"商曰："遇雨奈何？"道人曰："更与汝百钱，买芦席一领，遇雨自覆。"商利其钱，使登舟，坐于席上，仅容膝，不见其饮食便溺。在途亦无雨。到北关乃辞去，曰："谢汝载我，使汝多得二十千以相报。"商殊不晓。适是年郊祀大礼，青城用芦席甚广，临安府惧乏，凡贩此物至者，每领额外增价钱二文，尽买之。遂赢二万。搬卸既毕，最下一领有墨书六大字曰："吕洞宾曾附舟。"字画遒劲，好事者争来观视，知为仙翁。

（5）竹木等建筑材料的输入。南宋临安建筑业十分发达，需要大量的建筑材料，但临安本地并非建筑材料的主要出产地，势必依赖外地的供给。这种现象在都城大火之后更加突出。为了缓和这一问题，统治者下诏在火灾后建筑材料可以从外地免税输入城中。如《宋

第五章　都城的生命线——大运河

南宋　李唐《江山小景图卷》中的两艘张帆而行的客船

史》卷一八六《食货志》载：

  绍兴三年临安火。免竹木税。光、宁以降，亦屡与放免商税，或一年，或五月，或三月。凡遇火，放免竹木之税亦然。

  而一些精明的商人，更是把握时机，赚取高额利润。如洪迈《夷坚志》记载临安一个姓裴的商人在都城大火后，把握商机而赚取暴利的故事：绍兴十年（1140）七月的某一天，京城临安城中一场大火，顷刻之间，城里城外一片火海，延烧数里的民居数万家，人有死者，灾民大多露宿在外。当时有一个姓裴的富商恰好也寓居在城内，家中还有质库及金银珠宝店铺开设在繁华的市中心大街上，但他都不去顾及火烧店铺，也不忙着派人去抢救，只是果断地命主管仆人纪纲，马上率领手下，分头前往城外的江下及徐村，而他自己也出北关，碰到有卖竹木、砖瓦、芦席、椽桷之属的建筑材料，无论多少、大小，都一律平价全部收购，统统吃下。第二天，朝廷下旨："运到都城中的竹木等建筑材料一律免征营业税。"大火过后，城里城外的官家和百姓都要重建住屋，一时间，建筑材料价格暴涨。于是，姓裴的商人立即派人将这些建筑材料运到城中，城中造屋的都向他购买，被抢购一空。由此，裴姓商人从中获利数倍，远远超过城中所焚的财物损失。

砖瓦灰泥等建筑材料，由下塘河输入。如《梦粱录》卷一二《河舟》云："杭州里河船只……又有大滩船，系湖州市搬载诸铺米及跨浦桥柴炭、下塘砖瓦灰泥等物。"

第六章

百万生聚

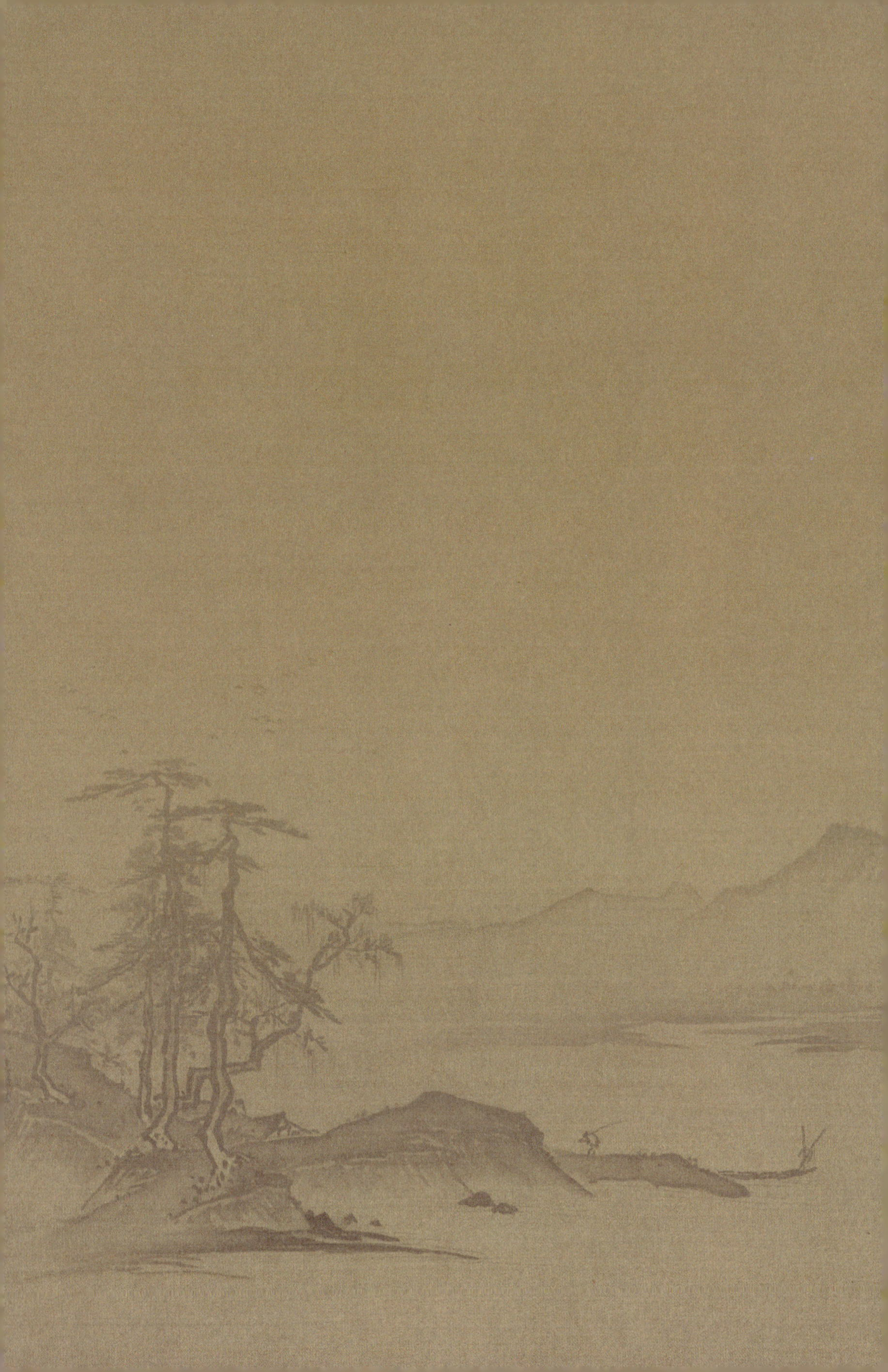

第六章
百万生聚

都城人口的快速增长

杭州城区人口至北宋中期,已经达到四五十万,但至南宋建炎年间(1127—1130),因金兵屡次烧杀,人口锐减。之后随着金兵北撤和宋室的南迁,特别是南宋建都临安(今浙江杭州市),都城人口有了大幅度的增长,故都开封及四方官员、士人、商人、工匠、僧道、艺人等纷纷来到这个新的都城。大量外来人口的迁入,使移民的人数远远超过了当地的土著人口。

到了淳祐年间(1241—1252),南宋临安的人口又比乾道年间有了大幅度增长,达到了三十八万一千三百三十五户,七十六万七千七百三十九口。

南宋后期,临安城内外的人口有一百五六十万。当时的文献就对此作了大量的描述,如吴自牧《梦粱录》卷一六《米铺》载,都城人烟稠密,城内外不下数十万户,百十万口。卷一八《塌房》称杭州"近百万余家"。耐得翁《都城纪胜·坊院》认为还不止这个数字,现在已经建都百余年,其户口蕃息难道只有百万余家吗?只要看看临安城南、西、北三处,面积各达数十里,人烟生聚,市井坊陌,要走数天还看不完,它们的人口各可比外路一小小州郡,由此足可见行都的繁盛。其中,城外人口增加惊人。在这一时期,临安城外的面积巨大,吴自牧《梦粱录》卷一九《塌房》载:"杭城之外城,南西东北各数十里,人烟生聚,民物阜蕃,市井坊陌,铺席骈盛,数日经行不尽。"城外城南左厢和城北右厢的人口,按嘉定十一年(1218)郑湜《城南厢厅壁记》说:"南厢四十万,视北厢为倍。"①但时人楼钥《薛居宝行状》则说:"南厢户口十四万,最为繁剧。"②这两种说法之间差距甚大,关键是要弄清上述两人所说的是户数还是口数,甚至是丁口(男性)数。如果所说的是户数,则依郑氏之说,南厢40万户,加上北厢为南厢的一半约20万户,共有60万户,即便以户均五口计,亦高达300万人;依楼氏之说,南厢有14万户、70万人,加上北厢人口,合计也有100万人,显然都是不可能的。若是丁口数,依郑氏之说南北厢有约60万丁口,加上大体相同的女性人口,共有120万人,占了城内外总人口的三分之二以上,仍明显偏高;依楼氏之说有40余万人,仅占总人口的四分之一左右,则似又偏低。若是包括每户男女在内的口数,依楼氏之说只有20万人左右,更不可能;而依郑氏之说为60万人,似相对较为合理。考虑到郑氏所说只是个约数,且南北厢的人口比例也不一定正好是二比一,南北厢的居民约50万人,占城内外总人口的三分之一左右。③

---

① 《咸淳临安志》卷五三《官寺二·临安府·城南厢厅》,第2册,第956—957页。

② (宋)楼钥:《攻媿集》卷九〇《薛居宝行状》。

③ 吴松弟在其所著的《中国人口史》第三卷中认为:"南、北厢约有四十余万人,只是临安城内外人口总数的三分之一左右。",复旦大学出版社2000年版,第584页。

南宋末年临安城市人口到底有多少

关于南宋末年临安城市人口到底有多少,学术界说法不一。如著名的中国史专家杨宽在《中国古代都城制度史》一书中认为临安总人口在120万左右,包括城外郊区10万人和乡村10万人。而据日本著名学者桑原骘藏及池田静夫估计,南宋临安人口最高时有100万户、500万人。

美国学者赵冈教授认为总人口应有250万人左右。他认为:"在估算临安高峰人口数字之前,应该先把当时的特殊情况加以说明。靖康南渡,有大量的北方居民随之南迁。这些南迁者的成分与比例是城市居民多于农民,诸如政府官员、军事人员、文化人、工商人士。他们到了南方后,多数还是向城市集中,在城市中讨生活。所以靖康之变后,北方的城市略呈衰败;而南方诸城,尤其是远离接战地区的长江下流之城市及浙江沿海,却是一片繁荣新气象。高宗于绍兴初年来到临安,绍兴二年下令大修城墙,做长居久安之计;八年正式下诏将临安定为行在。于是临安变成了新的政治经济中心,北方迁来之人大量向此集中。这些由北方迁来的人民,被称为流民,或称流寓之人。他们通常并不立即在临安立户落籍,虽然已是多年居住放此,但仍以原籍相称,只说是流寓于杭州。在心理上,他们仍自视为北方人,希望若干年后还会迁回北方原籍。这种心理,在晋室东迁时也曾普遍出现过。北方迁来的氏族,不肯就地落户设籍,直到多年后东晋政府实行土断政策,才把这种风气扭转过来。南宋时的临安,这种风气较东晋时更为强烈。南宋的皇帝自称临安是'行在',不承认是永久性的首都,北方南来的臣民自然采取同样的态度。中央政府的官员更是如此,随着皇帝在行在临时办公而已。政府机构以外的北方人士也自称是'流寓之人'。南宋政府从来没有颁行过

南宋　佚名　《卤簿玉辂图卷》（局部）

类似东晋土断政策的明令,所以户籍制度上没有要求南来之人落籍,不论居住多久,仍是流寓身份。在研究南宋的城市化及估算城市人口时,不能不把这些由北方迁来,常年居住在'行在'的'流寓'人口计入。""在计算临安人口时,不但应把流寓无籍之人计入,而且应该把城区及郊区人口一并计入,也就是大临安的总人口。"根据他的考证和研究,临安城郊南北两厢共有150万人。"厢郊如此繁盛,城中人数当也不会比100万少太多。城厢合计,大临安可能有接近250万居民。""临安最后发展成的狭长市区,南北纵长估计约35公里,平均宽度可能有7公里左右,市区总面积应该在245平方公里左右,北宋汴京城内毛密度是每公顷164人。临安郊区有运河水道、湖泊、山丘,毛密度应小于汴京。如以平均每公顷100人计算,临安全部市区,也就是包括城内及郊区,总人口应有250万人左右。""综合上面各种方法计算的结果,我的结论是:南宋大临安的高峰人口是250万,城内占地65平方公里,有100万居民,城外郊区180平方公里,有150万居民,折合成户数,城厢合计约有45万户,占南宋嘉定十六年总户数1267万户的3.55%。"① 但多数学者以为,当时临安城内外的人口为150万人至160万人。

总之,就中国古代城市人口来说,南宋都城临安是中国封建社会中最大的城市。以各个朝代最盛时期的都城人口而言,汉代都城长安为25万人,唐代都城长安为60多万人,北宋都城东京为140万人左右,元大都88万人,明北京为84万人,清北京为76万人,而南宋临安的城市人口多达150万—250万,无疑是当时世界上首屈一指的国际性大都市,无愧于世界之冠。在14世纪中叶以前,西欧

---

① [美]赵冈:《南宋临安人口》,《中国历史地理论丛》1994年第2期;赵冈:《中国城市发展史论集》,新星出版社2006年版,第76页。

只有 4 个城市号称为巨型城市，而每个城市的人口均不超过 10 万，其中最大、最繁华的城市威尼斯也只有 10 万人口。作为今日世界最著名的大都会伦敦、巴黎，直至 14 世纪的文艺复兴时期，其人口也不过 4 万—6 万而已。

第七章

都市繁华

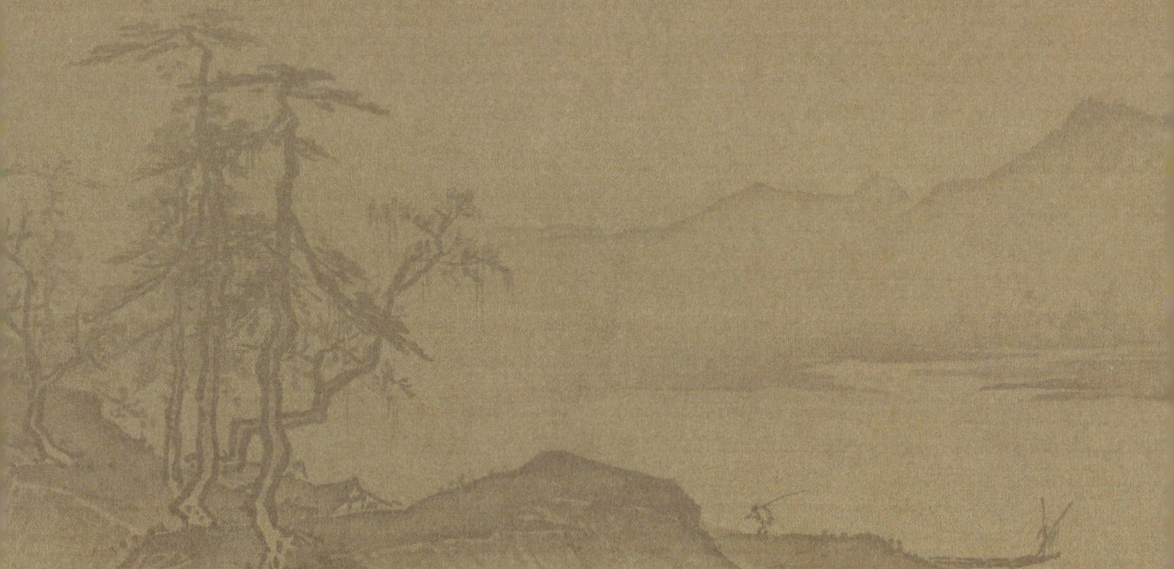

第七章
都市繁华

一个全民皆商的都会

南宋临安是全国最大的工商业中心。据周淙《乾道临安志》"风俗"条记载，杭人善于经商，趋利而逐末。特别是南宋建都于此，外地商人纷纷奔赴这个当时世界上最大的商会城市来淘金，城中从事工商业的人数日趋庞大。时谚说："欲得官，杀人放火受招安；欲得富，赶着行在卖酒醋"，便是这一现象的生动写照。据时人记载，临安有414行，每行数十户至百户，这比宋敏求《长安志》卷八《次南东市》载唐代长安"市内货财二百二十行"，足足增加了近一倍。如以百户计算，则城区从事工商业的户数有41400余家，一家以五口计，则达20.7万人，约占城区居民总数的五分之一。而据《马可波罗行纪》，临安的工商户则要远超过此数："城中百工共分十二行，每行从事工作之工人凡一万二千家。每家最少十二人，多者二十人至四十人不等；主人而外，兼有雇工。"如以每家铺子最少雇佣12人计算，则临安城内仅从事工商业的人数高达14.4万。这在中国古代都城发展史上可以说是空前绝后的，远非中国封建社会鼎盛时期的唐代长安、北宋东京能望其项背。

四百十四行

杭州手工业的生产历史非常久远,且至北宋时已达到了极高的水平,出现了中国古代的四大发明之一——毕昇的活字印刷术和世界上最早的酿酒学专著《北山酒经》等。宋室定都临安后,直接为皇室、官府服务的、规模庞大的官方手工业作坊纷纷在临安建立,同时北宋都城东京等地大量具有各种手工业技艺的专业人才移居临安,大大改变了当地官私手工业的结构与比重,并对临安手工业生产的发展产生了极其重要的影响。以陶瓷业为例,宋室南迁前,杭州的陶瓷业在全国并无地位,也没有影响。但宋室定都杭州后,不久即在当地设立了两座新窑,一个是凤凰山下的修内司窑,另一个是乌龟山南麓的"郊坛官窑"。这两座官窑都是东京官窑的继续。这样,临安一下子就成为全国陶瓷业的中心之一。又如丝织业,宋室南迁后,东京的织锦院、染院、文绣院、裁造院等机构也相继在临安恢复,工匠们带来了东京和北方其他地区精湛的纺织技艺,对临安官方及民间丝织业的发展起了积极的促进作用,使临安成为全国丝织业最为发达的地区。

这一时期临安的手工业具有以下特征:一是门类齐全,其中丝绸纺织、陶瓷、造纸、印刷、酿酒、造船、文具及军器等工业称雄全国。如临安所造的船舶,种类之多、形状之异、船体之大、工艺之先进,都令人惊叹不已。二是生产规模大,如负责军工生产的军器监及御前军器所,有工匠五六千人;专管皇宫日常用品生产的少府监和土木建筑的将作监,都辖有成千上万的工匠。三是分工细致,几乎每一类商品都有专门制作的作坊,如少府监中的文思院分上下两界,上界造作金银珠宝各种精巧器物,下界则专门制造以铜铁竹木为原料的普通用物。上、下两界内又根据专业,分成打作、棱推作、镀金

第七章　都市繁华

南宋漆托盏

作、钉子作、玉作、玳瑁作、装銮作、扇子作、剑作、犀作、捏塑作、雕木作、花作等30余作。私营手工业也是如此，仅《梦粱录》卷一三《团行》中列举的就有以下23种，即碾玉作、钻卷作、篦刀作、腰带作、金银打钑作、裹贴作、铺翠作、裱褙作、装銮作、油作、木作、砖瓦作、泥水作、石作、竹作、漆作、钉铰作、箍桶作、裁缝作、修香浇烛作、打纸作、冥器作、花作。《西湖老人繁胜录·诸行市》更是记载"京都有四百十四行"，工商业的划分已经细得不能再细了。毫无疑义，这是临安工商业高度繁荣的结果。四是制作精巧美丽。如城中官巷的花作，所聚奇异飞鸾走凤、七宝珠翠、首饰花朵、冠梳、钗环及锦绣罗帛、销金衣裙、描画领抹，极其工巧，前所罕有者，在这里均可见到。即使鸟笼，也同样精致异常，据元代陶宗仪《南村辍耕录》卷五《雕刻精绝》载，他曾看到过宋高宗朝匠人詹成所造的鸟笼，四面花版，皆于竹片上刻成宫室、人物、山水、花木、禽鸟，纤悉具备，其细若缕，而且玲珑活动，雕刻精妙无比。至于

195

为宫中烧制的官窑瓷器，澄泥为范，紫口铁足，极其精致，釉色莹澈类玉。这种极其精致的瓷器自出世以来，便为时人珍爱。

快餐、外卖、简体字、漫画书、连环画和导游图

时间就是生命，时间就是金钱，已经深入都城临安人的骨髓。他们讲求效率，由此，饭店中出现了快餐和外卖。当时的食店可以根据顾客的要求提供饮食，以免浪费他们的时间，如耐得翁《都城纪胜·食店》曰："都城食店……凡点索食次，大要及时：如欲速饱，则前重后轻；如欲迟饱，则前轻后重。"所谓重轻，指容易填饱肚子的菜肴，耐得翁解释说："重者如头羹、石髓饭、大骨饭、泡饭、软羊、浙米饭；轻者如煎事件、托胎、奶房、肚尖、肚胘、腰子之类。"其意思是说，如果顾客要求马上吃了走，则上一些容易填饱肚子的饭菜；如果顾客吃饭时间比较充裕，则上一些可以慢慢品尝的菜肴。外卖也极其常见，已经蔚然成风，于是，"送外卖"这一行业就随之诞生了，甚至还出现了皇帝叫外卖的案例，如宋高宗某次出宫寻访时途经某家还在营业的饮食店，便兴趣盎然地品尝了这个店里的食品，一尝竟觉得比御厨做的还要好吃。从此以后，他便也学起了民间的习俗，时常派宫人到市场上买名点名食来吃。宋孝宗也如出一辙，对市场上饮食店肆的食物赞不绝口，尤其是来自汴京人开设的"南瓦张家圆子""李婆婆鱼羹"等美食，都深得他的喜爱，时常命宦官到上述店铺"点外卖"来品尝，吃得开心了他还会给酒楼和"外卖员"奖赏。

而一些书坊为求速成以谋取高额利润，力求简易，在我国印刷史上最早使用了简体字，如罗振玉在日本影印的南宋临安中瓦子张家雕印的《大唐三藏取经诗话》中"过狮子林及树人国"一章里，有"一个'驴'儿吊在'厅'前，及到山西王长者儿'处'……"句。其中的"驴""厅""处"三个字都是简体字，对以后的刻书业及文字改革都产生了深远的影响。

宋　佚名　《耕织图》中的纺织机械

　　漫画书和连环画等在南宋都已经出现。史载宋宁宗朝韩侂胄当权时，临安市民对其专制弄权极为不满，有市井小民以片纸摹印乌贼出没于潮，一钱一本以售，儿童且诵言说："满潮都是贼，满潮都是贼。"这就是一种典型的漫画书。同样，还有连环画。南宋於潜县县令楼璹送给宋高宗的《耕织图》，精心绘制 45 幅连环画卷，情节连贯，不仅生动地表现了南宋时期的社会经济、风俗人情和精神面貌，还真实地展示了当时农夫农耕和蚕妇养蚕的全部过程，可以说是名副其实的连环画。

　　南宋临安不仅出现了职业导游，而且导游图也已经流行，为人们的外出提供了极大的方便。据《古杭杂记》记载：京城中驿路有名为白塔桥的地方,有人在印卖《朝京里程图》,图中详细标明长亭短驿里程、位置和可供歇脚的旅店等。各地士大夫到京城临安去求取功名爵禄或是游山玩水,一定要买一份来参考,有人在驿亭墙壁上题字说:"白塔桥边卖地经,长亭短驿甚分明。如何只说临安路,不较中原有几程?"这可以说是我国最早的导游图之一,在中国地图史上占有重要的一页。

名品店和名牌产品

南宋都城临安是全国甚至是当时世界上商业最为繁华的城市。商业完全突破了传统的坊市制度，自大街及各个坊巷，大小铺席，连门俱是，没有一间虚空的房屋，可以说没有一家不做买卖的。居民密集的闹市区更是店铺林立，仅御街中段有店名可考的大店就达120余家。长达数千米的御街，形成了多个商业中心，自大内和宁门外，新路南北，早间珠玉珍异及花果时新、海鲜、野味、奇器，天下所无的物品，全部集中在这里，举凡苏州的丝绸、温州的漆器，从福建和广东经海路运来的沉香、龙脑、胡椒、茉莉花盆景等，南昌的折扇，以及国产的名酒等，琳琅满目，应有尽有，"万物所聚"。以至朝天门、清河坊、中瓦前、灞头、官巷口、棚心、众安桥，食物店铺一家接着一家，顾客盈门，人烟浩穰。这种现象，即连"坊巷桥门及隐僻去处，俱有铺席买卖"。在浓厚的商业氛围下，城中涌现出一大批知名度较高的、具有特色的店铺。耐得翁《都城纪胜·诸行》便列举了一些："都下市肆，名家驰誉者，如中瓦前皂儿水、杂卖场前甘豆汤，如戈家蜜枣儿、官巷口光家羹、大瓦子水果子、寿慈宫前熟肉、钱塘门外宋五嫂鱼羹、涌金门灌肺、中瓦前耿家羊饭、彭家油靴、南瓦宣家台衣、张家团子、候潮门顾四笛、大瓦子丘家筝篥之类。"人们追求名牌产品，买物多去这些知名的店家，可以在戚家犀皮铺买到上等犀皮，在沙皮巷孔八郎三桥河下杨三郎头巾铺买到最好的头巾，在橘园亭文籍书房暑庐边的大树下买到最好的书本，在铁丝巷买到柳条编的笼子，在飞家牙梳铺买到象牙梳子，在炭桥买到折扇和漆扇。这一方面是认为名牌商品的质量好、口碑佳，能够得到好的享受；另一方面或许是市民爱面子的虚荣心在作怪。

发达的市场经济

临安城内商业市场的发展水平远远超过北宋都城开封。《马可波罗行纪》描述道："城中有大市十所,沿街小市无数,尚未计焉。大市方广每面各有半里,大道通过其间。道宽四十步,自城此端达于彼端,经过桥梁甚众。此道每四里必有大市一所,每市周围二里,如上所述。市后与此大道并行,有一宽渠,邻市渠岸有石建大厦,乃印度等国商人挈其行李商货顿止之所,利其近市也。每星期有三日,为市集之日,有四五万人挈消费之百货来此贸易。"当时的临安,不仅有白天开市的日市,而且还出现了早市、夜市、季节市、专业市等不同类型的市场。早市是指清晨开市的市场,在宋代又称为晓市,这种市场在临安遍布城市内外,为数众多。日市是指早上天亮开门营业,直到傍晚天黑才闭市的市场,一般为坐商店铺集中的市场,多沿城市中主要街区设置。夜市是指晚上开市的市场,一般从日落西山开始,至深夜三四更方才结束,这种市场在临安城内外迅速兴旺起来,成为商业活动不可或缺的一部分。季节市是为适应买卖时令或节日商品的需要而出现的,灯市和蟋蟀市就是其中的代表。至于专业市场,临安城内外则有米市、菜市、茶市、肉市、珠子市、药市、花市、布市、生帛市、蟋蟀市、象牙玳瑁市、丝绸市、枕冠市、故衣市、衣绢市、卦市等。

不仅城内如此,城外郊区也如此。当时城郊出现了许多商业繁盛的镇市,据《都城纪胜》所讲,"城之南、西、北三处,数十里人烟生聚,市井坊陌,数日经行不尽,各可比外路一小小州郡"。又据《梦粱录》卷一三《两赤县市镇》载,临安府城外有浙江市、北郭市、江涨东市、湖州市、江涨西市、丰道红市、西溪市、赤山市、龙山市、安溪市、范浦镇市、汤村镇市、临平市、南土门市、北土门市 15 个镇市。在这些镇市中，当以余杭门外的北郭市最为繁盛，北郭市在城北厢的北关镇，其繁盛程度并不比城内或城南逊色。"商贾骈集，物价幅萃，公私出纳，与城中相若。车驰毂击，无间昼夜。"这里就建有许多质库，质库是典当铺的前身，在当时，临安城内外设有数十处，规模都较大，全部"不以贯万收质"。

市场批发活动也极为活跃，其批发业务达到了中国历史上的最高水平，出现了以行老为首的批发机构，批发商通过团行将同业零售商组织起来，形成完整的、有机的、细密的批零销售网络。这在《梦粱录》卷一六有关肉铺、鲞铺、米铺的记载中可以清晰地看到，鲞团先统一招邀温、台、四明等地的鲞商，集中于临安城南的浑水闸，然后再分销给城内外一二百余家鲞铺及叫卖小贩，从而使鲞鱼迅速进入城市消费市场。肉市上的猪肉产品已经达到了精细化的程度，为了满足居民的不同需求，铺户们将猪肉按部位和质量等分为肉、骨及内脏三大类，三大类中再细分为众多的小类。头、蹄、血、肝、肠、肺、腰子、肚等内脏时称为"事件"，它们在唐代及以前被人们视为下脚料而不被重视，但在南宋都城临安却得到充分利用。铺户们利用专业知识，往往将其制作成熟肉产品，使猪肉的利润最大化，如《梦粱录》卷一六《肉铺》载："更待日午，各铺又市熟食：头、蹄、肝、肺四件，杂蹄爪事件，红白肉等。"毫无疑义，猪肉产品的精细化，一方面提高了产品的附加值；另一方面也有利于猪肉销售，方便市民食用。其他水产品销售，亦大致类此。

琳琅满目的商品

商品琳琅满目，不仅品种齐全，而且品类繁多。这些商品既有本地产的，也有来自他地及海外的。

以水果为例，这里除本地出产的橘、橙、梅、桃、李、杏、柿、栗、枣、瓜、梨、莲、芡、菰、藕、菱、枇杷、樱桃、石榴、木瓜、林檎、杨梅、鸡头、银杏、甘蔗等20多种外，还汇集了福州的李儿，泽州的饧，陈州的果儿，窑云的柿儿，罗浮、洞庭的橘子，永嘉的黄柑，黄岩的乳柑，越州的樱桃，福州、泉州的荔枝和龙眼，苏州的蜜林檎，建康的枣，太原的葡萄，广东的椰子等等，甚至还有一些来自海外或者本地引种的水果，如番桲桃、番葡萄、胡桃、新罗葛之类。

酒也如此。市场上名酒荟萃，品种繁多，著名的有蔷薇露、流香等六七十种。这些名酒来自扬州、湖州、苏州等地，几乎囊括了南宋各地的名酒。除上述这些以粮食酿制的黄酒外，还有北方产的葡萄酒出售。这些名酒，往往被王公贵族及市民们用作馈赠亲朋好友的礼品。

而在城市中心区，还有许多专卖奢侈品的商店，来自南宋境外、南海各国、印度，以及从中东运来的货物充斥市场。在中国其他地方见不到的东西，都城临安应有尽有。如绍兴十一年（1141）十一月，户部重新裁定市舶香药名色，合赴行在送纳、可以出卖的海外商品就有336种，其中有细色66种，粗色122种，粗重枉费脚乘148种。具体商品如下：

细色：呵子、中笺香、没药、破故纸、丁香、木香、茴香、茯苓、玳瑁、鹏砂、蒔萝、紫矿、玛瑙、水银、天竺黄、末朱砂、人参、鼍皮、银子、下笺香、芹子、铜器、银珠、熟速香、带梗丁香、桔梗、泽泻、茯神、金箔、舶上茴香、中熟速香、玉乳香、麝香、夹杂金、夹杂银、沉香、上笺香、次笺香、鹿茸、珊瑚、苏合油、牛黄、血蝎、腽肭脐、龙涎香、荜澄茄、安息香、琥珀、雄黄、锺乳石、蔷薇水、芦荟、阿魏、黑笃耨、鳖甲、笃耨香、皮笃耨香、没石子、雌黄、鸡舌香、香螺奄、葫芦芭、翡翠、金颜香、画黄、白豆蔻、龙脑（有九等：熟脑、梅花脑、米脑、白苍脑、油脑、赤苍脑、脑泥、鹿速脑、木扎脑）。

粗色：胡椒、檀香、夹笺香、黄蜡、黄熟香、吉贝布、袜面布、香米、缩砂、干姜、蓬莪术、生香、断白香、藿香、荜拨、益智、木鳖子（疑为"五里香"）、降真香、桂皮、木绵、史君子、肉豆蔻、槟榔、青橘皮、小布、大布、白锡、甘草、荆三棱、碎笺香、防风、蒟酱、次黄熟香、乌里香、苓苓香、中黄熟香、冒头香、三赖子、青苎布、下生香、丁香、海桐皮、蕃青班布、下等冒头香、下等五里香、苓牙簟、修割香、中生香、白附子、白熟布、白细布、山桂皮、暂香、带枝檀香、铅土、茴香、乌香、牛齿香、半夏、芎裤布、石硵、紫藤香、官桂、桂花、花藤、粗香、红豆、高良姜、藤黄、黄熟香头、钗藤、黄熟香、片螺头、斩刬香、生香、片水藤皮、苍术、红花、片藤、瑠琉水盘头、赤鱼鳔、香缠、小片水盘头、杏仁、红橘皮、二香、大片香、糖霜、天南星、松子、粗小布、大片水盘香、中水盘香、獐脑、青桂香、斧口香、白苎布、鞋面布、丁香皮、草菓、生苎布、土檀香、青花蕃布、苁蓉、螺犀、随风子、紬丁、海母、龟同、亚湿香、菩提子、鹿角、蛤蚧、洗银珠、花梨木、琉璃珠、椰心簟、犀蹄、蕃糖、师子绥、枝实。

粗重枉费脚乘：窊木、大苏木、小苏木、硫磺、白藤棒、修截香、青桂头香、蕃苏木、苏木、镬铁、白藤、粗铁、水藤坯子、大腹子、姜黄、麝香、木跳子、鸡骨香、大腹、檀香皮、把麻、倭板、倭枋板头、薄板、板掘、短板肩、椰子长薄板合箪、火丹子、蛙蛄、干倭合山、枝子、白檀木、黄丹、麝檀木、苎麻、苏木、稍皶、相思子、倭梨木、榼藤子、滑皮、松香、螺壳、连皮、大腹、吉贝花布、吉贝纱、琼枝菜、砂黄、粗生香、硫黄、泥黄、木柱、短小零板杉枋、厚板松枋、海松板木枋、厚板令赤藤厚枋、海松枋、长小零板板头、松花小螺壳、粗黑小布、杉板狭小枋、令团合杂木柱、枝条苏木、水藤篾、三抄香团、铁脚珠、苏木脚、生羊梗、黄丝火枕煎盘、黑附子、油脑、药犀、青木香、白术、蕃小花狭箪、海南白布单、青蕃棋盘小布、白芜荑、山茱萸、茅术、五苓脂、黄耆、毛施布、生熟香、石斛、大风油、秦皮、草豆蔻、乌药香、白芷、木兰茸、蕤仁、远志、海螺皮、生姜、黄芩、龙骨草、枕头土、琥珀、冷瓶、密木、白眼香、商香、铁熨斗、土锅、豆蔻花、砂鱼皮、拍还脑、香柏皮、黄漆、滑石、蔓荆子、金毛狗脊、五加皮、榆甘子、菖蒲、土牛膝、甲香、加路香、石花菜、粗丝茧头、大价香、五倍子、细辛、韶脑、旧香、御碌香、大风子、檀香皮、缠香皮、缠末、大食芎仑梅、熏陆香、召亭枝、龟头犀香、豆根、白脑香、生香片、舶上苏木、水盘头幽香、蕃头布、海南棋盘布、海南青花布、皮单、长木、长倭条、短板肩。①

这些通过市舶贸易来南宋临安的贸易品,其品种之多、之细,真是令人吃惊。从上述商品的名单来看,进口货物主要为香料、珠宝、犀角、象牙、珊瑚、珍珠、药材、硫黄、水银、沙金、木材、人参、纺织品、文具及扇子等工艺品,这些商品绝大多数是提供给统治者和富人用的。如张俊招待高宗,宴席之上则有"缕金香药"一行:脑

---

① 《宋会要辑稿》职官四四之二一至二三。

南宋 苏汉臣 《货郎图》

子花儿、甘草花儿、砵砂圆子、木香、丁香、水龙脑、史君子、缩砂花儿、官桂花儿、白术人参、橄榄花儿，以及"砌香咸酸一行"：香药木瓜、椒梅、香药藤花、砌香樱桃、紫苏奈香、砌香萱花柳儿、砌香葡萄、砌香果子等多种以香药制成的食品。临安市场上有贵妇使用的香水蔷薇露，"用琉璃瓶儿盛卖，每瓶直钱百三二十钱以上，更看临时商量何如。殿阁贵人多作刷头水及修合龙涎、花子、数珠、背带之属"[①]。珠宝种类繁多，其中来自日本的水晶数珠，在宋高宗时，"每串不下百千至五十贯"。随着进口量的增多和市场竞争的激烈，至宋宁宗时已比过去减价三分之二。同时，由于各地产珠的质量和色泽、大小不一，以及受市场消费能力的影响，故顾客对它们的喜爱程度也不一样，如两广商人贩到临安的象牙数珠，买者就不多，"少有人要，大者价直贯百文"，即一贯多一点，价值只有倭国水晶数珠的几十分之一。因此，这种象牙数珠多发到消费能力稍弱的淮上，卖给北方客人，或运到金国，供当地的达官贵人使用。

---

① （宋）无名氏：《百宝总珍集》卷八《蔷薇水》，上海书店出版社2015年版。

灯火辉煌的不夜城

在宋代之前，中国古代社会长期实行宵禁制度。所谓"宵禁制度"就是禁止夜间活动，这种制度早在周代就已经开始实行了，百姓到了晚上就不能随意走动，更别说有丰富的夜生活了。唐代长安虽然是一个国际性的大都市，但依旧沿袭了前代"以午时击鼓二百下而众会，日入以前七刻击钲三百下散"的宵禁制度，除了一些重大节庆日的夜间可以出门外，平常到了夜间宵禁，百姓就只能宅在家里。可是到了北宋初期，都城东京店铺的营业时间已突破了过去的宵禁制度，可以营业到三更（即23点到次日1点）以前。但在北宋中期以后，夜市的时间随着商业的发展而逐渐延长，有的夜市买卖昼夜不绝，直至三更方尽，才五更又复开张，而"耍闹去处，通宵不绝""诸酒肆瓦市，不以风雨寒暑，白昼通夜"。而至南宋初期，都城临安的宵禁制度彻底取消了，有些繁荣的商业区完全取消了时间限制，二十四小时营业，"通宵买卖，交晓不绝"，成为名副其实的、灯火辉煌的"不夜城"，可谓盛况空前。

"不夜城"的主体是城中的夜市，这种市场在临安城内外迅速兴旺起来，即使是冬月风雪阴雨，亦有夜市活动。南宋《都城纪胜·市井》记载当时的都城："自大内和宁门外，新路南北，早间珠玉珍异及花果时新、海鲜、野味、奇器，天下所无者，悉集于此；以至朝天门、清河坊、中瓦前、灞头、官巷口、棚心、众安桥，食物店铺，人烟浩穰。其夜市除大内前外，诸处亦然，惟中瓦前最胜，扑卖奇巧器皿百色物件，与日间无异。"甚至"其余坊巷市井，买卖关扑，酒楼歌馆，直至四鼓后方静；而五鼓朝马将动，其有趁卖早市者，复起开张"。《梦粱录》卷一三《夜市》载：

杭城大街，买卖昼夜不绝，夜交三四鼓，游人始稀；五鼓钟鸣，卖早市者又开店矣。……衣市有李济卖酸文，崔官人相字摊，梅竹扇面儿，张人画山水扇。并在五间楼前大街坐铺中瓦前，有带三朵花点茶婆婆，敲响盏，掇头儿拍板，大街玩游人看了，无不哂笑。又有虾须卖糖，福公个背张婆卖糖，洪进唱曲儿卖糖。又有担水斛儿，内鱼龟顶傀儡面儿舞卖糖。有白须老儿看亲箭搌闹盘卖糖。有标竿十样卖糖，效学京师古本十般糖。赏新楼前仙姑卖食药。又有经纪人担瑜石钉铰金装架儿，共十架，在孝仁坊红杈子卖皂儿膏、澄沙团子、乳糖浇。寿安坊卖十色炒团。众安桥卖澄沙膏、十色花花糖。市西坊卖蚫螺滴酥，观桥大街卖豆儿糕、轻饧。太平坊卖麝香糖、蜜糕、金铤裹蒸儿。庙巷口卖杨梅糖、杏仁膏、薄荷膏、十般膏子糖。内前杈子里卖五色法豆，使五色纸袋儿盛之。通江桥卖雪泡豆儿、水荔支膏。中瓦子前卖十色糖。更有瑜石车子卖糖糜乳糕浇，亦俱曾经宣唤，皆效京师叫声。日市亦买卖。又有夜市物件，中瓦前车子卖香茶异汤，狮子巷口煎耍鱼、罐里爊鸡丝粉、七宝科头，中瓦子武林园前煎白肠、鸩肠，灌肺岭卖轻饧，五间楼前卖余甘子、新荔枝，木檐市西坊卖焦酸馅、千层儿，又有沿街头盘叫卖姜豉、膘皮朡子、炙椒、酸豝儿、羊脂韭饼、糟羊蹄、糟蟹，又有担架子卖香辣灌肺、香辣素粉羹、腊肉、细粉科头、姜虾、海蜇鲊、清汁田螺羹、羊血汤、糊羹、海蜇、螺头羹、馉饳儿、羹面等，各有叫声。大街更有夜市卖卦：蒋星堂、玉莲相、花字青、霄三命、玉壶五星、草窗五星、沈南天五星、简堂石鼓、野庵五星、泰来星、鉴三命。中瓦子浮铺有西山神女卖卦，灌肺岭曹德明易课。又有盘街卖卦人，如心鉴及甘罗次、北算子者。更有叫"时运来时，买庄田、娶老婆"卖卦者。有在新街融和坊卖卦，名"桃花三月放"者。其余桥道坊巷，亦有夜市扑卖果子糖等物，亦有卖卦人盘街叫卖，如顶盘担架卖市食，至三更不绝。冬月虽大雨雪，亦有夜市盘卖。至三更后，方有提瓶卖茶。冬间,担架子卖茶,馓子慈茶始过。盖都人公私营干,深夜方归故也。

夜市中食品最受游人喜爱。《都城纪胜·食店》载:"市食点心,凉暖之月,大概多卖猪羊鸡煎炸、食秋划子、四色馒头、灌肺、灌肠、红燠姜豉、蹄子肘件之属。夜间顶盘挑架者,如鹌鹑馉饳儿、焦锤、羊脂韭饼、饼餤、春饼、旋饼、澄沙团子、宜利少、献窨糕、炙犯子之类。"

商人们为了能更好地经营自己的商品,便绞尽脑汁想出了与以前不同的经营模式,"扑卖"便是宋代商业发展到鼎盛时的产物,是一种全民热衷的博彩行为。所谓"扑卖",实际上是一种古代盛行的博彩游戏,类似赌博,以钱币为具,以字幕定输赢。卖家在出售商品的过程中,买家能买到什么层次的商品全靠运气,类似我们今天的买彩票。比如买家看中了一件商品,便要与商家赌一赌运气,若是买家赌赢了,就即可折价购物或直接带走该商品。这个买卖方式十分诱人,每个人都想试一试,用最低的价格带回最大的利益。《西湖老人繁胜录》就对临安夜市扑卖的物品有详细的记载:"夜市扑卖狼头帽、小头巾抹头子、细柳箱、花环钗朵篦儿头须、销金帽儿、罗木桶杖、诸般藤作、琉璃炮灯、银丝合子、时文书集、猪胰胡饼、挂屏头屋儿、乌木花梨动使、行灯、香圆、查子、画烛、鱼鲜、头须、炸藕、红边糍、蜂糖饼。"《梦粱录》卷一三《夜市》载:"大街关扑,如糖蜜糕、灌藕、时新果子、像生花果、鱼鲜猪羊蹄肉,及细画绢扇、细色纸扇、漏尘扇柄、异色影花扇、销金裙、缎背心、缎小儿、销金帽儿、逍遥巾、四时玩具、沙戏儿。春冬扑卖玉栅小球灯、奇巧玉栅屏风、捧灯球、快行胡女儿沙戏、走马灯、闹蛾儿、玉梅花、圆子槌拍、金橘数珠、糖水、鱼龙船儿、梭球、香鼓儿等物。夏秋多扑青纱、黄草帐子、挑金纱、异巧香袋儿、木犀香数珠、梧桐数珠、藏香、细扇、茉莉盛盆儿、带朵茉莉花朵、挑纱荷花、满池娇、背心儿、细巧笼仗、促织笼儿、金桃、陈公梨、炒栗子、诸般果子及四时景物，预行扑卖，以为赏心乐事之需耳。"但是卖家往往能利用这种赌博的不确定性，从中赚得盆满钵满，还没等商品全部卖出去就已经捞回本钱了。

南宋临安的夜市，不再是单纯的商品交易场所，而是集娱乐、餐饮、贸易于一体，尤其是娱乐最为活跃。人们逛夜市购物、赌博，到茶肆斗茶，到酒楼品酒、谈生意，到歌馆、妓院一夜风流，到勾栏瓦子听小曲、看杂剧、听故事、观杂技相扑、蹴鞠、射箭等，便成为都城人的生活常态。当时临安的瓦舍设有早、晚场，早场在凌晨五更便已开始，而夜场关门则至深夜，如《西湖老人繁胜录·瓦市》载："独勾栏瓦市稍远，于茶中作夜场。"

夜市接早市，通宵达旦，一年之中天天如此，"无论四时皆然"。其热闹繁华的景象，与今天大都市中的市场和商业街并无二致！

此外，还有夜宴、夜游、夜读、夜歌、书斋夜话等，不一而足。

以夜宴而言，达官富人热衷于此。如权臣韩侂胄，其家的南园极湖山之美，其规模与景观精巧均可与御园相匹，每逢夜宴或夜游，用红灯数百盏点亮于桃坡之上，光彩夺目。循忠烈王张俊的曾孙张镃（1153—1221），字功甫，号约斋，居临安，官至司农寺丞，生长于达官富贵之门，生活奢华，筑有南湖，园林优胜，并蓄有许多歌姬，擅长诗词，又善画竹石古木，一时名士大夫尤袤、杨万里、辛弃疾、姜夔等莫不与其交游；其家中的园池、声妓、服玩之丽甲天下。曾于城中的南湖园作驾霄亭于四古松间，以巨铁纽悬之空半而羁之松身，当风月清夜，与客梯登之，飘摇云表，真有挟飞仙、溯紫清之意。

在一次晚上举办的家宴上,张镃命十位歌姬艳装盛服,轮番奏歌侑觞,歌唱前人所作牡丹词,因此有"牡丹会"之称。周密《齐东野语》卷二〇《张功甫豪侈》详细记载了这次闻名于世的牡丹会:

众宾到齐,集中坐在一个面积较大的虚堂里,里面寂无所有。主人张镃突然问左右说:"香已发未?"回答道:"马上就发。"于是张镃命卷帘,此时异香则从帘内飘出,郁然异香满室。群妓捧着酒肴、弹着丝竹,次第而至。接着又有十名全部穿着白色丝绸衣服、首饰衣领皆插戴着牡丹花的歌姬,首带照殿红一枝,执板奏歌劝酒,歌舞结束后乐作,乃退出。于是,再次放下帘子,宾客坐在里面畅谈观后的感想。过了好长一段时间,香烟再起,卷帘如前。又是另外十名年轻美貌的名姬,换上其他服饰与花而出,大抵簪白花则衣紫,紫花则衣鹅黄,黄花则衣红。这样大家共饮了十杯酒,观看了十次歌舞,歌姬的衣服、头饰和花也换了十次,每次各不相同。歌姬所讴歌的皆是前辈所作的牡丹名词。酒宴结束后,唱歌的、弹乐器的达到数百十人,他们都列行送客。张镃以这种别出心裁的牡丹会来招待宾客,烛光香雾,歌吹杂作,使宾客恍然如同仙游一样。在此背景下,南宋临安杂剧的曲目中便出现了《四孤夜宴》一目。

夜游活动热闹非凡,有西湖夜游,有街市夜游,有运河夜游,有浙江夜游,名目繁多。其中,尤其以西湖夜游最为盛行,时人认为"夜泛西湖,光景奇绝"。陆游《夜泛西湖示桑甥世昌》诗:"举手邀素月,移舟采青蘋。"姜夔《湖上寓居杂咏》十四首诗其十:"夜凉一舸孤山下,林黑草深萤火飞。"吴文英"料别馆、西湖最情浓,烂画舫月明,醉宫袍锦""西湖旧日,留连清夜,爱酒几将花误"等丽句,更是写出了西湖夜游中绚烂浓情的一面。如果恰逢岁时佳节,这种夜游更是达到了鼎盛。如在元宵节,即使是讲求静修的寺院,也有张灯之举,里面"闲设雅戏灯火,花边水际,灯烛灿然"。《武林旧事》卷二《元夕》

便载道："西湖诸寺，惟三竺张灯最盛，往往有宫禁所赐、贵珰所遗者。都人好奇，亦往观焉。白石诗云：'珠珞琉璃到地垂，凤头衔带玉交枝。君王不赏无人进，天竺堂深夜雨时。'"寒食前后，西湖"南北高峰诸山寺院僧堂佛殿，游人俱满。都门闲夜更深，游人轿马尽绝，门方闭"[①]。夜间踏月、赏月是中秋节最重要的节日活动，《梦粱录》卷四《中秋》描述南宋临安市民玩月风尚时说：

此夜月色倍明于常时，又谓之"月夕"。此际金风荐爽，玉露生凉，丹桂香飘，银蟾光满，王孙公子，富家巨室，莫不登危楼，临轩玩月，或开广榭，玳筵罗列，琴瑟铿锵，酌酒高歌，以卜竟夕之欢。至如铺席之家，亦登小小月台，安排家宴，团圞子女，以酬佳节。虽陋巷贫窭之人，解衣市酒，勉强迎欢，不肯虚度。此夜天街卖买，直至五鼓，玩月游人，婆娑于市，至晓不绝。盖金吾不禁故也。

在此背景下，南宋"小说"话本出现了《夜游湖》。"八月十八潮，壮观天下无。"此日晚上又是人们观看奇特卓绝的钱塘夜潮的最佳时光。南宋著名画家李嵩创作的绢本设色山水画《月夜看潮图》，描绘了豪门贵宦在高悬的中秋明月下，于平台楼阁上观赏卷涌而来的夜潮的壮观情形。此画以楼阁台榭入手，取构小半一角；另一大半则让于海潮，咫尺千里，远山如痕，绵绵不绝的江涛奔涌而来，气吞山河，如同一线卷起；隐隐如闻其鸣呼，不顷刻便雷声大作，惊心动魄。又有一远帆点缀其间，极为生动。整个画面没有拥塞的车水马龙，也没有喧闹的人海，取而代之的是远山江帆、月影银涛，呈现出一番祥和而惬意的景致。这一实一虚，一静一动，相映成趣，反映了画

[①] （宋）西湖老人：《西湖老人繁胜录》，中华书局 1962 年版。

家细腻的情感与笔触,展现了北宋大文学家苏轼"寄语重门休上钥,夜潮留向月中看"的诗情,是南宋绘画中一幅情景精致的杰作。

　　当然,作为一座举世闻名的文化之都,夜读、夜赋、夜画、夜书、书斋夜话等自不可少。如张镃《夜赋》:"月黑林间亦自奇,莲花两朵白如衣。初疑野鹭池中立,试拍栏干吓不飞。"书斋夜话往往成为佳话,刘克庄与陈起交谊颇深,过从颇密,有《赠陈起》诗:"陈侯生长纷华地,却以芸香自沐熏。炼句岂非林处士,鬻书莫是穆参军。雨檐兀坐忘春去,雪屋清谈至夜分。何日我闲君闭肆,扁舟同泛北山云。"士子们或打起精神,挑灯夜读,以积累一些诗歌的素材;或在夜间抚琴吟诗、赏花赏月,或在夜市贩卖自己的书画作品以获得生计,或借酒浇愁,以打发这漫漫长夜,希望好运早日到来,脱离苦海。

　　总之,都城居民的夜生活是丰富多彩的,好不乐哉!有鉴于此,时人撰词赞曰:"夜市三更,灿烂楼台之灯火;春风万井,喧阗帘幕之笙歌。"大诗人陆游也有诗赞美说:"随计当时入帝城,笙歌灯火夜连明。宁知六十余年后,老眼重来看太平。"正是这种"灿烂楼台之灯火""喧阗帘幕之笙歌",将夜幕下魅力四射的南宋不夜城展现得淋漓尽致。

细致周到的服务

商人们为了在激烈的商业竞争中求得生存和发展，十分注意服务的内容和质量，服务细致周到。以服务的内容而言，只要顾客需要，商家都能提供，这在服务性行业中得到了充分的体现。如有富人家中养马，则每天有人定时供应草料；养狗，则供应狗食；养猫，则供应活的小鱼小鳅；养鱼，则供应小鱼小虾。租赁行业同样如此，据《武林旧事》卷六《赁物》载，凡婚庆、丧葬之类的宴请，自有所谓的茶厨子专任饮食请客宴席之事，凡酒席上需要的物品，只要通过租赁，一点不用主家费心费力，即使主家大办宴席，亦可马上承办。而一些著名的大店铺，不仅经营品种繁多，而且注意经营品种随季节而不断变换，如八仙、清乐、珠子等茶楼，冬天添卖七宝擂茶、馓子、葱茶，或卖盐豉汤；暑天添卖雪泡梅花酒等。为了吸引顾客，在晚间常请艺人在里面讲史或小说。诚实可信成为商业的主流，曾有阿拉伯商人说，中国人在金钱交易和债务方面都是非常有信用的。

他们的各种服务和设施供应均以顾客为中心，服务主动，热情周到，极意奉承顾客，力求顾客称心满意。以酒楼饭店为例，顾客一入门，便有专门服侍的店伙提瓶献茶，迎接入座。接着，精通业务、熟记数百品菜肴的堂倌拿着菜单，遍问坐客饮酒多少，请顾客点菜。一经点定，店伙便马上到厨房前，从头唱念，报与厨师。厨师将顾客所需的菜烧好后，再由行菜者用盘子将菜送到顾客食桌上，井井有条，不出一点差错。顾客饮食期间，可以随时要求增加菜肴，或热，或冷，或温，或绝冷，精烧，熬烧，随意索唤。即使一桌上的10位客人各自想吃一菜，也能满足他们的要求。如果顾客所需的菜肴在菜谱中没有，厨师可以根据顾客的要求现场制作，满足他们的特殊要求，从而真正做到了"顾客至上"。如果店伙服务态度不好，或者

元代画家夏永所绘的南宋临安大型酒楼丰乐楼

出现了差错，顾客只要告诉店主，一定会得到满意答复，店伙会受到店主的批评处罚，甚至开除。

大招迭出的营销活动

为了招揽生意，商家们在营销方法上也是大招迭出，当今盛行的美女营销、广告营销等，在临安就已经非常流行了。以美女营销来说，妓女坐店作乐卖酒成为一种时尚，几乎所有的官营酒店，都插满彩旗、红旆，里面坐有数十名浓妆艳抹的妓女，想方设法推销酒水。这里的风流才子们欲买一笑，则径往酒店里点花牌，唯意所择，笙歌之声昼夜不绝。而花市里的花商为了吸引买家的注意，特别是为了做好宫中的生意，甚至不惜血本，大做广告。位于和宁门外的花市在营销菊花时节，花商在平地上堆起了"千尺"高的菊花塔，气势非凡，流光溢彩，美不胜收；有的则织起了玲珑剔透的"菊花幛子"，犹如"生采翡翠铺屏风"，金光灿灿。面对着"金钱装面蜜如积，金钿满地无人拾"的美景，买花、赏花的人纷至沓来，以至花市说不清是花海还是人海。

在广告营销上，商人主打的是质量牌。如沈二郎经坊广告云："本铺今将古本《莲经》，一一点句，请名师校正重刊。选拣道地山场抄造细白上等纸札，志诚印造。见住杭州大街棚前南钞库相对沈二郎经坊新雕印行。望四远主顾，寻认本铺牌额，请赎。谨白。"如临安府中瓦南街东开印输经史书籍铺荣六郎家，其书铺刻印的《抱朴子》一书，在书末附刊记云："旧日东京大相国寺东荣六郎家，见寄居临安府中瓦南街东，开印输经史书籍铺。今将京师旧本《抱朴子内篇》校正刊行，的无一字差讹，请四方收书好事君子，幸赐藻鉴。绍兴壬申岁六月旦日。"从上述的"本铺牌额"四字可知，当时的商家已经具备了商标的意识。

笙歌处处，宴饮不断

繁忙的商业活动，密集的人口，以及不断拥入的各地游客，都促使城市笙歌处处，宴饮不断，饭店、酒楼、茶肆、歌馆、瓦子、客栈一应俱全。以酒楼为例，当时临安的酒店，分正店、脚店、拍户酒店数等。正店是第一等的大型酒店，有的规模已经达到了数千平方米，能够承办千人以上的宴食。店门口彩画欢门，设红绿杈子，绯绿帘幕，贴金红纱栀子灯，装饰厅院廊庑，花木森茂，酒座潇洒，并备有各式各样的精美餐具，特别是酒器更是如此，全部用银制作而成。主要为上层顾客服务，基本上集中在闹市区，从店门进去，一直是主廊，一二十步后才分南北两廊，全部是诸如当今装饰华丽豪华的高级包厢和雅座。到了晚上，整个酒楼灯烛辉煌，上下相照，如同白昼，数百名浓妆打扮的年轻漂亮的女"服务员"聚于主廊的檐面上，等待顾客呼唤，一眼望去，宛如一群天上的仙女。如处于大河（盐桥运河）街市中段的太和楼，就是一家宏伟壮丽的官营大酒楼，酒楼设有300间包厢，如果按今每一包厢10平方米来计算，则达3000平方米；再加上制作菜肴的厨房、酿酒存酒的作坊和仓库、走廊、大厅等，则其建筑面积至少在5000平方米以上。这在今天的城市中也无疑是一个超大型的酒楼了，真可谓建筑雄伟壮观，装饰富丽堂皇，气势非凡。在这个酒楼里，有上千名工人在从事酿酒等工作，以至"有酒如海糟如山"。酒楼每天的高档客人达3000人左右，而要招待好这些挥金如土的豪客，自然服务工作必须尽善尽美，让客人满意。为此，酒楼招聘了成百上千的年轻美女，有如"金钗十二行"，甚至酒楼负责人也是"苏小当垆"。她们除殷勤为客人倒酒外，还唱歌跳舞，演奏各种乐器，为客人饮酒助兴，让顾客乐不思蜀，满意而归。因此，这座酒楼在南宋盛极一时。在丰豫门（即涌金门）外的丰乐楼，同样瑰丽宏伟，高接云霄，为湖山壮观，是官僚士绅设同年宴或乡会之处,"缙绅士人,乡饮团拜,多集于此。"

饮食行业经营多样化,饮食店铺遍布城内外。从其经营的食品特色来看,可分为分茶店、面食店、羊饭店(又称肥羊酒店)、犯鲊店、南食店、菜面店、素食店、羹店、菜羹饭店、衢州饭店等数种;从食品店饮食的风格上看,又可分为北馔、南食、川饭三大类;从经营规模来看,首推分茶店,羊饭店、川饭店、南食店、菜面店、素食店、衢州饭店等次之。饭店档次高、中、低均有,品类齐全,可以适应不同层次、来自不同地区食客的需要;从经营者的籍贯来看,既有本地的,也有许多来自北方的经营者,如著名的鱼羹宋五嫂(在钱塘门外)、羊肉李七儿、奶房王家、血肚羹宋小巴之类,就是从东京迁来的。饮食行业的分工已经非常精细,除有上门服务的"四司六局"外,还出现了供贵家雇佣的厨娘。烹饪方法极其丰富多彩;调味品得到了充分利用;食品菜肴的造型技艺也得到很大提高。从菜肴用料及制作来看,比较突出的是海味菜和鱼菜的兴起,以及菜点艺术化倾向的出现,后世出现的几大菜系在临安都已具雏形,而现在的杭帮菜当形成于此时。"南料北烹"成为当时都城餐饮业一大特色,厨师们用北方的烹调方法,将南方丰富的原料做得更加美味可口。市面还出现了饮食行业组织——奇巧饮食社,这是过去中国饮食史上未见的。

服务业中职业装的流行

　　随着商业、服务业的发展，各行各业都对着装提出了要求。在此背景下，当时的服务业还订制了专门的职业装，据《梦粱录》卷一八《民俗》载，当时都城中士、农、工、商诸行百户，其服装均有等级规定。香铺人顶帽披背子，质库掌事裹巾著皂衫角带。街市上买卖的商人，也各有服色头巾，各可辨认出他们从事什么职业。由此可见，中国古代服务业中的职业装早在宋代就已经非常流行了。

南宋　刘松年　《斗茶图》

第八章

文化中心

第八章
文化中心

全国的教育中心

南宋临安是全国的教育中心。这里既有南宋中央最高教育行政机构——六部之一的礼部,主管全国文化教育的最高教育行政机构——国子监,还有专门管理宗学的宗正寺。全国最高的学府——太学,最盛时有学员两千余名,在南宋太学任教的均为当时的学术名家,如高闶、陆九龄、陆九渊、吕祖谦、叶适等。有鉴于此,现代著名教育家张其昀先生感叹道:"要之,一代大师莫不直接间接与太学有关系。"此外,这里还有许多中央政府兴办的官学,如由礼部国子监管辖的国子学、武学、律学和国立小学,隶属于南宋中央有关职能部门的算学、医学等专科学校,直属于南宋朝廷的学校有资善堂、宗学、诸王宫学等。武学相当于现今的中国国防大学,律学、算学、书学、画学、医学等学府也是当时国家同类的最高学府。这些学校不仅促进了临安教育事业的繁荣,而且也使临安的学风得到根本改观。此外,临安还有府学、钱塘和仁和两所县学,它们的办学条件及规模在全国首屈一指。乡校、家塾、舍馆、书会等教育机构每个里巷都有一二所,学生读书之声往往相闻,"遇大比之岁,间有登第补中书选者"①。陆游就记载了当时都城临安的文风:"巷南巷

---

① (宋)耐得翁:《都城纪胜·三教外地》,中华书局1962年版。

宋　佚名　《松荫谈道图》

北秋月明,东家西家读书声。"由此可见,居民的文化程度极高,达到了家能著书、人知挟册的程度。

世界上高新科技最重要的研发和生产基地

宋代是中国历史上最开明、最富创造力的时代,科学技术突飞猛进,高度繁荣,不仅处于中国古代科学技术发展史的高峰,而且在世界科技史上也居于前列,为世界科技文明做出重大贡献。世界著名的科技史学家、英国人李约瑟在其主编的皇皇巨著《中国科学技术史》一书的导论中说:"每当人们在中国的文献中查找一种具体的科技史料时,往往会发现它的焦点在宋代,不管在应用科学方面或纯粹科学方面都是如此。"又说:"宋代虽然军事上常常出师不利,且屡为少数民族邦国所困扰,但帝国的文化和科学却达到了前所未有的高峰。"[①]

南宋时的都城临安,可以说是当时中国甚至世界上高新科技最为重要的研发和生产基地,高超而先进的印刷、航海、酿造、纺织、园艺、建筑、陶瓷等技术,对国内外产生了极其重大而深远的影响。以造船和航海业为例,其技术创新首要表现在远洋海船上普遍配备了当时最先进的用于航海导向的罗盘指南针。成书于咸淳年间的《梦粱录》卷一二《江海船舰》便载:"风雨晦冥时,惟凭针盘而行,乃火长掌之,毫厘不敢差误,盖一舟人命所系也。……海洋近山礁则水浅,撞礁必坏船。全凭南针,或有少差,即葬鱼腹。"由此可见,指南针在南宋临安的航海活动中具有十分重要的作用。1861 年,马克思对此作出了极高的评价,他在《机器·自然力和科学的应用》中说:"火药、指南针、印刷术——这是预告资产阶级到来的三大发明。火药把骑士阶层炸得粉碎,指南针打开了世界市场并建立了殖民地;而印刷术则变成了新教的工具和科学复兴的手段,变成对精神发展创

[①] 《李约瑟文集》,第 115 页;《中国科学技术史》,科学出版社 1990 年版,第 1 卷第 1 册,第 284 页。

造必要前提的强大杠杆。"①世界著名的中国科技史家李约瑟指出：指南针在航海中的应用，是"航海技艺方面的巨大改革"，它把"原始航海时代推到终点""预示计量航海时代的来临"②。在一百余年以后，西方人才从阿拉伯人手中学到用指南针航海的知识。此后，麦哲伦、哥伦布环行地球、发现新大陆之壮举，也是建立在宋代航海罗盘的发明这个技术基础之上的。在火药研发方面，临安最引人注目的发明有首次面世的烟火"水老鼠"和"地老鼠"。临安人杨辉是宋元四大数学家之一，他在《详解九章算法》及《乘除通变本末》两书中论述了二阶等差级数求和的问题，从而成为继北宋沈括之后在世界上最早研究二阶等差级数的人，他在《续古摘奇算法》中列的各色各样的"纵横图"，是世界上对幻方的最早系统研究和记载。於潜县（今杭州临安）县令楼璹绘制的《耕织图》，被人誉称为"我国最早完整地记录男耕女织的画卷""世界上第一部农业科普画册"，它不仅详细地描绘了整个蚕桑丝织生产过程，而且还绘有我国目前发现的最早的提花机图像：这种提花机"一人提花，花样无穷"，能织出花纹极其复杂的"四经绞提花罗"，是当时世界上最先进的丝织生产工具，也是南宋临安丝织业发达的重要标志。郊坛官窑瓷器发明的多次素烧、多次上釉的制瓷工艺，使青瓷的釉层厚若堆脂，宛如美玉雕琢而成，从而把中国古代青瓷生产工艺推到前所未有的高度，大大提高了青瓷的质量。造纸技术同样如此，市场上随处可见能以假乱真的纸衣、纸被、纸帐，纸币更是普遍使用。其时已经广泛使用的花木促成栽培法——"堂花"（又作"塘花"），是现代园艺业广泛使用

---

① 《马克思恩格斯全集》，人民出版社1978年版，第67页。

② 《李约瑟文集》第二〇篇《中国对航海罗盘研制的贡献》等，辽宁科教出版社1986年版；王振铎，《中国古代磁针的发明和航海罗经的创造》，载《科技考古论丛》，文物出版社1989年版，第219—228页。

第八章　文化中心

宋哥窑碗

的催花法。

　　这里也是高新产品的生产基地，数以万计含金量极高、被王公贵族和富豪们视为高级用品的丝绸、瓷器及金银器具、书籍等，源源不断地运往全国各地，甚至远销到世界各国。

南宋葵花形金盏俯视

名家辈出的绍兴画院

宋代是中国绘画史上的鼎盛时期，山水、人物、花鸟等并盛于世，真可谓"群山竞秀，万壑争流，法备而艺精"[①]。而南宋临安对绘画艺术有杰出贡献，名家和名作不断涌现。

南宋绍兴年间（1131—1162），宋高宗赵构仿北宋宣和故事，置御前画院，后人称为"绍兴画院"。经其多方经营，画院画家云集，特别是流寓四方的宣和画院的绝大多数名家，如李唐、苏汉臣、刘宗古、李从训、萧照等，纷纷来到绍兴画院，成为画院的中坚力量。同时，画院也吸收了许多新的画家，如林椿、阎次平、马远、刘松年、梁楷、夏珪、李嵩、张茂、马和之、苏显祖、马麟、白良玉、陈宗训、陈清波、苏汉臣、鲁宗贵等，人才济济，其盛况绝不逊于宣和画院。

南宋画院存在了一百多年，画院中姓名可考的画家近120人，汇集了来自全国各地的著名画家。统治者为他们提供了优厚的生活待遇和创作条件，使他们的才华得以施展，从而创作出大批艺术价值极高的美术作品。

宋高宗非常重视画学。他效法父亲宋徽宗，直接参与画院的事务，派人到各处访求法书名画，设法购回宣和画院散佚的作品，由此，宫中和绍兴画院收藏有大量的名家书画，这些书画收藏为画家学习、临摹提供了极大的便利。宋高宗等几位皇帝很关心画院之事，常在画家的作品上题跋，作为品评画家水平的标准。如李唐工山水，尤擅用水墨画苍劲雄峻的山水，开创了南宋画院水墨苍劲一派的画风，代表作有《万壑松风图》《关山雪霁图》《长夏江寺图》《海山图》《长江雪霁图》《济河图》《溪山深秀图》《长夏江寺图》《江山小景》

---

① （清）阮元：《畴人传》卷二〇《苏颂》，《丛书集成初编》本。

南宋　李唐　《坐石看云图》

等，这些画厚重坚劲，气势磅礴。高宗赵构极爱其画，曾在李唐《长夏江寺图》上题词评论说："李唐可比唐李思训。"

南宋画院的画事活动，内容十分丰富，就画院画家而言，他们的创作活动主要围绕宫廷的需要进行。绘制人物肖像是御前画工的重要任务，据宋代张端义《贵耳集》卷下载，有一次，宋高宗命画家描绘曾海野的笑容，有人在画上添了一枝牡丹，并题赞说："一枝国艳，两鬓春风。"高宗看了十分满意。

画院画家还经常为都城的宫殿、寺观庙宇、园林亭阁绘制大型的壁画和屏风画等。如位于西湖佳胜处的孤山凉堂，规模壮丽，下植梅数百株，专供皇帝游幸，萧照奉命去画那里三丈高的四堵素壁。

南宋全书·南宋丛书　南宋京城临安

南宋　李嵩　《西湖图》

萧照山水绘成后，高宗亲自前去观赏，觉得自己身处名山胜水之间，给予高度肯定，赐以金帛。其他如显应观，也有萧照的山水壁画和苏汉臣的人物壁画。临安北山鲍家田尼姑庵精美的梅花屏风，画院画家也有摹写。

为了向民间采风，画院画家还有描绘社会风俗和百姓生活的任务，许多来自民间的画家在这方面有出色的成就，他们创作的作品反映当时都市生活各个方面。如刘松年《耕织图》《秋江行旅图》《春亭对弈图》，林椿《杏实图》《芍药图》《戏禽集果图》《桂竹翠鸟图》《果熟来禽图》《榴花八哥图》《绿橘图》《十全报喜图》，苏汉臣《货

第八章　文化中心

郎图》《婴儿戏浴图》《击乐图》《婴儿斗蟋蟀图》，李嵩《钱唐观潮图》《骷髅幻戏图》《金盘承露图》《宫苑楼阁图》《龙舟殿宇图》《楼阁积雪图》《货郎图》《夜潮图》《茶会图》《西湖图》等。画家们还将他们经历的社会变乱和对生活的感受都再现于画面之上，李唐《晋文公复国图》《袁安卧雪图》《七贤过关图》《高士鼓琴图》《问礼图》《高逸图》《伯夷叔齐采薇图》《虎溪三笑图》《香山九老图》《扁鹊授方图》《春社醉归图》，萧照《光武渡河图》《中兴瑞应图》《竹林七贤图》《松壑清阴图》《春江烟雨图》，刘松年《香山九老图》《四景山水图卷》《中兴四将图》《四园雅集图》《卧看南园十里春》《罗汉图》

南宋　李嵩　《花篮图》

《春山仙隐》《溪山楼阁》《老子出关图》《卢仝烹茶图》《东山丝竹（谢安）》《浣花醉归（杜甫）》《仙居图》《风雪送粮图》，马远《踏歌图》《水图》《华灯侍宴图》《寒江独钓图》《孝经图》，夏圭《名山藏书图》《灞浐微行图》《南宫避风图》《柏人宵征图》《博陆问玺图》《张陵叱剑图》《秋风斜谷图》《五月渡泸图》《岘首读碑图》《楼船济江图》《明皇吹笛图》《羯鼓催花图》《灵武分兵图》《剑阁题诗图》《右军洗砚图》《剡溪夜棹图》《灞桥诗思图》《溪桥暗雪图》《千山暮雪图》《雪夜归帆图》《雪景图》《远山图》《溪山清远图》《江山佳胜图》《西湖柳艇图》《长江万里图》，马和之《唐风图》《豳风图》《赤壁后游图》《鹿鸣之什图卷》等，都是意境深远的艺术佳品。

南宋 马远 《踏歌图》

宿雨清畿甸
朝陽麗帝城
豐年人樂業
隴上踏歌行

南宋文学创作的中心

　　南宋都城临安是当时文学创作的中心所在，文学流派之活跃、文学社团活动之频繁、文学生态结构之均衡、文学批评理论之兴盛，都有不容忽视的上佳呈现。除本地作家朱淑真、陈起、张炎、汪元量等外，李清照、叶梦得、朱敦儒、张元幹、陆游、范成大、杨万里、张孝祥、辛弃疾、陈亮、周必大、刘过、姜夔、刘克庄、史达祖、吴文英、王沂孙、高观国、周密、刘辰翁、张炎、文天祥等著名文学家都在此生活过或长或短的一段时间。在这一时期，临安文学上的成就，可以体现在词、诗和散文三个方面：

　　词兴起于唐代，经五代至宋，达到了全盛，成为有宋一代文学的代表。后人对此推崇备至，周笃文在《宋词》一书中说："在三百余年的两宋文坛上，最为成功，最有创造性，最蔚然成风气，也最能表现人们的真实感情生活的，就莫过于词了。词至宋代，真如娇花放蕊、丽日中天，充满了无穷的活力和光彩。"而自古以来所谓的"楚辞、汉赋、唐诗、宋词、元曲"之说，更成为千古之定论。素有"宋代第一女词人"之称的李清照（1084—1155），绍兴二年（1132）后流亡到都城临安，曾隐居在今西湖清波门附近，一说脍炙人口、流传千古的《永遇乐·落日熔金》便产生在西湖湖畔的小院里。两宋之际可与李清照媲美的女词人便是钱塘（今杭州市）人朱淑真，著有《断肠集》，诗词意蕴婉转凄苦。此外，朱敦儒、张元幹、辛弃疾、张镃、刘过、姜夔、史达祖、吴文英、张榘、陈允平、周密、陈人杰等知名词人，都曾写有大量与杭州有关的词作。夏承焘《西湖与宋词》一文是这样评价唐宋西湖词的："从中唐白居易到南宋末年的刘辰翁、汪梦斗，他们作了许多有关西湖的词，可以辑为一部专集。在这些作品里，反映了美丽的自然风物，也反映了种种社会现实、

第八章　文化中心

李清照像

社会意识：豪华的都市形态，凄凉的亡国心情，以及复杂的知识分子对政治生活的态度。就其中也看出词这种文学在这几百年内发展的过程：由儿女闺闱到大自然，由宫廷豪门到大都市，由《花间》《尊前》的'浅斟低唱'到慷慨沉痛的抗敌救亡的呼吁。""在南宋一百五十年的历史阶段里，杭州从全国第一等大都市跃升为当时世界第一等大都市，这是西湖最繁盛的一个阶段。在这阶段的晚期，民族矛盾斗争达到激剧的高峰，许多正视现实的和有民族节操的词人，他们以西湖作为文学的历史背景，写出许多可歌可泣的作品，加深、提高了西湖词的思想感情，这是全部词史一个光辉灿烂的结局，也是西湖与宋词关系最深切的一个时期。在我国文学里，最早出现西湖的，虽然是第七世纪的唐诗，但作品的思想内容最丰富、风格最高的却是十三世纪的宋词。我平日读词最看重南宋；现在就用这个看法来讴歌我们的杭州西湖和西湖词。"①

  诗歌经唐代极盛之后,到宋朝则别开生面,有了很大的发展。南宋建都临安(今杭州市)后,当时的诗人词客、士夫文人、王侯将相、僧道歌妓,很少不曾在都城临安留下痕迹。中兴四大诗人杨万里、陆游、范成大、尤袤,还有稍后的姜夔、刘过、赵师秀、陈起、戴复古、刘克庄等江湖诗人群,也无不曾借西湖湖光山色抒写自我面目、性情、襟怀,使得西湖诗呈现出异常丰富多彩的面貌。在南宋末年,又有诗人董嗣杲写成《西湖百咏》诗集,对后世颇有影响。

  南宋的散文成就虽不及北宋,没有出现超过唐宋八大家的杰出作家,但也是名家辈出,出现了诸如叶适、陈傅良、吕祖谦、辛弃疾、陈亮、周必大、杨万里、陆游、范成大、洪适、王十朋、朱熹、陈亮、张孝祥、楼钥等这样的文章大家。其时,散文写作更为普遍繁荣,各种文体充分发展,散文体派粗成,文章批评学兴起,名作纷呈。如周必大精于文章之学,其"两入翰苑,自权直院至学士承旨遍为之"的经历和大量的创作实践,令他深具区分鉴析文体的丰富经验、自觉意识以及精确见解。周必大试馆职之初,高宗览策赞叹,称之为"掌制手",后受知孝宗,两入翰苑,自权直院至学士承旨皆遍为之,高文大册每出其手,如他为礼部侍郎兼权直学士院时,曾宣入选德殿,后又被旨撰《选德殿记》。陆游擅长记体文,尤其是描写山水庭园的小品语言精致,特具风姿,如与临安有关的《烟艇记》《阅古泉记》《南园记》,都是其中的名作。南宋孝宗朝时,著作郎吕祖谦奉旨从秘书省集库藏的本朝诸家文集及旁采的传记中选择文笔较好者,用古诗十九首的体例,编纂《皇朝文鉴》(又名《宋文鉴》)150卷,又目录3卷。此书仿萧统《文选》体例,分为61类,选录均为北宋时期的

---

① 《杭州大学学报》1959年第3期。

范成大石刻画像 　　　　陈亮像 　　　　陆游像

周必大像 　　　　杨万里画像 　　　　辛弃疾像

朱熹像

诗文佳作，所得文集凡八百，所收诗文之作者 200 余人，收赋 80 多首，诗 1000 多首，文 1400 多篇，可以说是北宋的诗文总集。朱熹评价较高，认为此书"篇篇有意""其所载奏议，皆系一代政治大节，祖宗二百年规模与后来中变之意，尽在其间"[①]。

[①] （宋）陈振孙：《直斋书录解题》，上海古籍出版社 1987 年版，卷一五《皇朝文鉴》条。

百戏杂陈的"大世界"

　　文化娱乐业更是十分发达,瓦子数量、艺人人数和场所的硬件设施等方面,远远超过北宋东京开封,也是全国其他城市所无法相匹的。就瓦舍数量来说,城内外总计有20多处,有些规模极大,如位于御街北段众安桥南的北瓦,里面有勾栏13座之多,是众瓦中最多的。大的勾栏可以容纳1000余人,瓦舍设有早、晚场,早场在凌晨五更便已开始,而夜场关门则至深夜。表演不受时间限制,不受天气变化影响,里面配置有相应的灯光设施和相应的扩音设备,通风设施齐全,可遮拦风、雨、雪,使冬天不至于太冷,夏天不至于太闷热,以保证全天候演出。瓦舍中表演的节目"百戏杂陈",名目繁多,据《梦粱录》《武林旧事》等书记载,有唱赚、诸宫调、转踏、大曲、清乐、小唱、弹唱、京词、崖词、耍令、商谜、相扑、女飐、踢弄、踏索、打硬、举重、射弩、竹马、蛮牌、神鬼、扑旗、夹棒、吟叫、合生、象生、道情、泥丸、头钱、沙书、弄水、舞旋、舞绾、鲍老、筑球、下棋、小说、烟火、说药、捕蛇、消息、参军、杂剧、院本、鼓子词、说诨话、学乡谈、教走兽、乔相扑、教飞禽、教虫蚁、装秀才、放风筝、七圣法、划旱船、耍和尚、村田乐、马后乐、藏去之术等六七十种技艺。如里面的小说,是从讲史演变而来的一种说话艺术,明代郎瑛《七修类稿》卷二二《小说》载:"小说,起宋仁宗。盖时太平盛久,国家闲暇,日欲进一奇怪之事以娱之,故小说得胜。头回之后,即云:'话说赵宋某年,间阎淘真之本之起。'亦曰:'太祖太宗真皇帝,四帝仁宗有道君。'"小说以话说烟粉、灵怪、传奇、公案等题材为主,如南宋周密所购到的北本小说中仅灵怪类就有《四和香》《豪侠张义传》《洛阳古今纪事》三本。其表演时,有简单的乐器伴奏,时称为银字儿,据文献记载,"小说"因题材丰富,说话人讲技高超,成为"说话"中最为卖座的一种。在《武林旧事》

宋　佚名　《杂剧打花鼓图》

卷六《诸色伎艺人》中，"小说"一类著名艺人多达五十二人，远多于北宋汴京。在这些"小说"艺人中，蔡和、李公佐、史惠英（女流）、小张四郎四人专门在北瓦子中表演，特别是小张四郎"一世只在北瓦，占一座勾栏说话，不曾去别瓦作场，人叫做小张四郎勾栏"[①]。这说明小张四郎的"小说"深受市民欢迎，在很长一段时期具有号召力，因而能够一世在临安最大瓦子中独占一座勾栏说话。瓦舍中除有勾栏演艺服务外，尚有一整套与其相关的服务设施，如茶坊、酒肆、饮食店铺、歌楼、妓院、浴堂等，集赏、吃、赌、嫖、玩等感官享

---

① 《西湖老人繁胜录·瓦市》。

第八章　文化中心

宋　佚名　《眼酸药图》

乐于一体，使人们在此获得全方位的娱乐与满足。临安城内外从事艺术的人员更是众多，仅据周密《武林旧事》卷四《乾淳教坊乐部》载，教坊乐部各种著名艺人有 469 人；同书卷六《诸色伎艺人》载民间有名可考的著名艺人 529 人；两者合计 998 人。如果再加上不知名的及街头卖艺的百戏之人，则人数当在数千人。当时许多外地流寓临安的艺人还在这里建立了社会组织，如福建籍艺人在临安组织有"福建鲍老社"，人员达 300 余人；四川籍艺人组织有"四川鲍老社"，入社者也达 100 多人。

高超的舞蹈技艺

　　南宋临安的音乐艺术，较之北宋东京开封的音乐艺术仍有一定程度的发展，体现在三个方面：一是形成了多种形式的乐种；二是乐器与器乐的进步；三是音乐理论的提高。中国古代的舞蹈技艺发展到南宋时已经达到了新的高峰，以宫廷大曲舞为例，仅《武林旧事》卷一〇《官本杂剧段数》就列有103种之多。时人周密《癸辛杂识》后集"舞谱"中还详细记载了手、袖、眼神、身段、步态和舞蹈队形等9类63项动态舞式，其间有所谓"左右垂手"：双拂、抱肘、合蝉、小转、虚影、横影、称里；大小转捵：盘转、叉腰、捧心、叉手、打场、搀手、鼓儿；打鸳鸯场：分颈、回头、海眼、收尾、豁头、舒手、布过；鲍老掇：对窠、方胜、齐收、舞头、舞尾、呈手、关卖、掉袖儿：拂、蹲、绰、觑、掇、蹬、唆；五花儿：踢、搚、刺、系、搠、捽；雁翅儿：靠、挨、拽、捺、闪、缠、提；龟背儿：踏、木、折、促、当、前；勤步蹄：摆、磨、捧、抛、奔、抬；等等。舞式名目繁多，前所未闻，由此可以想见当时舞蹈之盛了。临安城中的舞蹈活动也非常频繁，以民间舞蹈专业团体而言，就有数十个。姑且以舞队来说，就有清音、遏云、棹刀、鲍老、胡女、刘衮、乔三教、乔迎酒、乔亲事、焦锤架儿、仕女、杵歌、诸国朝、竹马儿、村田乐、神鬼、十斋郎等社。舞蹈节目丰富多彩，令人目不暇接，品种甚多，不可一一悉数，其中知名的有：查查鬼、李大口、贺丰年、长瓠敛（长头）、兔吉（兔毛大伯）、吃遂、大憨儿、粗旦、麻婆子、快活三郎、黄金杏、瞎判官、快活三娘、沈承务、一脸膜、猫儿相公、洞公觜、细旦、河东子、黑遂、王铁儿、交椅、夹棒、屏风、男女竹马、男女杵歌、大小斫刀鲍老、交衮鲍老、子弟清音、女童清音、诸国献宝、穿心国入贡、孙武子教女兵、六国朝、四国朝、遏云社、绯绿社、胡安女、凤阮嵇琴、扑胡蝶、回阳丹、火药、瓦盆鼓、焦锤架儿、乔三教、乔迎酒、乔亲事、乔乐神（马

南宋 刘松年 《十八学士图》中的音乐演奏

明王）、乔捉蛇、乔学堂、乔宅眷、乔像生、乔师娘、独自乔、地仙、旱划船、教象、装态、村田乐、鼓板、踏橇、扑旗、抱罗装鬼、狮豹、蛮牌、十斋郎、耍和尚、刘衮、散钱行、货郎、打娇惜。在此背景下，涌现出许多著名艺人，著名舞蹈演员有张遇春、刘仁贵、宋十将、常十将、错安头、欢喜头、柴小升哥、林赛哥、张名贵、花念一郎、花中宝等，又有谢兴哥、花春、王铁一郎、王铁三郎四人以跳神鬼舞著称。

宋代南戏《灯戏图》

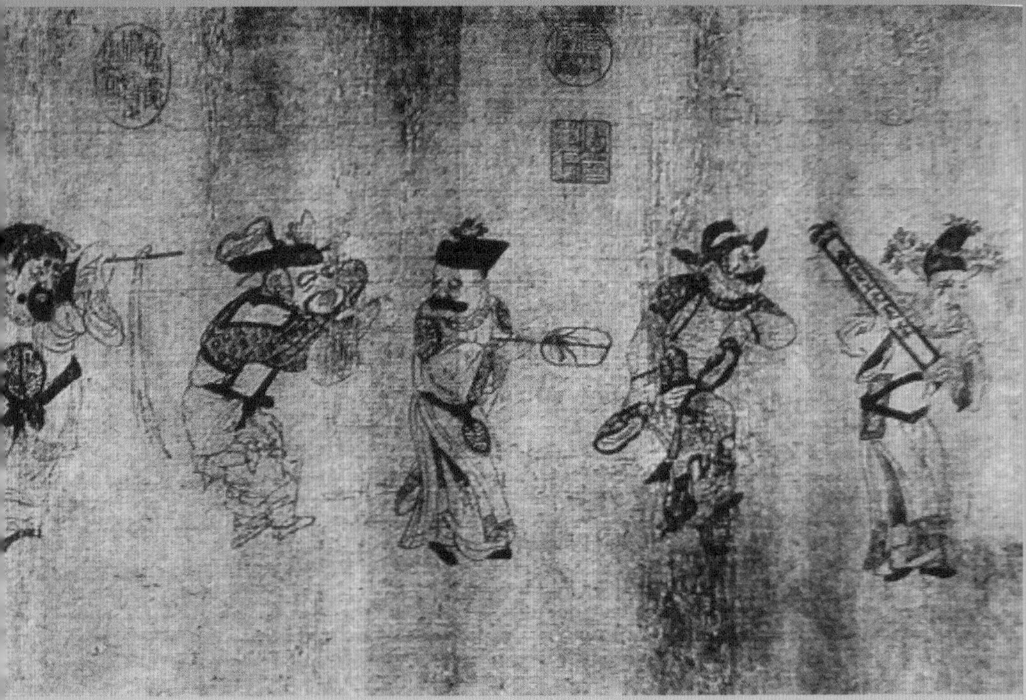

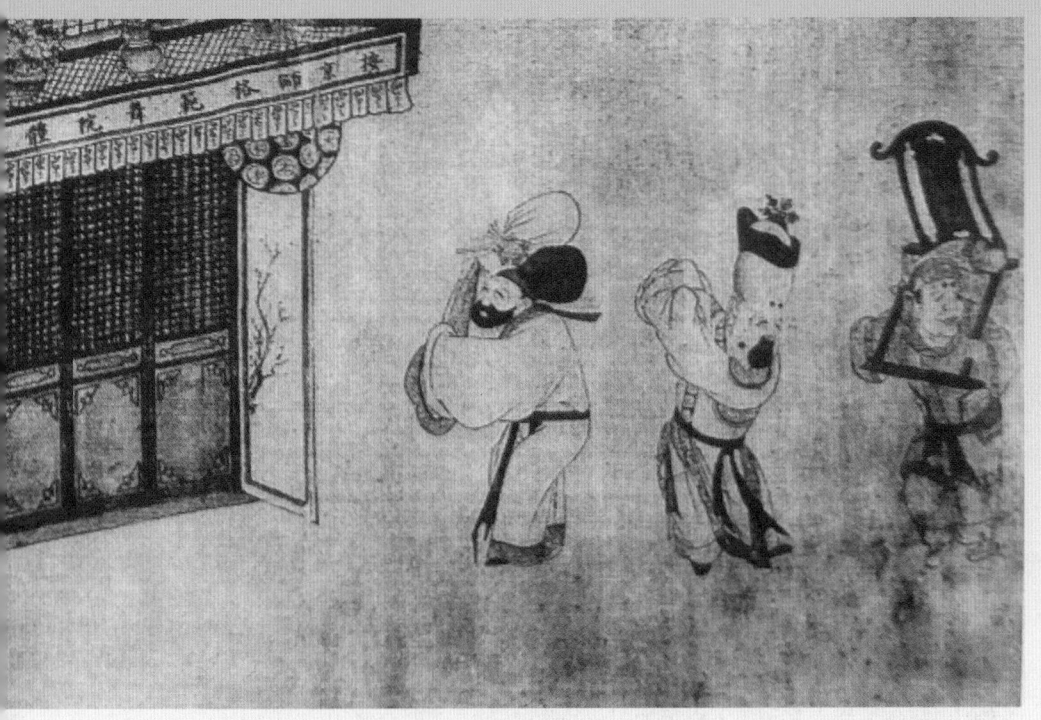

体育竞技项目的普遍

娱乐性的体育竞技项目也得到了很大的发展，如武术、相扑、弈棋、水嬉、球类、投壶等。"手搏"是使拳的一种形式，它与相扑不同，《都城纪胜·瓦舍众伎》载："别有使拳，自为一家，与相扑曲折相反，而与军头司大士相近也。"相扑不仅是宫中娱乐不可缺少的项目，而且还常被安排为宫廷宴会娱乐中令人期盼的压轴节目，并成为定制。《梦粱录》卷二〇《角抵》也记载："朝廷大朝会，圣节第九盏，例用左右军相扑，非市井之徒，名曰'内等子'。"在这一时期，统治者为了推动相扑运动发展，还往往在都城举行全国性、技艺水平最高的相扑比赛，类似于今天的全国散打王比赛或摔跤王争霸赛。如南宋时，统治者在都城临安护国寺南高峰露台举行全国相扑大赛，各个道、州、郡选拔膂力高强、天下无对的相扑好手到京城参加比赛"露台争交"，即民间俗称的打擂台。按胜负给予不同的赏赐，如夺得头赏者，奖给奖品旗帐、银盆、彩缎、锦袄、官会（会子）、马匹等，比赛奖品十分丰厚，但"天下无对者，方可夺其赏"。宋理宗景定年间，贾似道当权时，曾有一个来自温州的青年相扑手韩福，因在相扑锦标赛中"胜得头赏"，不仅获得很丰盛的奖品，还得以"补军佐之职"，即靠相扑当了官。民间相扑运动更是如火如荼，相扑比赛专业化、全国化，成为宋代相扑最为出彩的乐章。市井相扑是一种商业性的艺术表演，成为城市娱乐活动的主要内容，颇具特色，如《梦粱录》卷二〇《角抵》曰："瓦市相扑者，乃路岐人聚集一等伴侣，以图摽手之资。"正因为如此，它具有很强的观赏性。弈棋在临安极为风行，上自帝王将相，下至平民百姓，均喜好这一活动，宋高宗常常命弈棋高手到宫中表演。在这种炽热的社会氛围下，出现了一种专门以陪伴富贵人家子弟下棋等为职业的阶层，就是当时文献说的"闲人"（又称"食客"）。其第一等必须知识渊博，能够讲古论今，吟诗和曲，同时还擅长书法、弹琴、下棋、唱歌及投壶、打马、撇兰、擫竹等。

佛、道之盛甲于天下

临安佛、道之盛甲于天下。据《咸淳临安志》卷七五《寺观》说，宋代佛教、道教的寺观遍布天下，而在都城临安尤众。两氏之教莫盛于钱塘，而佛教的信徒尤其众多，合京城内外的寺观庵舍，达 500 所之多，至于诸录官下僧庵，及白衣社会道场奉佛，不可胜记。不仅佛寺道观众多，僧侣道士的人数也极为庞大，如灵隐寺最盛时，寺僧达 1700 人以上；与灵隐寺齐名的上、中、下天竺三寺，僧人总数也在千人左右；净慈寺僧有千余人；集庆寺达 1250 人以上。据此来看，临安城内的僧道人数当有数万之巨。道教也在统治者的倡导下，在定都后的 100 多年时间里，先后兴建了近 30 个宫、观。此外，临安的祠庙也较多，达 100 处以上，遍布城内街巷，或祀土域山海江湖之神，或祭先贤往哲。无疑，临安佛、道之教等的盛行，充分反映了当时市民们多姿多彩的宗教生活和对宗教的狂热之情。

南宋 刘松年 《补衲图》

第九章

上有天堂、下有苏杭

第九章
上有天堂、下有苏杭

"风尚奢靡"的品质生活

南宋都城商品经济的发展和繁荣，使广大市民尤其是商人，积聚了大量财富，人们在解决了温饱问题之后，自然而然地讲究起"生活方式"来了。吃讲营养，穿讲漂亮，住讲舒适，用求名牌，已成为市民们追求新生活方式的新动向。"风尚奢靡"，是当时文献对临安社会风尚的概括和总结。都城中出现了一股去朴从艳、好新慕异的风气，人们的衣食住行、婚丧嫁娶和宴会社交、文化娱乐等生活各个方面都发生了深刻变化。马可波罗在游记中写道："行在城所供给之快乐，世界诸城无有及之者，人处其中，自信为置身天堂。"又说："假如我们对杭州百姓在街上游乐场所，享有的娱乐略不提的话，则这段短文就不算是完整的了，在街上的（变戏法的、傀儡戏、皮影戏、说书的、踏索的……）游乐区，在大的戏院里，三教九流各方人物潮荟萃。每天都可以看到歌舞百戏伎艺的表演。杭州人可真是生活在一个歌舞升平的世界里。"城中的富人在室内陈设、衣着、精美饮食以及各种娱乐、高雅兴致等方面都能得到满足。

以饮食为例，统治者和富商大贾穷奢极欲，片面追求世俗物质享受。他们极力追求食品的丰盛，讲究精美可口，食不肯蔬食、菜羹粗粝、豆麦黍稷、菲薄清淡，一定要精制稻米，经过三蒸九折，达到鲜白软媚的程度方肯吃；凡饮食珍味，时新下饭，奇细蔬菜，品件不缺，不较其价值，唯得享时新便好。肉必要山珍海味，经过脍、炙、蒸、炮等工序精心制作，以爽口快意。水陆之品，人为之巧，镂篡雕盘，方丈罗列。上层社会认为只有这样，才算懂得"著衣吃饭"，才是一种享受。宫廷御厨为了追求菜肴的鲜美、精致，工艺繁杂，名菜仅司膳内人所书的便有酒醋白腰子、三鲜笋、炒鹌子、烙润鸠子、燠石首鱼、土步辣羹、海盐蛇鲊、煎三色鲊、煎卧乌、鴻湖鱼糊、炒田鸡、鸡人字、焙腰子、糊燠鲇鱼、螃蚌签、麂脯及浮助酒蟹、江蚬、青虾辣羹、燕鱼干、燠鲻鱼、酒醋蹄酥片、生豆腐、百宜羹、燥子、煠白腰子、酒煎羊、二牲醋脑子、清汁杂熝、胡鱼肚儿辣羹、酒炊淮白鱼等。绍兴二十一年（1151）十月，宋高宗赵构亲临清河郡王张俊府第，张俊设宴招待高宗一行，宴席丰盛无以复加。据周密《武林旧事》卷九《高宗巡幸张府节次略》所载，仅一次招待皇帝的宴席上的菜肴就超过200道，其中有数十道是名菜，如花炊鹌子、荔枝白腰子、奶房签、三脆羹、羊舌签、萌芽肚胘、肫常签、鹌子羹、肚胘脍、鸳鸯炸肚、沙鱼脍、炒沙鱼衬汤、鳝鱼炒鲎、鹅肫常汤齑、螃蟹酿枨、房玉蕊羹、鲜虾蹄子脍、南炒鳝、洗手蟹、鲟鱼假蛤蜊、五珍脍、螃蟹清羹、鹌子水晶脍、猪肚假江蚬、虾枨脍、虾鱼汤齑、水母脍、二色茧儿羹、蛤蜊生血粉羹等。此外，还有42道小果及蜜饯，20道菜蔬，9种粥饭，29道干鱼，17种饮料，19种糕饼，57种点心（包括各类饼干、馒头、包子），令人眼花缭乱，垂涎不已。

当时达官贵人一次宴饮，往往要花费十金。特别是权相秦桧专权时，其家人一二百千钱物方过得一日，而其宴会更是每次高达数百千，比太上皇高宗举办的宫内宴会要高10倍左右，足可证明其奢侈的程度。到了嘉定年间，一些官员更是在饮食上穷奢极欲，官员程卓指责说："罄中人十家之产，不足供一馈之需；极细民终身之奉，不足当一燕之侈。"

第九章 上有天堂、下有苏杭

"富者炫耀，贫者效尤。"在富人带动之下，市民们的饮食消费毫不逊色，凡缔姻、赛社、会亲、送葬、经会、献神、仕宦、恩赏等活动，都要操办丰盛的宴会，极尽铺张之能事，故杭谚有"销金锅儿"之号。他们"凡饮食珍味，时新下饭，奇细蔬菜，品件不缺"，购买稀缺的时新蔬菜，"不较其值,惟得享时新耳"。在此背景下，"京都厨娘"在临安应运而生，然而她们的身价极高，"非极富贵家不可用"。雇家除了花费大量的金钱让她们置办酒席外，还得出一大笔工钱，由此，连一些家底还可以的官员也感叹曰："吾辈事力单薄，此等筵宴不宜常举，此等厨娘不宜常用。"

在服饰上，服装式样更新变化极快，时人周煇在《清波杂志》卷八《垂肩冠》就说，我自幼年起，就见妇女装束数年即一变。日趋新异的服饰，迅速突破了封建社会"以别贵贱"的堤防，流风被及都城社会的各个阶层，不论服色、服式，还是腰带、头饰或其他佩饰的限制，这些礼仪上的细节，几乎都在富商们与日俱增的狂妄傲慢下，直接、间接地破坏殆尽了。士民们不仅公然穿着这些违禁衣饰在大街上昂首阔步，而且这些违禁衣饰可以在市场上公开出售或作为市民们婚嫁时必备的彩礼之一。地方长官袁说友曾描写当时临安的服饰奢侈风潮，说过去有关部门曾多次下令禁止销金衣饰，但往往法令稍宽一点，人们就开始逐渐突破，时间一长，其侈日盛，豪贵之家固然习惯于此；而下层百姓之家，只要有一点财力，没有不以销金为衣饰的，以至于市民们不肯穿着普通的布衣或者有补丁的衣服，必要穿着质料昂贵的绮罗绫縠，上面绘有美丽的图案，制作精致，式样时新奇巧，珍贵殊异，务以夸俗而胜人。因此，临安人吴自牧惊呼：自淳祐年来，服装式样变化无常。有一等晚年后生，不穿传统的服装，而是穿戴着奇巾异服，三五成群，斗美夸丽，殊令人厌见，非过去的淳朴时样了。城中男女，大多数穿着丝绸服装，遍体锦绣，尤其是商家巨贾的妇人们，更是衣着华丽，所佩戴珠宝饰物之多，几乎难以估计其价值。当时妇人们施粉黛花钿，着好衣裳，称"鲜妆帕服"；重视梳妆打扮，时谓之"修容"。关于饰物，市民也是不惜血本。妇女首饰最差的，价值也要花费十万两；宫中的公主、贵妇等则有金银制成的凤凰，以及制作精巧的形状如各种花朵的头饰，亦有戴发髻环及耳环的。咸淳末年，奸相贾似道以太傅平章军国重事，禁止天下妇女以珠翠为饰，于是都城妇女全以琉璃代替，妇人走路，皆琅然有声。民谣唱道："满头多戴假，无处不琉璃"，被部分文人看成亡国之兆（按琉璃谐音流离）。又如腰带，民间多以玉、金、铜、铁等制成的牌子作为佩饰，甚至对价格昂贵的犀角，也趋之若鹜，做成佩饰。贵族，特别是贵妇有使用香水的习惯，她（他）们当时追求的名品是出自南洋的蔷薇水。临安市场上的蔷薇露"用琉璃瓶儿盛卖，每瓶直钱百三二十钱以上，更看临时商量何如。殿阁贵人多作刷头水及修合龙涎、花子、数珠、背带之属"。这种风尚不唯富家为之，而中产之家亦打肿脸充胖子，极力跟风模仿。后宫白天有新潮的服饰，晚上已经开始流行于民间，宫中刚有好的物品制造出来，第二天这东西已经遍布于京城内外了。《马可波罗行纪》对此也作了非常生动的描述：

杭城仕女对指甲的修饰亦极注意。凤仙花红者，用叶捣碎入明矾少许在内，先洗净指甲，然后以此敷甲上，用片帛缠定过夜。初染色淡，连染三五次，其色若胭脂，洗涤不去，可经旬直至退甲方渐去之。一位作者记载道："今回回妇人多喜此，或以染手并猫狗为戏。"

13世纪的杭城，将豪华、奢侈、高雅等特色汇集于此地，乃是当时一切典雅精致的中心。《马可波罗行纪》记载：

第九章 上有天堂、下有苏杭

当地男女皆白皙美丽，多数人皆衣绸缎。因此地产丝甚多，且商人又常从外地运入。人人皆诚实可敬。商家巨户的妇人们，衣着华丽，所佩带珠宝饰物之多，几难以估计其价值。更有一般纨绔子弟，专好修饰妆扮，有人穿衣时，频频左右盼头，看看衣着是否适当，裁剪是否合身，稍不如意，即召裁缝师立刻修改。鞋袜皆用苏州上等丝缎作成，些微的污损，即将鞋袜弃去。

关于住房，宋朝政府有严格规定。据《宋史》记载，凡平民百姓之家，不得施重拱、藻井及五色纹彩为饰，并不得四铺飞檐，其房屋允许五架，门一间两厦而已。景祐三年（1036）八月，又作了详细的规定：天下士庶之家，屋宇非邸店、楼阁临街市，不得为四铺作及斗八；不是有身份的官员，不得建造门屋；不是宫室、寺观，不得彩绘栋宇及间朱黑漆梁柱窗牖，雕镂柱础。但这些规定在临安，实为一纸空文，根据宋代人和《马可波罗行纪》的描述，临安市民喜好美洁，只要家里稍微有点存款，一定要以大半的钱用来修饰门窗，购买家具。特别是富人们对于这种装饰、画图以及富有想象力的建筑物，表现出极大的兴趣爱好，他们对其起居宅第营建，更是一掷千金，毫无吝啬。珍贵的沉香木和檀木，远从热带地区运来，以为主梁支柱之用，地板则铺以上釉的瓷砖，甚至有以银片饰成花卉图案镶嵌的。至于屋梁外露部分，皆饰以雕刻，画上华丽的图案。更精美的，则在屋顶上饰以黄色、浅绿或翡绿等琉璃瓦片，檐角上翘，檐弯和谐而完美，和周围山林水色相映成趣。屋檐习用白鹭鸟、龙、凤等陶制动物装饰。住宅里面更是装设精美华丽，陈列了不计其数的名贵饰品、名人字画和古董，其数目之巨足可令人瞠目结舌。

作为交通工具的车舆，也是如此。宋朝政府规定，民家不得乘轿，抬轿的人不得超过两个人，但作为陆上主要交通工具之一的轿

宋 佚名 《着色人物图》中豪宅室内布置

子却在临安大行其道。朱熹就说，记得京师全盛时，百官皆只乘马，虽侍从亦乘马，唯是元老大臣老而有病，朝廷方赐他乘轿，然而也还要辞逊，不敢随便乘轿；现今却百官不问大小，全部乘轿。

临安为国内外奢侈品的最佳销售处，特别是珠宝等高档商品，琳琅满目，不胜枚举。据《西湖老人繁胜录》载，城中玉带、玉碗、玉花瓶、玉束带、玉劝盘、玉轸芝、玉绦环、玻璃盘、玻璃碗、菜玉、水晶、猫睛、马价珠、珊瑚树等奇珍异宝甚多，由黄金、玉石、象牙等材料制作的酒具，在临安市场上价格不菲。如嘉泰年间（1201—1204）末，临安城中王家店肆中出售的粟金台盏，十具粟金台盏重

第九章 上有天堂、下有苏杭

南宋 苏汉臣 《妆靓仕女图》

一百星，其出售价格为四千贯，平均每具达四百贯。又，宋宁宗时的临安市场上出售的犀牛角酒盏，每只值钱二三十贯。由于临安是南宋的都城所在，这里集中着数十万计的达官贵人和富商巨贾等，因此这些商品很快便销售一空。

好尚虚荣的社会习气

富人放纵声色的影响,市场交易竞争的激荡,市井庸人追逐眼前欢乐的倾向,掺搅在一起,滋生了商业都会特有的好尚虚荣的习气。如在中秋佳节,城中虽陋巷贫困的百姓,也是质衣买酒,勉强迎欢,不肯虚度这一美好时光。至于春节,城中普通百姓,不管男女老少亦皆穿上鲜艳漂亮的衣服,家家饮宴,笑语喧哗……元代马可波罗也在游记中写道:"行在城所供给之快乐,世界诸城无有及之者,人处其中,自信为置身天堂。"①

宋 佚名 《四美图》

---

① 《马可波罗行纪》第一五一(重)章《补述行在》,冯承钧译,东方出版社2007年版,第404页。

优雅的休闲生活

当临安市民们的物质需要得到一定满足之后，愈加渴望精神上的欢乐，希望有丰富多彩的文化娱乐。于是，都城各阶级士庶百姓喜闻乐见的文化娱乐生活亦相应得到了长足的发展。周密在《武林旧事》中说，翠帘绡幕，绛烛纱笼，遍呈舞队，密拥歌姬，脆管清吭，新声交奏，戏具粉婴，鬻歌售艺者，纷然而集。至夜阑，则有持小灯照路拾遗者，谓之扫街，遗钿堕珥，往往得之，亦东都遗风也。歌台舞榭、秦楼酒馆，勾栏瓦市，既是新兴，亦是汴京遗风学样，无怪乎有人直把临安当汴京了。过去流行的玩意也重新发展起来，既适合宫廷贵族、富商豪民的游兴，又投合于都会小市民无聊时的消闲，于是市民文化大盛。

收藏名家画作更是在社会上蔚然成风，一些画家将自己的作品放到市场上出售，如理宗朝时画家李东就在临安御街贩卖自己所画的《村田乐》《尝醋图》之类的画作。甚至还有寄售的现象。

临安市民对花卉有特别爱好，栽花、赏花、买卖花卉、戴花之风盛行。从赏花的社会阶层来看，上自帝王，下至平民百姓；从赏花的对象来看，主要有牡丹花、菊花、桃花、梅花、荷花等。在这种风气的带动下，花卉消费十分旺盛。《西湖老人繁胜录》载，五月初一，城内外家家供养，都插菖蒲、石榴、蜀葵花、栀子花之类，一早卖一万贯花钱不啻。何以见得？钱塘有百万人家，如果当天每家平均购买一百文的花，则全城的花卉销售额就可达一万贯之巨。虽小家无花瓶者，也用小坛插一瓶花供养，盖乡土风俗如此。

市民还流行养猫、狗等宠物。说起临安人对猫的宠爱及其时的养猫之风，不得不说历史上著名的"狮猫案"：据陆游《老学庵笔记》卷三载，南宋初年的宰相秦桧有一孙女，在六七岁时便被皇帝

南宋全书·南宋丛书　南宋京城临安

宋　佚名　《戏猫图》

御封为崇国夫人。有一天,她喜欢的一只"狮猫"逃走了,秦桧限令临安府寻找。于是,临安府请画家画出此猫的画像一百多幅,在全城张贴,但经多方努力仍一无所获,而因此猫受到牵连入狱的却达一百多人。最后,知府曹泳只好以"金猫贿恳"才算罢事。从这则故事中可以看出,猫在当时已被许多人当作玩物、宠物。正是在这种风气下,一些名猫在都城中价格飞涨,而一些奸人鉴于临安市民对猫的狂热爱好,设计以猫谋取厚利。洪迈《夷坚志》就生动地记载了这样一则故事:

临安内北门外西边小巷,民孙三者居之。一夫一妻,无男女。每旦携熟肉出售,常戒其妻曰:"照管猫儿,都城并无此种,莫要教外间见。若放出,必被人偷去。我老无子,抚惜他便与亲生孩儿一般,切须挂意。"日日申言不已。邻里未尝相往还,但数闻其语。或云:"想只是虎斑,旧时罕有,如今亦不足贵,此翁忉忉护守,为可笑也。"一日,忽拽索出到门,妻急抱回,见者皆骇。猫乾红深色,尾足毛须尽然,无不叹美。孙三归,痛棰厥妻。已而浸浸达于内侍之耳,即遣人以厚直评买。而孙拒之曰:"我孤贫一世,有饭吃便了,无用钱处。爱此猫如性命,岂能割舍!"内侍求之甚力,竟以钱三百千取之。孙垂泣分付,复棰妻,仍终夕嗟怅。内侍得猫不胜喜,欲调驯安帖,乃以进入。已而色泽渐淡,才及半月,全成白猫。走访孙氏,既徙居矣。盖用染马缨绋之法,积日为伪。前之告戒棰怒,悉奸计也。

一只猫"竟以钱三百千取之",可见其价之昂贵了。

临安养鸟之风甚盛,以致出现了"擎鹰、驾鹞、调鹁鸽、养鹌鹑、斗鸡、赌博、落生"之类的社会闲人阶层。每年霍山行祠,"庙东大教场内,走马、打球、射弓、飞放鹰鹞、赌赛叫、老鸦打线、告天子、番吃口觅、青菜、画眉;赛诸般花虫蚁:鹅黄百舌、白鹨子、白金翅、白画眉、白青菜、白角全眉、白青头、芦花角全、芦花画眉、鹅黄相思、紫旁鸟绣眼、金肚细瓮、秦吉了、倒挂儿、留春莺,宠尤非细"。

白鸽、鹦鹉等鸟是民间蓄养最为常见的。如《四朝闻见录》丙

宋　佚名　《调鹦图》

集《鹁鸽诗》载道："东南之俗,以养鹁鸽为乐,群数十百,望之如锦。"宋高宗就是养鸟人中的代表,在宫中养有100多只鹦鹉,躬自飞放。因当时的徽、钦两帝尚还留在金营中,故有士人写诗讽刺道："鹁鸽飞腾绕帝都,暮收朝放费工夫。何如养个南飞雁,沙漠能传二帝书。"高宗知道后,马上召见他,并立即下令给他补官,想以此封住他的口。此外,还有蓄养鹤、鹰等鸟类的。

临安居民喜爱斗蟋蟀,不仅出现了赫赫有名的"蟋蟀宰相"贾似道,而且还有成千上万的蟋蟀迷。正是由于斗蟋蟀之风盛行,以致社会上产生了以捉蟋蟀、卖蟋蟀、养蟋蟀、斗蟋蟀等为生的闲汉阶层。《西湖老人繁胜录》就对临安的这一风俗及蟋蟀价格作了极其详细的记载:

促织盛出,都民好养,或用银丝为笼,或作楼台为笼,或黑退光笼,

第九章 上有天堂、下有苏杭

宋 佚名 《狸奴婴戏图》

或瓦盆竹笼，或金漆笼，板笼甚多。每日早晨，多于官巷南北作市，常有三五十火斗者，乡民争捉入城货卖，斗赢三两个，便望卖一两贯钱。若生得大，更会斗，便有一两银卖。每日如此。九月尽，天寒方休。

从上述记载可以看出，一只"生得大、更会斗"的蟋蟀，"便有一两银卖"。

临安素有养鱼及乌龟等水生观赏动物的风俗习惯。如《西湖老人繁胜录》载："社火内有鱼儿活檐，上有：金龟、金鳝、金虾、金鳅、玳瑁龟、玳瑁虾、白龟、金鲹、金田螺之类。"其中，尤以蓄养金鱼最为盛行。

与此同时，旅游之风兴盛起来了。吴自牧在《梦粱录》中说，大抵杭州胜景，全在西湖，这是其他地区无法比拟的；更兼仲春之

宋　佚名　《春游晚归图》

时，西湖景色明媚，鲜花盛开，正是公子王孙、五陵年少赏心乐事之时，怎肯虚度？至如贫困的百姓，亦要解质或向亲朋借钱，带妻挟子，竟日嬉游，不醉不归。马可波罗在游记中也说，这地方的居民颇有闲情逸致，在他们一天工作之余，或是一次商业交易了结之后，常携带自己的妻子或情人或娼妓，租一条画舫游湖或是雇一辆街车游城，借以消磨闲暇的时光，除了取乐之外，还有什么东西能吸引他们呢？

会社的盛行

商品经济的发展,也促进了社会交往的发达,人们的交往范围已不再局限于与世隔绝的狭小圈子,那种疏于交往的习惯在临安得到改变,这便使会社大为盛行。由于临安人口稠密,城中各种商贩士庶人物杂处,大大增加了不同阶层人士交往接触的机会,使他们之间更为息息相关。当时临安城中有许多聚会场所,于是种种团体会社的组织,诸如文学、竞技或宗教性质的会社相继出现,其中著名的有西湖诗社,网罗了城中名士和四方流寓儒人,竞相赋咏,各逞诗词,对于十二三世纪中国文学艺术的发展颇有影响。宋理宗景定五年(1264)夏,杨缵召集张枢、周密、施岳、李彭老等姜派后劲九人,避暑于环碧园,以词会友、聚会作词,自称"西湖吟社",后人称之为"西湖词社"。此外,军人武士们有弓踏弩社,风流子弟们有蹴鞠打球射水弩社,奉道者有灵宝会,又有锦体社、台阁社、穷富赌钱社、遏云社、女童清音社、苏家巷傀儡社、青果行献时果社……名目繁多的会社,为市民提供了众多社交场所,也创造了广泛的接触机会。

助人为乐的慈善事业

都城的富商对于慈善事业都很热心,如《梦粱录》卷一八《恤贫济老》载,有一些好善积德的富商,多是恤孤念苦,敬老怜贫。每见他们买卖不利,坐困不乐,观其声色,用钱物周济,帮助他们生活下去。如果是死无周身之具的,死者妻儿无力办理丧事,这些富商则给散棺木,助其火葬,以终其事。或遇大雪,城中道路无法行走,贫困之家长幼啼哭,口无饮食,身无衣盖,冻饥于道。富家见此,在白天沿门亲察他们的孤苦艰难情况,到晚上派人悄悄以钱或物放在门首,帮助他们渡过难关,或者送给他们棉被、絮袄,让他们穿得暖一点。如此则饥寒得济,贫困者合家自然是感戴无穷了。著名的出版家陈起就是其中的典范,他具有良好的社会道德,对贫困的文士时有慷慨解囊之举,这一助人为乐的举动给当时的文人士大夫留下了极其深刻的印象。当然,慈善事业对富商们而言,乃是一种过度富有之后的赎衍行为,是对神明的一种奉献。总之,它也是社会的一大进步。

第九章 上有天堂、下有苏杭

人欲横流的"色海"

商品经济的发达,也导致社会产生了糜烂淫逸之风。当时一些小民之家的妇人,为了穿得起华丽的服饰,吃得起山珍海味,而自己又耻为营生,竟干起了卖淫的勾当。其时,都城中娼妓队伍之庞大和猖獗,曾使马可波罗大吃一惊,他在游记中写道:娼妓其数之多,未敢言也。衣饰灿烂,香气逼人,仆妇甚众,房舍、什物华美。此辈工于惑人,言辞应对皆适人意,外国人一旦涉足其所,即为所迷,所以归去以后,辄谓曾至天堂之城行在,极愿重返其地。娼妓总数大致在两万之数,全赖此为生。她们在都城遍处皆是,不论是客栈、酒肆、市场、游乐场所、广场及桥边,几乎随处都可遇到成群的娼妓。她们浓妆艳抹,莺莺燕燕倚门候客,对于温柔体贴之道十分娴熟。与各色人等言谈皆能融洽和谐,其烟视媚行,柔语温馨,足使人一旦陷入她们的迷魂阵中,就会如醉如痴,心荡神驰,也无怪乎他们返乡频呼杭州为天堂,真有乐不思蜀之叹。奇特的是,临安还出现了数百名男妓,他们忸怩作态,涂脂抹粉,亦歌亦舞,与女娼无异,但他们的组织较诸歌妓完备,城外新门乃其聚集之地。上层社会里放荡奢靡的生活,使一些人为此破产,有的陷入堕落,甚至为此丢掉身家性命。

金钱至上的社会观

　　随着社会生活方式的转变,与之相适应的人生观、道德观、消费观、审美观等各种社会生活观念也发生了根本变化。有钱就可以享用高贵者的衣饰器用,逾制在实际上已被人们认为理所当然。金钱可以使人们变辱为荣,以贱易贵,它就有可能凌驾在纲常名教之上,成为人们追求的对象,驱使人们卖身亡命,负义忘恩。凡是利欲横流的地方,那里的观念就要发生动荡,出现"不可思议"的社会现象。当时人们生活中的婚姻、丧葬、生育、科举、行医等,大多以金钱为中心。

　　中国传统社会的重男丁观念,在临安得到了颠覆。南宋洪巽《旸谷漫录》说,京师中下户人家不重生男,每生女,则爱护如捧璧擎珠。等她们刚长成,便根据她们的资质,教以各种技艺,以备今后士大夫采择娱侍。其名目不一,有所谓身边人、本事人、供过人、针线人、堂前人、剧杂人、折洗人、琴童、厨娘等级,截乎不紊。就中厨娘最为下色,然非极富贵家不可用。

　　婚姻大事,自古以来被奉为人道之始,讲究门当户对,结为姻眷。但在临安,由于都城商品经济的繁荣,金钱、田地、资财也就成了世人朝思暮想所追求的东西,而通过婚姻达到这一目的,则不失为一条捷径。于是,都城中婚姻各个程序中都与"财"字密切结合在一起,男女婚嫁不顾门第、等级的悬殊,而以对方家庭是否富有为标准,以聘财之多少、嫁奁之厚薄作取舍,甚至专门选择富户联姻。据《梦粱录》卷二〇《婚嫁》记载,都城之人在议婚时,先要交换草帖、正帖,在草帖、正帖上,男女双方除了写上三代姓名、官职、家产及本人的年龄、生辰年月外,男家还要详细标明聘礼数目,如金银、田产、财产、宅舍、房廊、山园等;女家则要列具随嫁资装,如房奁、

宋　佚名　《盥手观花图》

首饰、金银、珠翠、宝器等陪嫁品。在当时，这是一项通行的社会风尚，是固定的程式。很明显，之所以未聘之先就要详列聘礼、陪嫁奁具的具体数目，主要是作为双方缔结婚姻时的参考。由此可知，聘礼嫁奁的多少，对能否缔结婚姻具有举足轻重的地位。

在"工商亦为本业"的思潮影响下，传统"贵义贱利"的价值观念在社会上日趋淡薄，市民趋利逐末，士商渗透和官商融合蔚然成风。商人的社会作用得到了朝野上下及民间的承认，其社会地位也相应提高。

唯务从简的火葬和"殡仪馆"

丧葬观念也发生了根本变化。丧葬长期被人们视为人生大事，马虎不得，十分看重，而人们也往往以尽力铺张办丧事为孝，并以能符合礼俗为乐。但值得注意的是，临安士民办丧事十分务实，过去花费浩大的土葬，因昂贵、土地难求等原因，在城中并不普遍。而花费较少、与传统礼俗大相径庭的火葬，尽管官府极力反对，则在临安城中大行其道，盛行不衰。贫下之家送终之具，唯务从简，是以从来率以火化为便，相习成风，势难遽革。即使家中财力富有，也不办蕞尔之土以安厝，亦行火葬。当时城内外的火葬场至少有15处，还出现了现代意义上的"殡仪馆"，专门设有存放骨灰盒罐的房舍。

雅好卫生之道

在卫生保健方面，临安人勤于沐浴，普遍雅好卫生之道。临安人的沐浴，通常多含有取乐休息之意，城内外有许多澡堂浴室，据马可波罗所记，都城约有3000所营业性澡堂，水由诸泉供给，每所澡堂一次足供一百人同浴而有余，人民常乐浴其中。这些澡堂除给人按摩外，还供应茶水酒类，市民们几乎每日流连眷顾。他们喜欢冷水浴，冷水则从西湖中汲来；此外尚有热水浴，专供外国人和回教徒使用。马可波罗在游记中说，城中有许多街道通入御街一带的广场，街道两侧有许多冷水浴室，内有男女听差，侍候前来的男女顾客。市民们自孩提时，便一年四季皆惯用冷水洗澡，以此为卫生健身之道；澡堂里也有些房间备有热水，专供那些受不了冷水或不惯于冷水浴的外国人使用。杭州人皆习惯每日洗澡，不先行沐浴就不用早膳，小贩则在澡堂门口出售热的洗脸水，或各种进补的汤药。而富裕人家多自备有澡堂，因此光顾公用浴室的多为一般庶民百姓。浴盆则有木制、铜制或陶瓷等质地，澡盆内多置小长凳，以为浴者倚卧之用，旁边备有毛巾供擦身体之用。妇女淋浴则以屏风围起，肥皂则是豌豆和香草混合制成的液体，通常将一块热铁或热石投入澡盆中，作为加温之需。

此外，临安人还十分讲究食品卫生。饮食直接关系到人们的身心健康，因此临安城中的饮食店除烧制花样新颖、味美可口的食品外，还注意炊具、饮食器皿以及食品包装等的卫生，力求新洁精巧，以具有更强的吸引力。吴自牧在《梦粱录》卷一八《民俗》中说，杭城风俗，凡经营百货、饮食的商家，效学汴京气象，大多注重装饰车盖担儿、盘盒器皿，力求新洁精巧，以炫人耳目。其原因，大致是因为高宗常常派人到市场上购物，所以不敢苟简，食味亦不敢草率。

南宋全书·南宋丛书　南宋京城临安

宋画中洗浴的贵妇

第十章

山外青山楼外楼

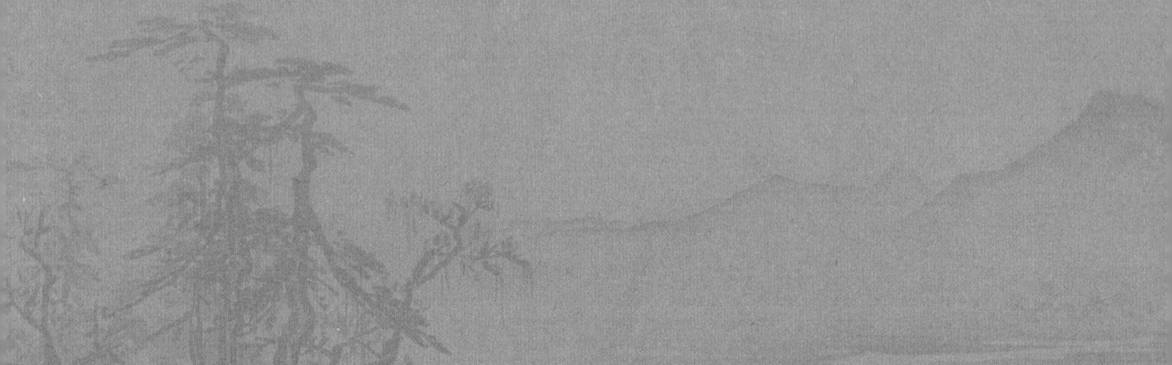

第十章
山外青山楼外楼

西湖的浚治与管理

在宋代西湖的治理史上，除大名鼎鼎的苏轼外，还有一位值得一说而鲜为人知的人物，他就是小新堤的创建者赵与𥲅。

赵与𥲅（1179—1260），字德渊，号节斋，处州（今浙江丽水）人，居湖州（今属浙江），为宋太祖赵匡胤的十世孙。宁宗嘉定十三年（1220）进士，累官至淮浙发运使，历知庆元、临安、绍兴、平江、建康、扬州、镇江七州府。淳祐元年（1241）四月二十一日，他升任临安知府，直至淳祐十二年（1252）正月二十八日离任，时间竟然接近十一年。因他在临安历任知府中任期最长，靠山又硬，加上其自身才能较高，因此政绩也较为突出。

根据《宋史》卷四二三本传及《咸淳临安志》等书记载，赵与𥲅在都城临安主要干了以下几件大事：一是完善都城的防火和救火制度，增设望火隅楼，建立由府署直接掌握和指挥的专业救火队等，并奏请朝廷调拨殿司、步司两军寨兵卒一千二百余名，以加强城郊四壁的防火和救火工作。经过这样严密和细致的部署，在他任内，临安城内几乎没有发生过大火。二是疏浚城内外河道西湖，整治西湖名胜古迹。三是建立临安府慈幼局和施药局，以"救老慈幼"。四是在他任内新增镇城仓、平籴仓、常平仓、淳祐仓四个粮仓，以稳定都城的粮价。五是整缮了府署中有美堂、竹山阁、爱民堂和都厅等屋宇，使其面貌焕然一新。他的这些注重市政与社会救济的举措，深得民心。

毫无疑义，在上述几件大事中，治理西湖是赵与𥱥任内的重要政绩之一。在其任职初期，西湖的生存再一次到了十分危急的关头，当时有官员在给皇帝的奏议中说道，近年以来，沿湖一带的居民为了一己之利，私自垦殖菱荡的现象越来越严重，导致湖面面积日益缩小，如果遇到天气下雨，湖水容易混浊，影响居民的日常饮用。但这一奏议不知什么原因，并没有得到有关当局的重视。淳祐七年（1247）六月，都城临安出现了百年未见的大旱，西湖湖水干涸，原先的"汪洋之区，化为平陆，浅流一线，其浊如泥"。在如此严重的情况下，知府赵与𥱥奉朝廷的命令开浚西湖。他借此大好机会，对西湖的东南西北四个方向都进行了开浚，极力拓宽西湖的面积，将其恢复到承平时候的面貌。当时，赵与𥱥曾提出一套治湖措施：

照得西湖，自苏公轼申请有五不可废之说，且曰杭州之有西湖，犹人之有眉目也。自翠华南渡，左江右湖，拱翊天邑，四方辐辏，生齿日繁，百万之众仰给此水，其所关系尤重。比年以来，沿湖居民私殖菱荡之利，日增日广，湖浸狭，间遇阙雨，积水易浑。今岁亢旱殊常，汪洋之区，化为平陆，浅流一线，其浊如泥。父老皆以为百年之未见。今奉圣旨，允合事宜，此尤守臣之所当汲汲奉行者也。

一、今来开浚，若迅行用工，则见存之水，愈见浑浊，有妨食用。今欲先将六井水口，开掘深广，潴蓄湖中之水，以资京城日用之常。

一、六井水口，既济民用，然后开浚港脉，使之深阔，以便小舟往来，港脉既通，然后分划地段，取掘葑泥，以复湖之旧也。

一、自涌金门北至钱塘门一带荷荡，正系六井水口，旧为府第占据。租佃牟利，填塞秽浊。今已支拨三万贯，会回买讫。既先就此处用工，欲更于荷荡界至之外，用石砌结疏作宕，总立为界限，澄滤湖水，舟船不得入，滓秽不得侵，使井口常洁，咸享甘泉，实为都民久远之利。

省札勘会近降指挥，令临安府守臣开浚西湖，以壮风水，以便民利。今开六井口，渐已深广，其余便合照元奏，以古岸为界，次第浚掘，如只淘浚湖内港池，止通舟楫，菱荡茭荡仍旧存留，稍久又成湮塞。今仰临安府取次用工，一例掘去菱荡茭荡，须令净尽。本府从准指挥，先从六井荡地用工，次将钱塘门、上船亭、西林桥、北山第一桥、高桥、苏堤、三塔、南新路、柳洲寺前，应是荡地开掘，锄去茭根，并无存留，与向来湖心积水地势高低一等。

概括地说，赵与𥲅采取了三个方面的措施：一是根据六井之水逐渐混浊、有碍饮用的情况，将六井的入水口开掘得比原先更为深广，得以潴蓄更多的西湖之水，便于都城市民的日常之用。二是进一步开浚港脉，使其又深又阔，便于湖中船只往来；待港脉疏通之后，他再划分地段，派人挖掘葑泥，以恢复西湖的旧貌。三是为都城发展的长远之利，他支拨3万贯钱，花巨资买回被贵族府第占据的从涌金门至钱塘门一带的荷荡，并依着过去的湖岸，全部锄去自六井至钱塘门、上船亭、西林桥、北山第一桥、高桥、苏堤、三塔、南新路、长桥、柳洲寺前等处的杂草，以及菱、荷、茭等的根，不让它们存留在湖中，腐烂后污染湖水；立石为界，规定船只不得进入这些地区，滓秽之物也不得丢入湖中，以保持饮用水源的长年清洁。与此同时，他为了保证城中居民的日常用水不受旱灾的影响，还在西湖望湖亭下开凿一渠，引天目山水，自余杭河经蔡家渡河口、清水港、下湖河、羊角梗、八字桥，最后到达溜水桥，以补充西湖水量的不足。在他的精心治理下，西湖终于如过去一样，湖水充盈清澈。

南宋 夏珪 《西湖柳艇图》

淳祐二年（1242），赵与𥲅还在任内整修西湖的名胜古迹，如修复唐代仆射韩皋在飞来峰建造的候仙亭，在冷泉建筑壑雷亭。同时，他在这一年还主持兴筑了自北山第二桥（东浦桥）西至曲院（当时在洪春桥附近）的湖堤，民间尊称为"赵公堤"，又名小新堤。此堤与苏堤和灵隐天竺路相接，堤北为岳湖，堤西为金沙港。夹岸种植有各种花草和柳树等，以与苏堤争胜斗艳，半堤上建有四面堂，比较雄伟，并建三亭于道路左边，供游人休息。淳祐九年（1249）春，因连日下大雨，西湖湖水泛滥，冲坏了小新堤。于是赵与𥲅又组织民工重新修建了这条堤岸，比过去增高2尺左右。自北山至南山小新堤，长699丈，阔6.5丈；至曲院小新路段长197丈，阔3.5丈。咸淳五年（1269），朝廷拨款重修小新堤，再次增高堤路。于是，这里成为"水绿山青"之处，"最堪观玩"。

董嗣杲《西湖百咏·小新堤》赞道：

添筑湖堤种柳条，行春路截九松腰。
直看西日归三竺，平接南山第五桥。
曲院岸通沙涧浅，桃溪寺接石津遥。
游人从此言旋便，不受回舟著相招。

一色楼台三十里,不知何处觅孤山

西湖经过历代官员或帝王,特别是唐代白居易、五代吴越国钱镠和北宋范仲淹、苏轼等人的治理,到北宋中期已经名扬天下。真宗天禧五年(1021),杭州知州王随所撰《放生池记》赞美西湖"宝刹相望,缭岸百余寺。烟景可爱,澄波三十里。实二浙之佳致,一方之上游也。"苏轼有诗道:"西湖天下景,游者无愚贤。浅深随所得,谁能识其全。"以至有人赞道:"若往西湖游一遍,就是凡夫骨也仙。"当时的西湖,已经出现了"百景"。哲宗元祐四年(1089)苏轼知杭州时,杨蟠为通判,杨蟠晚年辞官寓居西湖上,在孤山水边建庄园,每每乘月泛舟,在湖上饮酒,让两位婢女吹笛助兴,悠然忘返。其间,他创作了《西湖百咏》,对当时的西湖百景进行了描述,《西湖百咏》为五绝诗,从西湖湖堂起至西水亭止,所及景点非常广泛,每一景各为一绝。可惜现在已难见全貌,仅仅传下40来首,保存在《咸淳临安志》以及一些诗话中。其描写的西湖景点,从《全宋诗》中可见有秦王缆船石、慈云岭、九师堂、长桥、孤山、柏堂、金沙井、巢居阁、玛瑙坡、巾子峰、南屏山、飞来峰、连岩、伏龙洞、葛坞、朱野、青林岩、理公岩、呼猿洞、龙泓洞、北高峰、白云峰、南高峰、樵歌岭、香林洞、卧龙山、石桥、杨梅坞、枫木坞、保俶塔、辟支塔、东岗古塔、翠樾堂、玛瑙宝胜院、华盖山、白沙泉、涌金池、法安院、客儿亭、见山亭等。曾为汀州通判、端州知州的郭祥正(1035—1113)写有一组《和杨公济钱塘西湖百题》,全以五言绝句的形式,总数刚好100首,分别题咏西湖一带的100处景点,即湖堂、涌金池、柳洲、新径、看经楼、白公石函、秦王缆船石、十三间楼、水仙庙、宝叔塔、巾子山、宝云庵、林和靖桥、巢居阁、白公竹阁、孤山、辟支塔、陈朝桧、赞宁僧录房、金沙井、玛瑙坡、陶器坟、夜讲亭、闲泉、高僧塔、西村、松门、合涧桥、玉女岩、灵隐浦、方外门、北高峰、钱源、呼猿涧、白云峰、袁公亭、九师堂、朱野、葛坞、石桥、朱崖、青壁槛、涡渚东屿、许先生书堂、石门涧、卧龙石、连岩栈、伏龙洞、西庵（滕州契嵩禅师旧栖）、枫树林、卧犀泉、青林岩、醴泉、西坞漾、白沙泉、杨梅石门、西溪、见山亭、神尼塔、韬光庵、香林洞、天峰、炼丹井、香桂林、重荣桧、龙泓洞、理公岩、客儿亭、石莲华峰、翻经台、葛仙丹灶、稽留峰、流杯亭、望海阁、东冈塔、西岭草堂、葛公石径、灵石山、灵石西庵、南高峰、暗竹园、夏珠泉、烟霞洞、大慈坞、虎跑泉、翠樾堂、陟崖门、步月径、夏凉泉、清隐阁、樵歌岭、华严塔、映发亭、杨梅坞、修竹轩、南屏山、长桥、慈云岭、清轩、西水亭。

至南宋，西湖经过历朝统治者一百多年的不断修饰和逐渐充实，终于形成了一个自然景色与人文景观并重的风景区。可稽考的御花园、私家花园别墅就有100多处，至于寺院道观、亭台楼阁等更是不可胜数，这就是诗句中"山外青山楼外楼"的风景布局。时人周煇《清波杂志》卷三《钱塘旧景》载："煇祖居钱唐后洋街，第宅毁于陈通之乱，今韩蕲王府，其地也。尝见故老言：昔岁风物，与今不同，四隅皆空迥，人迹不到。宝莲山、吴山、万松岭，林木茂密，何尝有人居。城中僧寺甚多，楼殿相望，出涌金门，望九里松，极目更无障碍。自六蜚驻跸，日益繁盛。湖上屋宇连接，不减城中。'一色楼台三十里，不知何处觅孤山？'近人诗也。"当时有一从江西来的张秀才，骤见西湖而叹曰："美哉！奇哉！"旁人问他西湖好在哪里，他解释说："青山四围，中涵绿水，金碧楼台相间，全似一幅着色山水。独东偏无山，乃有鳞鳞万瓦，屋宇充满，此天生地设好处也。"[1]有鉴于此，潜说友《咸淳临安志》卷三二《湖上·西湖》曰：

---

[1] 《癸辛杂识》续集下《西湖好处》。

南宋 佚名 《荷塘按乐图》

　　西湖在郡西，旧名钱塘湖，源出于武林泉，周回三十里。自唐及国朝号游观胜地，中兴以来衣冠之集，舟车之舍，民物阜蕃，宫室巨丽，尤非昔比。

第十章　山外青山楼外楼

名扬天下的西湖十景

"西湖十景"的名目，形成于南宋后期。据时人祝穆《方舆胜览》卷一记载："西湖，在州西，周回三十里。其涧出诸涧泉，山川秀发。四时画舫遨游，歌鼓之声不绝。好事者尝命十题，有曰：平湖秋月、苏堤春晓、断桥残雪、雷峰落照、南屏晚钟、曲院风荷、花港观鱼、柳浪闻莺、三潭印月、两峰插云。"吴自牧《梦粱录》卷一二《西湖》亦载："近者画家称湖山四时景色最奇者有十，曰：苏堤春晓、曲院荷风、平湖秋月、断桥残雪、柳浪闻莺、花港观鱼、雷峰夕照、两峰插云、南屏晚钟、三潭映月。"这十景题名，涵括了春夏秋冬、晨昏晴雨，风姿各擅其胜，其位置皆在西湖近傍或湖中，荟萃了西湖山水的精华。这是中国史志中第一次出现四言标题齐整的景目之说，为中国早期最为完整的景观系列。清翟灏、翟瀚所辑《湖山便览》卷一《纪盛·十景》认为："祝穆《方舆胜览》……此'西湖十景'见于地志之始。考凡四字景目，例起画家，景皆先画而后命意。祝穆与马远、僧若芬同为宋宁宗时人，远尝有水墨西湖十景册，画不满幅，人称'马一角'，见《南宋画苑录》。若芬画之传世者，有西湖景图十，见《绘画备考》。祝氏所载，或因远与若芬画册言之，非谓西湖之胜尽此而无遗也。"

画家们常之以此为景，创作山水画。以南宋四大画家之一的刘松年为例，据《绘事备考》所载，他曾画有《断桥残雪》三幅、《三潭印月》一幅、《雷峰夕照》一幅、《苏堤春晓》二幅、《南屏晚钟》二幅等。陈清波除画有《西湖全景图》外，还画有《三潭印月图》《苏堤春晓图》《断桥残雪图》《曲院风荷图》《南屏晚钟图》《雷峰夕照图》等。其他如张择端有《南屏晚钟图》，马麟有《西湖十景册》，叶肖岩有《西湖十景图》，释若芬有《西湖十景图》，等等。一些诗人、

南宋　叶肖岩　《西湖十景图》

285

词人也以此为题咏对象，极力描绘和赞咏，赋诗吟唱，著名的有王洧《西湖十景》组诗及周密的《木兰花慢·西湖十景》词。在上述作品中，个别景目名称及排序上略有不同。

1. 平湖秋月

西湖观月，当以清秋气爽为最宜。届时，水痕初收，皓魄中天，玻璃澄澈，烟波镜净，上下一色，恍若琼楼玉宇。渔灯依靠集岸，城角传风，山树霏微，万籁俱寂，如果没有清奇之兴、超豁之襟，是不能体会到这种意境的。南宋西湖赏月之风蔚为盛行，观赏秋月的最佳处之一为望湖亭，此亭位于白堤西端的终点处，始建于唐代，它据全湖之胜，若纵目四望，整个外湖景色尽收眼底。在湖石假山间，遍植红枫、石榴、丹桂、紫薇等花木，掩映着亭、楼、厅、榭，极富诗情画意。张景脩曾在九月望夜经过杭州，与诗僧可久一起泛湖。"时溶银傍山，松桧参天，露下叶间，蘪蘪有光。微风动，湖水滉漾，与林叶相射。"可久清癯，身体单弱，坐在船上不胜夜寒，自称平生很难一观，因此作诗纪念。诗歌云：

　　　　山风猎猎酿寒威，林下山僧见亦稀。
　　　　怪得题诗无俗语，十年肝膈湛清辉。

正是在这种风气下，南宋末年，平湖秋月遂成为西湖十景之一，祝穆《方舆胜览》序西湖十景，首景便是平湖秋月。当时许多诗人和词人纷纷加以吟咏，其中以下面几首最为知名：

王洧《平湖秋月》诗：

　　　　万顷寒光一夕铺，冰轮行处片云无。
　　　　鹫峰遥度西风冷，桂子纷纷点玉壶。

孙锐《平湖秋月》诗：

月浸寒泉凝不流，棹歌何处泛归舟。
白蘋红蓼西风里，一色湖光万顷秋。

张矩《应天长·平湖秋月》词云：

候蛩探暝，书雁寄寒，西风暗剪绡织。报道凤城催钥，笙歌散无迹。冰轮驾，天纬逼。渐欸引、素娥游历。夜妆靓，独展菱花，淡绚秋色。

人在涌金楼，漏迥绳低，光重袖香滴。笑语又惊栖鹊，南飞傍林闃。孤山影，波共碧。向此际、隐遁如识。梦仙游，倚遍霓裳，何处闻笛。

周密《木兰花慢·平湖秋月》词云：

碧霄澄暮霭，引琼驾、碾秋光。看翠阙风高，珠楼夜午，谁捣玄霜。沧茫。玉田万顷，趁仙查、咫尺接天潢。仿佛凌波步影，露浓佩冷衣凉。

明榶。净洗新妆。随皓彩、过西厢。正雾衣香润，云鬟绀湿，私语相将。鸳鸯。误惊梦晓，掠芙蓉、度影入银塘。十二阑干伫立，凤箫怨彻清商。

2. 苏堤春晓

"苏堤春晓"因苏堤而得名，为南宋西湖十景之一，常被列为十景之首。宋代苏堤"相去数里，横跨南北两山，夹植花柳"，间有映波、锁澜、望山、压堤、东浦、跨虹六座桥，桥上建有九座亭子，以为游人玩赏驻足之地。苏轼赋诗："六桥横接天汉上，北山始与南屏通。

忽惊二十五万丈，老葑席卷苍烟空。"林希榜曰"苏公堤"。丞相章惇有诗："天面长虹一鉴痕，直通南北两山春。"从此以后，西湖一分为二，西曰里湖，东曰外湖。游人游览南北两山景色变得非常方便，当地的百姓为了感谢苏轼的恩德，在苏堤上建造了苏公祠，后来，吕惠卿担任杭州知州时，因与苏轼政见不同，将其毁去。

宋室南渡，定都临安后，苏堤好像市集一样，歌舞丛集，骑马的、坐船的游客日夜不息，已经成为"油壁青骢，往来最盛"的繁华景地。南宋咸淳五年（1269），朝廷又专门拨款，命临安府守臣潜说友派人增筑堤路，"通高二尺，袤七百五十丈，广皆六十尺"。同时，将沿堤的九个亭榭修饰一新，并在堤上补植了数百种花草树木，使其景色更加优美。此外，南宋统治者又在这里建有先贤堂、三贤堂、湖山堂等景点，一时园林茂盛，景色如画，四时不同，晨昏各异。每当阳春三月，桃红柳绿，群鸟和鸣，一派春光明媚，令游人心旷神怡，陶醉于其中。如果在晓雾未散之时来此游览，只见六桥烟柳笼纱，几声莺啼，报道春光，时人美称为"苏堤春晓"，名列南宋"西湖十景"的第一景。刘松年《西湖春晓图》便画苏堤一景，画中有一楼阁，高耸壮丽，重檐飞瓦，轩窗四开。当时的文人多有诗词等作品加以描述，如王洧《苏堤春晓》诗："孤山落月趁疏钟，画舫参差柳岸风；莺梦初醒人未起，金鸦飞上五云东。"周密《木兰花慢·苏堤春晓》词：

恰芳菲梦醒，漾残月、转湘帘。正翠崦收钟，彤墀放仗，台榭轻烟。东园。夜游乍散，听金壶、逗晓歇花签。宫柳微开露眼，小莺寂妒春眠。

冰奁。黛浅红鲜。临晓鉴、竞晨妍。怕误却佳期，宿妆旋整，忙上雕鞯。都缘探芳起早，看堤边、早有已开船。薇帐残香泪蜡，有人病酒恹恹。

这些诗词都点出了苏堤杨柳生烟、流莺歌唱或空蒙细雨的典型景色。

3. 断桥残雪

断桥，因从孤山通过来的白堤至此而断，故名。其名始于唐代，当时著名诗人张祜《题杭州孤山寺》一诗中有"断桥荒藓合，空院落花深"之句。至宋代，断桥一名段桥、段家桥，又有宝祐桥、短桥、孤山桥等称呼。南宋咸淳年间（1265—1274），断桥曾扩建。其时，断桥一带景色相当美丽，山色水光，烟树楼台，别有一种幽胜。到这里游览的人很多，赵汝芜有一首《梦江南》，其下片说："萧闲处，磨尽少年豪。昨梦醉来骑白鹿，满湖春水段家桥。濯发听吹箫。"这短短几十个字，就写出神话般的境界。文人士大夫不仅歌咏断桥，还首创了"断桥残雪"一景，并将其列入西湖十景之中。高宗赵构内禅以后，曾慕名到这里来游览，相传有一天高宗御舟经过断桥旁，看到一家酒店颇为洁雅，店堂中陈列一个素屏，上面书写一首名叫《风入松》的词。其词云："一春尝费买花钱，日日醉湖边。玉骢惯识西湖路，骄嘶过、沽酒楼前。红杏香中歌舞，绿杨影里秋千。暖风十里丽人天，花压鬓云偏。画船载取春归去，余情寄、湖水湖烟。明日重携残酒，来寻陌上花钿。"高宗在素屏前停目了好长一段时间，对此词极为赞赏，遂问店家为何人所作。店家回答说："这是太学生于国宝酒醉后所写的。"高宗笑着说："此词写得甚好，但'重携残酒'一句未免寒酸，不如改为'明日重扶残醉'为好。"当天即下达皇帝的诏令，任命其担任一定的官职。

文人士大夫自不例外，纷纷至此一游，并留下了不少千古名作。董嗣杲《西湖百咏·断桥》赞道：

绣毂青骢骤晓风，柳丝翠袅石阑红。

彩篙刺水停飞鹢，华表侵云截卧虹。
杖履谁归瀛屿去，笙歌自补玉壶空。
重招张祜商新咏，不与当时藓合同。

张矩《应天长·断桥残雪》词云：

鹭渐沍晓，篙水涨漪，孤山渐卷云簇。又见岸容舒腊，菱花照新沐。横斜树、香未北，倩点缀、数梢疏玉。断肠处，日影轻消，休怨霜竹。

帘上涌金楼，酒滟酥融，金缕试春曲。最好半残鸦鹊，登临快心目。瑶台梦，春未足。更看取、洒窗填屋。灞桥外，柳下吟鞭，归趋游烛。

陈允平《百字令·断桥残雪》则赞曰：

凝云沍晓，正蘼花才积，荻絮初残。华表翩跹何处鹤，爱吟人在孤山。冻解苔铺，水融沙甃，谁凭玉勾阑？苴衫毡帽，冷香吹上吟鞍。

将次柳际琼销，梅边粉瘦，添做十分寒。闲踏轻澌来荐菊，半潭新涨微澜。水北峰峦，城阴楼观，留向月中看。巘云深处，好风飞下晴湍。

周密《木兰花慢·断桥残雪》则进了一步：

觅梅花信息，拥吟袖、暮鞭寒。自放鹤人归，月香水影，诗冷孤山。等闲。泮寒睍暖，看融城、御水到人间。瓦陇竹根更好，柳边小驻游鞍。

琅玕。半倚云湾。孤棹晚、载诗还。是醉魂醒处，画桥第二，奁月初三。东阑。有人步玉，怪冰泥、沁湿锦鸳斑。还见晴波涨绿，谢池梦草相关。

王洧《断桥残雪》诗：

望湖亭外半青山，跨水修梁影亦寒。
待泮痕旁分草绿，鹤惊碎玉啄阑干。

画家们也不甘寂寞，纷纷拿起画笔创作断桥残雪的美景，如南宋四大画家之一的刘松年就曾画有《断桥残雪》三幅。

从上述诗词和绘画作品中，我们可以看出南宋时的"断桥残雪"美景是：每当严冬大雪飞舞，葛岭东西都变成琼林瑶树，晶莹朗澈，不啻人在玉山上行。届时，自断桥一径至孤山下，残雪满堤，恍若万丈玉虹跨截湖面，真可称得上一大奇观。高雅者往往骑着驴、马行吟赏景，或站在断桥上观看雪景，环湖诸山犹如玉琢银镂一般，分外妖娆，美不胜收。

4. 雷峰夕照

在夕照山雷峰。北宋开宝中，吴越国国王钱俶始建雷峰塔。显严院侧有雷峰庵，郡人雷就故居。据塔记所载，雷峰塔始以千尺十三层为率，但因资金等问题未能如愿，只好造到七级。夕照山出产黄皮木，世传众山环绕，故名中峰，北宋林逋有《中峰行乐》诗。而这座七层的浮屠佛塔，人称"皇妃塔"或"雷峰塔"。南宋庆元元年（1195），庵院始合为一，南宋末年时只剩下五级，或因风水相压，减去两层。由于地基广袤，塔身矮肥，因此画家画图，想把它画得美丽有点困难。每当夕阳西下，人们站在古塔朱栏内，可以观赏火红的落日，见到塔影横空、烟光山色淡溟的景象，有一种苍茫落寞的境界，故名"雷峰夕照"。南宋张矩《应天长·雷峰夕照》词：

磐圆树杪,舟乱柳津,斜阳又满东角。可是暮情堪剪,平分付烟郭。西风影,吹易薄。认满眼、脆红先落。算惟有,塔起金轮,千载如昨。

谁信涌金楼,此际凭阑,人共楚天约。准拟换樽陪月,缯空卷尘幕。飞鸿倦,低未泊。斗倒指、数来还错。笑声里,立尽黄昏,刚道秋恶。

5. 南屏晚钟

南屏山上在五代吴越国时，建有一座慧日永明院，南宋绍兴九年（1139），改名为净慈报恩禅寺，简称净寺或净慈寺。它规模宏大，寺内有许多著名的景点，如永明室、圆照楼、一湖轩、钟楼、五百罗汉堂、丛玉轩等。每当傍晚苍烟暮霭、万籁俱寂之时，抑扬动听的寺钟便开始响起，山谷皆应，久久回荡不散。这是因为该景点所在的南屏山山岭由石灰岩组成，山体多孔穴似音箱，山峰岩壁立若屏障，佛寺钟声每每响起，尤其是在晚间，由于空气尘粒增加、密度加大而使声波为其所迫，加上岩石、洞穴的空谷效应而使振幅急遽增大，以致形成共振；钟声以相同的振荡频率飞达湖对岸由岩浆岩构成的葛岭，由于晚间日光的消失，使听觉效果加强而产生共鸣，回声迭起，响彻湖山，于是形成了"南屏晚钟"这一著名胜景。《净慈寺志》一四《园亭一》云："盖兹山隆起,内多空穴,故传声独远也。"陈清波绘有《南屏晚钟图》。张矩《应天长·南屏晚钟》词：

翠屏对晚,乌榜占堤,钟声又敛春色。几度半空敲月,山南应山北。欢娱地,空浪迹。谩记省、五更闻得。洞天晓,夹柳桥疏,稳纵香勒。

前度涌金楼,笑傲东风,鸥鹭半相识。暗数院僧归尽,长虹卧深碧。花间恨,犹记忆。正素手、暗携轻拆。夜深后,不道人来,灯细窗隙。

6. 曲院荷风（风荷）

南宋时，九里松的行春桥旁建有一座酿造官酒的曲院。曲院内有一个面积较大的莲塘，种植了许许多多荷花，每当夏日之时，花香与酒香随风荡漾，令人暑气顿消，精神倍爽。周文璞《曲坊》诗赞曰："曲坊才尽上湖船，笑问云山欠酒钱。两行柳丝黄不断，不知身在御园边。"张矩《应天长·曲院荷风》词描述道：

换桥渡舫，添柳护堤，坡仙题欠今续。四面水窗如染，香波酿春曲。田田处，成暗绿。正万羽、背风斜矗。乱鸥去，不信双鸳，午睡犹熟。

还记涌金楼，共抚雕阑，低度浣沙曲。自与故人轻别，荣枯换凉燠。亭亭影，惊艳目。忍到手、又成轻触。悄无语，独捻花须，心事曾卜。

又，陈允平《八声甘州·曲院风荷》词：

放船杨柳下，听鸣蝉、薰风小新堤。正烟蓑露蓼，飞尘酿玉，第五桥西。遥认青罗盖底，宫女夜游池。谁在鸳鸯浦，独棹玻璃。

一片天机云锦，见凌波碧翠，照日胭脂。是西湖西子，晴抹雨妆时。便相将、无情秋思，向菰蒲、深处落红衣。醺醺里，半篙香梦，月转星移。

南宋以后，曲院风荷景点逐渐被废弃。

7. 花港观鱼

花港观鱼位于西湖西南角大麦岭一带。花港源自花家山，出苏堤第三桥下，古代这里因为距城较远，极具野趣，溪边两侧的茅屋里居住着众多的渔民，靠打鱼为生。诸璧《发花港》诗："杨柳垂垂绿影斜,溪边茅屋尽渔家。西湖处处栽桃李,花港如何不种花。"南宋时,京城中的达官贵人开始在这一带建筑园林别墅。据周密《武林旧事》卷五《湖山胜概》载,内侍卢允升在西湖西南角大麦岭、今花港观鱼公园附近建造花园别墅,时人称为卢园。园内景物奇秀,凿池叠石,水洌而深。卢允升引花家山溪水入内为池,在池中蓄养了数十种奇异鱼类,成为当时西湖的一大景观,人称"花港观鱼",列为"西湖十景"之一。当时文人纷纷绘画、写诗赞美此景,如张矩《应天长·花港观鱼》描述曰:

岸容浣锦,波影堕红,纤鳞巧避凫唼。禹浪未成头角,吞舟胆犹怯。湖山外,江海匝。怕自有、暗泉流接。楚天远,尺素无期,柱语停楫。

四望涌金楼,带草帘烟,缥缈际城堞。渐见暮柳敲月,轻舫乱如叶。濠梁兴,归未惬。记旧伴、袖携留折。指鱼水,总是心期,休怨三叠。

王洧西湖十景诗之《花港观鱼》:

断泓唯余旧姓传,倚阑投饵说当年。
沙鸥曾见园兴废,近日游人又玉泉。

宋亡后,此园久废,后改建于花港之南,当三台山出入之径。

8. 柳浪闻莺

柳浪闻莺位于清波门外聚景园内柳浪桥一带。南宋时,统治者在御花园——聚景园中种植着许多杨柳树,因此每当春时,翠绿的柳丝随着清风翻滚,犹如大海中的波浪;美丽的黄莺在柳树上婉转鸣叫,悦耳动听,故有"柳浪闻莺"之称。张矩《应天长·柳浪闻莺》

词赞曰：

　　翠迷倦舞，红驻残妆，流莺怕与春别。过了禁烟寒食，东风颤环铁。
游人恨，柔带结。更唤醒、羽喉宫舌。画船远，不认绵蛮，晚桿空歇。
　　争似涌金楼，燕燕归来，钩转暮帘揭。对语画梁消息，香泥砌花屑。
昆明事，休更说。费梦绕、建章宫阙。晓啼处，稳系金狨，双灯笼月。

9. 三潭印月

　　三潭印月是小瀛洲的主景，指岛西南水域内的三座石塔。北宋苏轼在疏浚西湖时，曾在湖中三潭处立有三个小石塔，以为标表，规定塔以内不许侵为菱荡，时称"西湖三塔"。又相传湖中有三潭，深不可测，故建浮屠以镇之，因其靠近苏堤，故又名"苏堤三塔"。这三个小石塔高五六尺，形如葫芦，其中各有三孔通于外，鼎足立水中。原不在一处，相隔遥遥，无法构成一个独立的景观，南宋时人们才将三塔集中至一处，形成"翠台如鼎，簇簇小浮屠"的景观。每当皓月当空，这里便会出现"月光映潭，分塔为三"的奇妙景色，人称"三潭印月"。南宋张矩《应天长·三潭印月》词曰：

　　桂轮逼采，菱沼漾金，潜虬暗动鲛室。水路乍疑霜雪，明眸洗春色。
年时事，还记忆。对万顷、荇痕龟坼。旧游处，不认三潭，此际曾识。
　　今度涌金楼，素练萦窗，频照庾侯席。自与影娥人约，移舟弄空碧。
宵风悄，签漏滴。早未许、睡魂相觅。有时恨、月被云妨，天也拼得。

10. 两峰插云

　　在洪春桥堍。"双峰"指西湖南高峰、北高峰，南高峰在西湖西南，北高峰在西湖西北，两者相去5000余米，双峰遥遥相对，其间群山层峦叠嶂、蜿蜒盘结。宋时峰顶各有一座七级宝塔，列峙争雄，每当风云际会之时，两峰隐现于轻岚薄雾之中，微露顶尖，犹如插入云霄，故云。南宋祝穆《方舆胜览》、吴自牧《梦粱录》等书皆有"两峰插云"景名。宋张矩《应天长·两峰插云》词曰：

暮屏翠冷，秋树赭疏，双峰对起南北。好与霁天相接，浮图现西极。岧峣处，云共碧。谩费尽、少年游屐。故乡近，一望空遥，水断烟隔。

闲凭涌金楼，潋滟波心，如洗梦淹笔。唤起睡龙苍角，盘空壮商翼。西湖路，成倦客。待倩写、素缣千尺。便归去，酒底花边，犹自看得。

西湖的园林别墅

南宋统治者和文人士大夫耽于偏安,安于享乐,故造园之风盛极一时。据吴自牧《梦粱录》、周密《武林旧事》等书载,南宋统治者定都临安后,西湖及其附近地区在一百多年时间里相继营建了数百个大大小小的园林,其中著名的就有七八十所,数量之多甲于天下。这些知名的园林,吴自牧《梦粱录》卷一二《西湖》有所提及:

曰湖边园圃,如钱塘玉壶、丰豫渔庄、清波聚景、长桥庆乐、大佛、雷峰塔下小湖斋宫、甘园、南山南屏,皆台榭亭阁,花木奇石,影映湖山,兼之贵宅宦舍,列亭馆于水堤;梵刹琳宫,布殿阁于湖山,周围胜景,言之难尽。东坡诗云:"若把西湖比西子,淡妆浓抹总相宜。"正谓是也。……春则花柳争妍,夏则荷榴竞放,秋则桂子飘香,冬则梅花破玉,瑞雪飞瑶。四时之景不同,而赏心乐事者亦与之无穷矣。

有鉴于此,吴自牧《梦粱录》卷一九《园圃》感慨地说:"杭州苑圃,俯瞰西湖,高挹两峰,亭馆台榭,藏歌贮舞,四时之景不同,而乐亦无穷矣。"明田汝成《西湖游览志》卷一《西湖总叙》亦曰:"至绍兴建都,生齿日富,湖山表里,点饰浸繁。离宫别墅,梵宇仙居,舞榭歌楼,彤碧辉列,丰媚极矣。"这种将苑囿与庭园完美融合的新型山水园,在中国园林史上占有十分重要的地位,它对明清造园艺术的大发展产生了极其深远的影响。

1. 聚景园

聚景园在清波钱湖门外西湖之滨。据《都城纪胜》载,此园旧名西园,是孝宗致养之地,其范围东起流福坊,西临西湖,北至涌金门外,南起清波门外。园内台榭殿堂齐备,主要有会芳殿、瀛春、揽远（一作镜远、鉴远）两堂，芳华、花光（八角）、瑶津、翠光、桂景、滟碧、凉观、琼芳、彩霞、寒碧、花醉、澄澜、锦壁、清辉等亭榭，及学士、柳浪两桥，其中堂匾皆孝宗亲自书写。此外"叠石为山，重峦窈窕"，湖光潋滟，繁花似锦。而"夹径老松益婆娑。每盛夏秋首，芙蕖绕堤如锦，游人舣舫赏之"①。孝、光、宁三帝时常临幸此园，如乾道三年（1167）三月初十，孝宗曾邀太上皇赵构至聚景园看花；淳熙六年（1179）三月十五日，孝宗陪同太上皇、太后一行遍游园中，特别是"至锦壁赏大花，三面漫坡，牡丹约千余丛，各有牙牌金字，上张大样碧油绢幕"②。嘉泰年间（1201—1204），宁宗奉成肃太后临幸。陆游曾作诗咏道：

圣主忧民罢露台，春风别苑昼常开。
尽除曼衍鱼龙戏，不禁乌莞雉兔来。
水鸟避人横翠霭，宫花经雨委苍苔。
残年自喜身强健，又作清都梦一回。

水殿西头起砌台，绿杨闹处杏花开。
箫韶本与人同乐，羽卫才闻岁一来。
鹢首波生涵藻荇，金铺雨后上莓苔。
远臣侍宴应无日，目断尧云到晚回。

园中牡丹最为兴盛。张抡因驾幸聚景园赏牡丹，进《壶中天》词描述道："洞天深处，赏娇红轻玉，高张云幕。国艳天香相竞秀，

---

① 《梦粱录》卷一九《园囿》，第177页。

② 《武林旧事》卷七《乾淳奉亲》，第120页。

琼苑风光如昨。露洗妖娆，风传馥郁，云雨巫山约。春浓如酒，五云台榭楼阁。"荷花亦是此园的特色，曹勋《聚景园看荷花》诗曰：

四光收尽一天云，水色天光冷照人。
面面荷花供眼界，顿知身不在凡尘。

此外，杨柳、翠竹也极盛，时人对此多有歌咏，如高翥《聚景园口号》诗：

浅碧池塘连路口，淡黄杨柳护檐牙。
旧时岁岁春风里，长见君王出看花。

竹影参差临断岸，花阴寂历浸清流。
游人谁到阑干角，尽日垂杨盖御舟。

从上述几首诗作中还可得知，园中牡丹竞秀，荷花飘香，竹景参差，上万株柳树蔚为壮观，但由于此园只对皇家开放，而皇帝又很少来此，因此"尽日垂杨盖御舟""宫梅却作野梅开"，落得个"空锁名园日暮花"的凄凉结局。

当然，皇帝偶然也会在此举行盛大的宴会，招待文武大臣。任希夷《聚景园宴集》诗就对此作了极其详细而生动的描述：

晚排阊阖披云雾，身蹑仙踪游禁宇。
始知天上自清凉，不信人间有炎暑。
庭前青松笙竽声，望处红蕖锦绣云。

月卿领客意缱绻，冰盘照坐光缤纷。
薰堂尽却蒲葵扇，瑶阶细展桃枝簟。
加笾新采波上菱，如珠更剥盘中芡。
老罢渐无翰墨功，臭味喜入芝兰丛。
二妙不偕阿凤至，四老但许商山同。
明当入直须随仗，夕阳未下催归桨。
重城街鼓已冬冬，举头桂魄层霄上。

理宗以后，此园开始荒落，仅存一堂两亭。元代曾在此兴建佛寺，并将其作为回民的墓地。

2. 庆乐园

庆乐园位于钱湖门外瑞石山麓、南山长桥西面。据陆游《南园记》载，此园原为孝宗御前别苑，宁宗庆元三年（1197），由吴皇后赐给权臣韩侂胄，遂更名为南园。嘉泰年间（1201—1204），韩氏大兴土木进行拓整，"凿山为园，下瞰宗庙；穷奢极侈，僭拟宫闱"，并"因其自然，辅以雅趣"，取名为"南园"。韩侂胄死后，此园收归皇家所有，并改名为庆乐园。淳祐年间（1241—1252），理宗皇帝又将其赐给荣王赵㮤（1192—1220），改名称胜景园。①

庆乐园这座根据皇家御园建造的园林，是西湖周边别具一格的山园。园林面积极大，据叶绍翁《四朝闻见录》卷五戊集《韩势败笑鉴》载，此园"穿幽极深，凡三日而后遍"。陆游《南园记》对园中景物有着详细的描述："其地实武林之东麓，而西湖之水汇于其下，天造地设，极湖山之美。……因高就下，通室去蔽，而物象列。奇

---

① （宋）叶绍翁：《四朝闻见录》戊集《阅古南园》，中华书局1989年版，第184—188页。

葩美木，争效于前。清泉秀石，若顾若揖。于是飞观杰阁，虚堂广厅，上足以陈俎豆，下足以奏金石者，莫不毕备。高明显敞，如蜕尘垢而入窈窕，邃深疑于无穷。"又说："自绍兴以来，王公将相之园林相望，莫能及南园之仿佛者。"园内有梅关、桂林之胜，且蓄养有众多的珍禽异兽。园内亭馆也极多，据《武林旧事》卷五载有"许闲堂、和容射厅、寒碧台、藏春门、凌风阁、西湖洞天、归耕庄、清芬堂、岁寒堂、夹芳、豁望、矜春、鲜霞、忘机、照香、堆锦、远尘、幽翠、红香、多稼、晚节香等亭。秀石为上，内作十样锦亭，并射圃、流杯等处"。弁阳翁诗云："清芬堂下千株桂，犹是韩家旧赐园。"《梦粱录》卷一九《园囿》说其内"有十样亭榭，工巧无二，俗云'鲁班造者'。射圃、走马廊、流杯池、山洞，堂宇宏丽，野店村庄，装点时景，观者不倦。内有关门，名凌风关，下香山巍然立于关前，非古沉即古枯桧耳"。

南宋末年时，此园已颓败。元至元二十四年（1287）九月四日，周密偕钱菊泉至天庆观访褚伯秀，遂同道士王磐隐游宝莲山此园，只见"山四环皆秀石，绝类香林、冷泉等处，石多穿透崭绝，互相附丽。其石有如玉色者，闻匠者取以为环珥之类。中有石馘，杳而深，泉涓涓自内流出，疑此即所谓阅古泉也。馘傍有开成五年六月南岳道士邢令开、钱塘县令钱华题名，道士诸葛鉴元书，镌之石上。又南石壁上镌佛像及大字《心经》，甚奇古，不知何时为火所毁，佛多残缺。又一洞甚奇，山顶一大石坠下，傍一石承之如馉饾然。又前一巨石不通路，中凿一门，门上横石梁。又有一枯池，石壁间皆细波纹，不知何年水直至此处。然则今之城市，皆当深在水底数十丈矣。深谷为陵，非寓言也。其余磴道、石池、亭馆遗迹，历历皆在，虽草木残毁殆尽，而岩石秀润可爱。大江横陈于前，时正见潮上如匹练然，其下俯视太庙及执政府在焉。山顶更觉奇峭，必有可喜可愕者，以足意，不果往。且闻近多虎，往往白昼出没不常，遂不能尽讨此山之胜，故书之以示好事之寻游者"①。

3. 延祥园

绍兴十六年（1146），宋高宗为迎韦太后从女真归国，在西湖孤山四圣延祥观内建延祥园，故又称四圣延祥观御园。此园西依孤山，为和靖故居，与琼华园、小隐园相邻，景色极佳。《武林旧事》卷四《故都宫殿》云其"花寒水洁，气象幽古"。《梦粱录》卷一九载其"此湖山胜景独为冠"。《都城纪胜·园囿》亦说："西湖胜地，惟此为最。"周紫芝赋诗赞美道："附山结真祠，朱门照湖水。湖流入中池，秀色归净几。风廉逯旌旗，神卫森剑履。清芳宿华殿，瑞露蒙玉宸。仿佛还神京，想象轮奂美。祈年开新宫，祝厘奉天子。良辰复难会，岁暮得斯喜。况乃清樾中，飞楼见千里。云车倘可乘，吾事兹已矣。便当赋远游，未可回屦齿。"园内有凉台巍然立于山巅，后改为西太乙宫黄庭殿，朝臣高似孙曾赋诗："水明一色抱神州，雨压轻尘不敢浮。山北山南人唤酒，春前春后客凭楼；射熊馆暗花扶宸，下鹄池深柳拂舟。白首都人能道旧，君王曾奉上皇游。"园中有瀛屿（旧名凉堂）、六一泉、六一泉堂、白莲堂、桧亭、梅亭、上船亭、东西车马门、西村水阁、御舟港、玛瑙坡、陈朝柏②、闲泉、金沙井、仆夫泉、小蓬莱泉、香月亭（倚里湖，旧名水堂，理宗御书）、香远亭（旧名秀莲亭）、挹翠堂（原名黑漆堂，理宗时改名）、清新堂（旧名六橡堂）、后山亭、和靖先生墓等胜景。其中，香月亭环植梅花，理宗大书"疏影横斜"一联，刻于屏。亭馆窈窕，宛若图画，美不胜收。由此可见，此园花明水洁，气象幽雅，高宗、孝宗、光宗等均到此游览。至元

---

① 《癸辛杂识》后集《游阅古泉》，第74—75页。

② 《武林旧事》卷四作"桧"。

代以后，园为杨琏真伽所据，遂日益荒废。

4. 樱桃园

樱桃园在瑞石山太庙侧，当时朝廷在此广植樱桃，以供太庙祭祀之用。牟巘《七儿应复同客饮樱桃园，摘新以归，用其诗韵识所感》诗：

> 尚记当年荐寝园，百官分赐荷恩渊。
> 带青丝笼空余梦，搔白头人苦不欢。
> 诗老夸称作崖蜜，野翁惊看泻银盘。
> 南山见说红千树，鸟雀儿童任入阑。

5. 南屏御园（翠芳园）

南屏御园在钱湖门外南新路口、净慈寺南，因其正对南屏山，故名屏山御园或屏山园。建于开庆元年（1259），内司展建，理宗朝时改名为"翠芳园"。此园的范围较大，东至希夷堂，直抵雷峰山下，西至南新路口，水环五花亭外。另据白珽所说："南有翠芳，兰桡在焉。"兰桡为一御舟名，可见此园与西湖相通。内有八面亭堂，站在亭中，一片湖山俱在眼前。旧有海查一树，开小红花，在园门外，不久枯败。咸淳四年（1268），朝廷因建造宗阳宫所需木材甚巨，尽徙屏山园中材植，于是南屏御园遭到严重破坏，仅宏大的园门仍然庄重地竖立在那里。

6. 集芳园

集芳园在葛岭，前临湖水，后据山冈。原为张婉仪园，后归太后，绍兴年间收归官家，藻饰更加华丽，亭堂有蟠翠、雪香、翠岩、倚秀、挹露、玉蕊、清胜、望江，诸匾皆高宗御题。园内古梅古松甚多，南宋帝王常至此游览，如《西湖老人繁胜录》载："上真生辰……或往集芳园,或在聚景园,降旨贾市。"淳祐年间,理宗将此园赐给宠臣贾似道,改名为后乐园。

7. 环碧园(慈明殿园)

环碧园,《梦粱录》卷一九《园囿》载其又名清晖园。此园原属杨郡王(存中)府,后属慈明皇太后(一作恭圣仁烈杨太后,即宁宗杨皇后),故又名慈明殿园。其位置据周密《武林旧事》卷五《湖山胜概》载,位于北山路,而《淳祐临安志》卷六《楼观》则载其"在丰豫门外,慈明皇太后宅园,直柳洲寺之侧,面西湖,于是为中,尽得南北西山之胜。园中堂匾,皆宁宗皇帝御书"。董嗣杲《西湖百咏·环碧园》赞道:

绕舍晴波聚钓仙,五龙池畔柳洲前。
清虚不类侯家屋,轮奂曾资母后钱。
三面轩窗秋水观,四时箫鼓夕阳船。
揽将山北山南翠,独有黄昏得景全。

并在诗序中说:"环碧园,在丰乐楼北,柳洲之侧。恭圣仁烈杨太后宅园。"

8. 万花小隐园

万花小隐园,为谢太后所有,时人又称为谢园、谢府园、谢太后府园、谢府旧园,在西湖昭庆湾。明代镏绩《霏雪录》卷上载:"元帅谨斋夏公,讳若水。予从祖叔父,允善之外祖父也,居钱塘西湖之昭庆湾。第宅百余间,乃故宋谢太后歇凉亭,如眉寿堂、百花堂、一碧万顷堂、湖山清观等,皆宏丽特甚。又架船亭水中,每元夕,诸堂皆施玉色帘,放华灯,上下辉映,极为伟丽。士女纵观达晓,娃僮辈往往得遗簪堕珥。"

9. 梅冈园

梅冈园在北山路西马塍，原为抗金名将韩世忠别墅，《咸淳临安志》卷八六《园亭》作"梅庄园"。园广一百三十亩，内有乐静堂、清风轩、竹轩，皆高宗御书；又有澄绿堂、水阁、梅坡、芙蓉堆及四时花木，各有亭。这里花竹辉映，为都城中的风景佳处，可供四时游玩。韩死后，此园收归皇家所有，故周密《武林旧事》卷四《故都宫殿·园》将其归入御园之中。

10. 下竺御园

宋室南渡后，下天竺寺被列为皇家寺院，高宗御赐"天竺时思荐福"的寺额。庆元三年（1197），下天竺寺又改名为天竺灵山寺，由赵氏家庙恢复为佛寺。到嘉定年间（1208—1224），下天竺寺达到了极盛时期，这时的寺院除僧人众多外，殿堂也是宏伟壮观，亭台楼阁掩映于密林流水之间，颇具佛国气象。因此，该寺被列为教院五山之二，地位仅次于上天竺寺。该寺景色极为优美，内有曲水亭、前塔、跳珠泉、枕流亭、适安亭、清晖亭、九品观、堂石、面灵桃石、莲花水波石、悟侍者塔并祠、草堂、西岭、卧龙石、石门涧、神尼舍利塔、日观庵、无竭泉、金光明三昧堂、神御殿、瑞光塔、普贤殿、无量寿阁、回轩亭、七叶堂、客儿亭、大悲泉、重荣桧、葛仙丹井、白少傅烹茶井、石梁、翻经台、望海阁、香林亭、香林洞、无根藤、斗鸡岩、夜讲台、登啸亭、灵山后塔、慈云忏主榻、七宝普贤阁、旃檀观音瑞像等景观。由此，它被皇家列为御园，时人称下竺御园或下竺寺园。周密《武林旧事》卷五《湖山胜概》对此园的优美景色作了极其生动细致的描述：

大抵灵竺之胜，周回数十里，岩壑尤美，实聚于下天竺寺。自飞来峰转至寺后，诸岩洞皆嵌空玲珑，莹滑清润，如虬龙瑞凤，如层华吐萼，如皱谷叠浪，穿幽透深，不可名貌。林木皆自岩骨拔起，不土而生。传言兹岩韫玉，故腴润若此。石间波纹水迹，亦不知何时有之。其间唐宋游人题名不可殚纪，览者顾景兴怀云。

高宗曾至此游览，并赐匾。白珽《西湖赋》云："犍竺有三，连甍接埔，观自下而中而上，始王囿而臻大士之宫。"这里所谓的"王囿"，即指此园。周必大《丁酉二月二十日，同部中诸公游下竺御园，坐枕流亭，观放闸，桃花数万点随流而下。继至集芳，亦禁籞也，海棠满山，郁李绕阑，殆不类人世，遂赋绝句》曰：

　　万点红随雪浪翻，恍疑身到武陵源。
　　归来上界多官府，人与残花两不言。

11. 宗阳宫园

宗阳宫距吴山东北五百步，在新宫桥东面，或三圣庙桥左面。咸淳四年（1268），度宗以德寿宫地一半建宗阳宫，供奉道教三清及太皇元命诸神。不久，宗阳宫建成，共有十三殿、二楼、三堂、一轩、一园。据《梦粱录》卷八《宗阳宫》记载，宫阳宫"有圃，建堂二，曰志敬，曰清风。亭匾曰丹邱元圃。亭之北凿石池，堂匾曰垂福，后曰清境。圃内四时奇花异木，修竹松桧甚盛"。

12. 四圣延祥观园

四圣延祥观在孤山，景色极佳。《梦粱录》卷一二《西湖》载："西泠桥外孤山路，有琳宫者二，曰四圣延祥观，曰西太乙宫，御圃在观侧，乃林和靖隐居之地，内有六一泉、金沙井、闲泉、仆夫泉、香月亭。亭侧山椒，环植梅花。亭中大书'疏影横斜水清浅，暗香浮动月黄昏'

之句于照屏之上云。又有堂匾曰'挹翠'，盖挹西北诸山之胜耳。曰清新亭，面山而宅，其麓在挹翠之后。曰香莲亭，曰射圃，曰玛瑙坡，曰陈朝桧，皆列圃之左右。旧有东坡庵、四照阁、西阁、鉴堂、辟支塔，年深废久，而名不可废也。"又，同书卷一九《园圃》载："四圣延祥观御园，此湖山胜景独为冠。顷有侍臣周紫芝从驾幸后山亭曾赋诗云：'附山结真祠，朱门照湖水。湖流入中池，秀色归净几。'"而周密《武林旧事》卷五《湖山胜概》更是明确指出："西太一宫，旧四圣观园，理宗朝建。今黄庭殿，乃昔凉堂也。两壁萧照画尚存。亭馆名并见御园类。弁阳翁诗云：'蕊宫广殿号黄庭，突兀浮云最上层。五福贵神留不住，水堂空照九枝灯。'有和靖墓、玛瑙坡、陈朝柏。"园中有凉台，巍然在于山巅，后来这里改为西太乙宫黄庭殿。

13. 褒亲崇寿寺园

褒亲崇寿寺在凤凰山后方家峪，绍兴十八年（1148）建，次年赐褒亲崇寿额，为高宗刘贵妃家功德院，俗称刘娘子寺或刘婕妤寺。刘贵妃父因金人南侵，献钱二万缗以助军费，高宗深为嘉赏，遂令建寺，以为功德。寺内有凤凰泉、瑞应泉、松云亭、观音洞、笔架池等景点，其中当以松云亭、凤凰泉最为著名。松云亭内偃龙交枝桧壁间，山门有陈公储画龙，甚为奇特。凤凰泉，在《四朝闻见录》卷一《夏执中扁榜》中有详细记载："今南山慈云岭下地名方家峪，有刘婕妤寺。泉自凤山而下，注为方池，味甚甘美，上揭'凤凰泉'三字，乃于湖张紫薇孝祥所书。夏执中为后兄，俗呼为夏国舅，偶至寺中，谓于湖所书未工，遂以己俸刊所自书三字易之。孝宗已尝幸寺中，识孝祥所书矣，心实敬之。及驾再幸，见于湖之扁已去，所易者乃执中所书。上不复他语，但诏左右以斧劈为薪。幸寺僧藏于湖字，故在诏止用孝祥书。今复揭执中字，后赠贤妃。"元至元丙子，寺院遭火毁，不久重建。

14. 显慈集庆教寺园

显慈集庆教寺,简称为显庆寺或集庆寺。淳祐十年(1250)春天,理宗在西湖的积庆山九里松附近开工建造新寺院,这项工程由皇宫内司直接负责。内司吏卒在临安附近州县"望青采伐,鞭笞追捕",闹得鸡犬不宁,即使勋臣旧辅陵园树木亦被砍伐,有人作诗云:"合抱长材卧壑深,于今惟恨不空林。谁知广厦千斤斧,砍尽人间孝子心。"淳祐十二年(1252)夏天,新寺完工,理宗赐名"显慈集庆教寺",御书寺内殿阁匾额,委任高僧思诚担任开山教主。不久,理宗将此寺赐给宠妃阎氏作为功德寺,并赐予大量田地。这座功德寺虽然建造在国力虚弱的蒙宋对峙时期,但土木之工超过了灵隐、净慈、天竺等老牌佛寺。寺内有三池、九井、月桂亭、金波池等园林建筑,其中月桂亭尤为精美,《武林旧事》卷五《湖山胜概》称此寺"金碧为湖山诸寺之冠",由此,当时临安人称它"赛灵隐"。理宗不惜耗费财力创建集庆寺,不是出于对佛教的信从,而是出于对阎妃的宠爱。集庆寺建成之初允许游人自由观赏,有人乘僧人不备,大书联句于法堂大鼓之上,说"净慈灵隐三天竺,不似阎妃两片皮"[①],对理宗宠幸阎妃、大兴土木进行讽刺挖苦。理宗命令临安府追查逮捕作者,但历经一年也没有查出。从此以后,门禁森严,不许游人无故出入。德祐元年(1275)八月,朝廷才把理宗赐给集庆寺的田产与贾妃演福寺的田产,由皇宫内司管辖归还政府机构安边所。元明时,此寺犹存《理宗御容》《燕游图》各一轴及《度宗小像》。

15. 陈侍御园

陈侍御园的园主为陈尧臣,婺州(今浙江金华市)人,善丹青,

[①] (元)刘一清:《钱塘遗事》卷一《显庆寺》,第 24—25 页。《癸辛杂识》别集下《阎寺》,第 295 页。

登科为画学正。王黼荐其出使辽国，他尽力画下沿途山川形势和辽主形象以归，深得徽宗的赞赏，赐金巨万，迁官至侍御史。王黼失势后，他用徽宗所赐的万金在杭州西湖苏堤建了一处园林，人称陈侍御园。此园面积不大，但四面临水，只有一条路可以到达，人登园中高楼，犹如身处大船之中，水烟山碧尽收眼底，使人顿生诗情画意。南宋诗人赵师秀、徐玑等均有诗描述此园的景色，特别是赵师秀游园后，创作了《陈待制湖楼》一诗：

> 何处飞来飘渺中，人间唯有画图同。
> 两层帘幕垂无地，一片笙箫起半空。
> 岩竹倒添秋水碧，渚莲平接夕阳红。
> 游人未达蒙庄旨，虚倚阑干面面风。

16. 小隐园（适安园）

小隐园原名适安园，在西湖小新堤曲院旁，素以清雅著称，为宋高宗赵构时内侍陈源所造。据载，高宗时有菊夫人擅长歌舞表演，妙音律，在仙韶院中列为第一，宫中号为"菊部头"，然而这位菊夫人颇不得志，一直未能获得高宗的赏识与厚爱。于是菊夫人称病告归，宦官陈源知道后，以厚礼将菊夫人请来，让她居住在适安园中。有一天，高宗在宫中看《梁州》曲舞，总是觉得不满意。提举官关礼揣知皇帝不乐，遂从容上奏说："此曲非菊部头不可。"高宗遂宣唤菊夫人前来宫中表演，于是菊夫人再次入宫，并获得高宗宠爱。陈源思念菊夫人成疾，有士人得知后，遂制作了一首《菊花新》的歌词，献给陈源。陈源见后大喜，用厚金酬谢士人，并请教坊都管王公谨为此曲写谱。此后，陈源每天使人演奏此曲，每闻此歌，辄泪下如雨，不久便病死了。陈源死后，此园归重华宫，改名为小隐园。孝宗时

南宋　刘松年　《四景山水图》之夏景

又将其拨赐给张贵妃,改为永宁崇福院。

17. 裴园

裴园据《武林旧事》载,在西湖西面的小新堤,为裴禧别业,时人又称裴氏园或裴禧园。《湖上名园记·裴园》载:"在小新路,中筑水心亭于万柳中,绝胜处也。"时人杨万里有诗云:

岸岸园亭傍水滨,裴园飞入水心横。
旁人莫问游何处,只拣荷花深处行。

喻良能《十月二十三日携家游裴园》诗亦云:

笋舆趁晓踏铜驼,休暇仍逢景色和。
闲挈壶觞游翠霭,尽呼儿女看沧波。
茫茫烟渚群鸥下,隐隐晴虹短棹过。
最是小春奇绝处,梅花破萼未全多。

后毁，袁枢新建，名先贤堂园。

18. 乔园、史园

乔园、史园，据周密《武林旧事》卷五载，两园均在西湖小新堤，其中乔园为乔幼闻府私家花园，史园为史微孙（屏石）私家花园。园林具体情况，因史书记载不详，今已不得而知了。

19. 松窗

松窗为张濡别墅，在北新路第二桥。中构水亭，四面栽种着数百株柽柳，犹如玦环一样围绕着别墅，水亭下面遍植荷花，面积达一二十顷。每当三伏消暑之时，不减宫中翠寒堂。

除上述这些知名园林外，还有不少园林，如周密《武林旧事》卷四《故都宫殿·园》载的"小桃源（观桃）""杏坞""瑶圃""村庄"，因文献记载不详，此不一一赘述。

西湖的旅游线路

西湖的旅游线路，早在南宋时期便已经形成。据周密《武林旧事》卷五《湖山胜概》等书载，西湖风景区的旅游线路可以划分为以下几条：

1. 南山路

此路又可分为几条支路，一是南山路景区，自丰乐楼南至暗门、钱湖门外起，到赤山烟霞石屋止。南高峰、方家峪及大小麦岭等景区也可包括在此路之内。其主要景点有丰乐楼、湖堂、吕洞宾祠、灵芝崇福寺、显应观、杨郡王府上船亭、聚景园、灵应堂（俗呼包道堂）、宝莲院、紫霄宫廨院、宝成院（旧名释迦院）、兴福院、永隆院、慧光尼庵、省马院船步（内有正觉、超化两院）、长桥、妙净院、宝德寺、希夷道堂、真珠园、南园、雷峰显严院、普宁寺（又名白莲寺）、云涛观、净相院（旧名瑞相院）、上清宫、甘园、御船坊、净慈报恩光孝禅寺、山南照庆院（一作南山昭庆院）、惠照寺、南屏御园、南屏兴教寺（旧名善庆寺）、广法院、法因院、宝林院、赤山攒宫（后改为炽盛光寺）、修吉寺、正济寺（又名普门寺）、法雨寺（旧名水心寺，后改云龙寺）、安福尼寺、极乐尼寺、高丽寺（旧名惠因寺）、惠因桥、玉岑山、广果寺、开化尼寺、六通慈德院、法兴院、保福院、长耳相院（旧名法相寺）、定光庵、永庆院、延长真如院、延寿山、净梵院（旧名瑞峰院）、崇教院、石屋洞、水乐洞、满觉院（旧名圆兴院）、石佛接待庵、烟霞洞、归云庵、关真人道院、小龙井、南高峰塔。二是方家峪景区，自方家峪至冷水峪，经慈云岭泥路、嘉会门外至大慈山、龙山。内有遇真道院、悟真道院、崇真道院、广教院（时号小南屏）、褒亲崇寿寺、西莲瑞相院、地藏尼寺、慈光尼寺、广慈院（旧名广福院）、宝藏院、宁清广福院、福全尼寺、

第十章 山外青山楼外楼

南宋 陈清波 《湖山春晓图》

广严院、广恩院、净教院、安福禅院（因主要供奉内侍陈都知香火，故时人称小陈寺）、水月寺、崇教院（旧名荐福寺）、慈云岭、华津洞、西林法惠院、冷水峪、梯子岭、净月院、龙华宝乘院、天华寺、感业寺（旧名天龙寺）、胜相院（旧名龙兴千佛院）、大通院（旧名显明院）、天真院、龙华山、下石龙净胜院、上石龙永寿院（旧名资贤院）、郊台、道林院（旧名普济院）、大慈寺、般若院、宝惠院（旧名普济院）、钱王坟、长庆崇福院、窑池（一名乌菱池）、圣果寺、真觉院（旧名奉庆院）、包家山桃花关、法云寺（旧名资崇寺）、大慈山（旧有广福金书院额）、虎跑泉、乾溪寨、小杨寺、香严寺。在这一景区中，以嘉会门外御马院侧、冷水峪上面的包家山桃花关、虎跑泉最为著名。三是小麦岭景区，从饮马桥前后巷起至龙井止，包括九溪十八涧；其景点有道人山、饮马桥、旌德显庆教寺（咸淳甲戌冬改名为旌德袭庆寺)、南山禅关(又名龙井路,后称南天竺)、仰妃墓、梅坡园、灵隐观、太清宫、松庵、崇报显庆院(旧名栖真院)、章司徒墓、翁五峰墓、徐典乐墓、强金紫墓、陈拾遗墓、冰壑书堂、赞宁塔、灵石山、薛开府墓、崇因报德院、净林广福院、无垢寺(旧名无着寺)、崇恩演福教寺、鸡笼山、金钟峰、褚家坎、白莲院、凤篁岭、小水乐、二老亭(后改名为德威亭)、龙井、陈寺丞墓、胡侯墓、刘庵、龙井延恩衍庆寺(旧名报国看经院,后改名寿圣寺)、叶苔矶墓、五云山、九溪十八涧。四是大麦岭景区,这一支线的景点有法空寺(旧名资庆寺)、南资圣院、花家山、净安院、卢园、崇真宫、茅家步、独角门、净严广报院、隆兴庵、黄泥岭、水陆庵(后名庆安院)、妙心寺、水竹坞。

2. 三堤路

此路景区的范围主要包括苏公堤(自南新路直至北新路口)、小新堤(自曲院至马螉桥)两处。景点有苏公堤、第一桥(即映波桥)、旌德观、先贤堂、第二桥(即锁澜桥)、湖山堂、三贤堂、第三桥(即望山桥)、第四桥(即压堤桥)、施水庵(又名圆通庵)、雪江书堂、新水仙王庙、崇真道院、松窗、第五桥(即东浦桥)、第六桥(即跨虹桥)、小新堤、履泰将军庙、杨(和郡王)园、永宁崇福院(又名小隐寺)、裴(禧)园、乔(幼闻)园、史(屏石微)园、资国院(旧名报国院)、淳固先生墓、马螉桥。

3. 孤山路

孤山路在孤山之下,石函桥西南,由德生堂过断桥,至孤山,出西林桥。此路在唐时名孤山寺路,以当时建有孤山寺而名。至宋代,时人称孤山路或断桥路、断桥堤、段桥路。咸淳年间(1265—1274),郡守在堤上建亭三座。这一景区西自西陵桥,东至断桥,北为里湖。景点有孤山、四圣延祥观、西太乙宫、四面堂、处士桥、

南宋　佚名　《出水芙蓉图》

涵碧桥、高菊涧墓、六一泉、陈朝柏、玛瑙坡、金沙井。

4. 北山路

景区范围自丰乐楼北起，沿湖至钱塘门外，入九曲路历经德胜桥南印道堂、小溜水桥、黄山桥、扫帚坞、鲍家田、青芝坞、玉家、驼巘、栖霞岭、东山、衕霍山、昭庆教场、水磨头、葛岭、九里松、灵隐寺、石人岭，至西溪路止。其景点有柳洲、龙王庙、惠明院（旧名资福，南宋时又称柳洲寺）、上船亭、养鱼庄、环碧园、迎光楼、刘氏园、一清堂（后改名为玉莲堂）、菩提院（旧名惠严寺）、玉壶御园、杨和王府阁、贾府上船亭、钱塘门上船亭、秀邸新园、谢府园、隐秀园、先得楼（即古望湖楼）、择胜园、九曲城下、法济院（旧名观音院）、五圣庙、妙因院（原系慈光庵）、宝严院、真觉尼院、钱氏院、新岳庙、东湖道院、关王庙、古北关、杨府廨宇、玉虚观、崇果院（旧名罗汉寺）、印道堂、赵郭园、罗汉院、史府（南宋末年改为慧日寺）、水丘园、西隐精舍、丰乐院、铁佛寺、梅冈御园、张氏园、王氏园、小溜水桥、精进院（旧名精修院）、延庆院、澄寂院、黄山桥、扫帚坞、万花小隐、常清宫、聚秀园、鲍家田、秀野园、南禅资福尼寺、极乐尼寺、思故塔、屠墟圣昭庙、资寿院（原系大圣庵）、明觉院（旧名报先寺）、永庵、万安院（旧名清化永安寺）、罗寺、慈圣院（旧名慈云寺）、妙智院（旧名报国观音院）、玉泉净空院、西观音山、青芝坞、憨忠资福普向院、上关寺、竹所、杜北山墓、天清宫、灵峰院、裴坟、驼巘岭、灵耀观、西峰净严院、大明院、圆明崇福禅院、栖霞岭、神仙宫、干湿水洞、净元观、妙明院、东山衚、永安院、不空院（旧名传经院）、护国仁王禅院、西靖宫、宁国院、广照院、霍山、长庆院（旧名华严院）、张王广惠庙、永庆院、光相塔院、涌泉、清心院（旧名涌泉院）、瑶池园、金轮梵天院（旧名金轮寺）、宝胜院（旧名应天寺）、金牛护法院、洞明庵、天龙庵、云洞园、大昭庆寺（旧名菩提寺）、策选锋教场、古柳林、钱塘县尉司。

5. 葛岭路

景点有水磨头、石函桥、放生亭、德生堂、泳飞亭、总宜园、大吴园、小吴园、水月园、葛岭、兜率院、十三间楼相严院（旧名十三间楼石佛院）、大石佛院、保俶塔崇寿院、宝稷山、敷惠庙、多宝院（旧名宝积院）、嘉泽庙、孙花翁墓、普安院、挹秀园、秀野园、上智果院、治平寺、江湖伟观、寿星院、宝云庵（旧名千光王寺）、玛瑙宝胜院、养乐园、玉清宫、半春园、小隐园、集芳御园、香月邻、嘉德永寿教寺、喜鹊寺、宝严院、赵紫芝墓、定业院、虎头岩、施梅川墓、仁寿尼庵、招贤寺、上官良史墓、报恩院（旧名报先寺，即孤山六一泉寺）、广化院（旧名永福寺，从孤山迁此）、快活园、水竹院落、显明院（旧名兴福保清院）、北新路口、栖霞岭口、古剑关、岳王墓、褒忠演福院（原系智果观音院）、冲虚宫（旧名宁寿庵）、耿家步、东山衕口、福寿院、廖药洲园、小石板巷口、九里松、一字门、驼巘岭口、石板巷口、曲院巷口、行春桥、小行春桥、忠勇庙、左军教场、马三宝墓、三藏塔院、明真宫（南宋末年时改名为三藏寺）、资德院、万寿院、唐家衕、后涧溪、紫芝道院、端冈坞、燕脂岭、普福教寺、崇寿院、崇亲资福院、天申万寿圆觉教寺（旧名了义法师塔院）、石狮子路、香林园、斑衣园、金沙涧、显慈集庆教寺、灵隐天竺寺门（俗呼二寺门）、合涧桥、龙脊桥、武林山、呼猿洞、龙泓洞、女儿山（一名玉女岩）、青灵岩、理公岩、冷泉、温泉、醴泉、葛坞、朱墅、候仙山、釐雷亭、观风亭、景德灵隐禅寺、北高峰塔、法安院（旧名广严院）、保宁院（旧名保安无量寺）、资圣院（旧名大明寺）、韬光庵、永福寺、石笋普圆院（旧名资严寺）、天圣灵鹫院、铁舌庵、隆亲永福院、时思荐福寺、黄妃墓、卓笔峰、明惠尼院（旧名定惠院）、石人岭、海峰庵、无着禅师塔。

6. 三天竺路

此路自灵鹫峰起，至上天竺郎当岭止。景点有陈明大王庙、灵鹫兴圣寺、隋观法师塔、下天竺灵山教寺、吴越孝献世子墓、枫木坞、永清寺、中天竺天宁万寿永祚禅寺、弥陀兴福教院、显亲多福院、大明寺、上天竺灵感观音院、双桧峰、白云峰、乳窦峰、杨梅岭、郎当岭。

7. 西溪路

西溪在武林山的西面，据清雍正《西湖志》卷四载："西溪，在西湖北山之阴，由宝石山背陆行，绕秦亭山，沿山十八里，为宋时辇路，抵留下。……水道由松木场入古荡，溪流浅狭，不容巨舟。自古荡以西，并称西溪。曲水弯环，群山四绕，名园古刹，前后踵接，又多芦汀沙溆。"其地景色极为优美，在北宋已经名闻于世。元祐四年至六年（1089—1091）任杭州通判的杨蟠就写过《西溪》诗："为爱西溪好，尝忧溪水穷。山源春更落,散入野田中。"这首诗被后人公认为最早吟咏西溪风景的古诗。此后,郭祥正也有诗赞道:"西溪在湖外,一派灌残阳。游子托渔艇,却愁归路长。"

四时遨游的销金锅

南宋时,西湖的旅游达到了历史上的鼎盛,四时画舫遨游,歌鼓之声不绝。周密《武林旧事》卷三《西湖游幸(都人游赏)》载:"西湖天下景,朝昏晴雨,四序总宜,杭人亦无时而不游,而春游特盛焉。""凡缔姻、赛社、会亲、送葬、经会、献神、仕宦、恩赏之经营,禁省台府之嘱托,贵珰要地,大贾豪民,买笑千金,呼卢百万,以至痴儿呆子,密约幽期,无不在焉。日糜金钱,靡有纪极,故杭谚有'销金锅儿'之号,此语不为过也。"吴自牧《梦粱录》卷四《观潮》则说:"临安风俗,四时奢侈,赏玩殆无虚日。西有湖光可爱,东有江潮堪观,皆绝景也。"

当时临安的旅游者,除每年农历二月、三月的成群香客外,又增加了各国使臣、商贾、僧侣和赴京赶考的学子,以及海内外来杭贸易的商人。西湖周边的许多寺院道观设有"山房",兼营旅馆的生意,除为进香的善男信女提供食宿,也为游客服务。由于这里风景优美,环境幽雅,价格较廉,受到文人墨客、特别是应考士子的欢迎。据《西湖老人繁胜录》载:"混补年,诸路士人比之寻常十倍,有十万人纳卷,则三贡院驻著诸多。士子权借仙林寺、明庆寺、千顷寺、净住寺、昭庆寺、报恩观、元真观。太学、武学、国子监,皆为贡院,分经入试。每士到京,须带一仆;十万人试,则有十万人仆,计二十万人,都在都州北权歇。盖欲入试近之故也。可见都城之大。"当然这二十万人的"权借",基本上是要收费的。朱熹来京时,寓居于灵芝寺,楼钥《灵芝寺》诗:"送客灵芝寺,凭栏山有无。自从朝北阙,始得见西湖。烟外移轻桨,波间浴野凫。清寒不可驻,回首又神都。"陆游第二次进京是为了应试,时在绍兴十年(1140),亦借宿在灵芝寺,其《灯笼》一诗便对此有述:"我年十六游名场,灵芝借榻栖僧廊。钟声才定履声集,弟子堂上分两厢。灯笼一样薄腊纸,莹如云母含清光。还家欲学竟未暇,岁月已似奔车忙。书生白首故习在,颠倒简牍纷朱黄。短檠虽复作老伴,目力眩晃不可常。平生所好忽入手,摩挲把挈喜欲狂。兰膏潋滟支达旦,秋雨萧瑟输新凉。讨论废忘正涂乙,遂欲尽发万卷藏。所嗟衰病终难勉,非复当年下五行。"董嗣杲曾寓居在孤山四圣观,且在观中拥有自己的书楼。张炎《山中白云词》卷三有《己亥春复回西湖,饮静传董高士楼,作此解以写我忧》词。

为了满足成千上万游客的需要,当时还有标明长亭短驿里程和位置的《地经》出售,这是中国最早的导游图之一。

旅游活动丰富多彩,其中传统的西湖竞舟活动更频繁了,无论是规模还是观者人数,可以说是空前绝后,成为临安最为盛行的水上体育竞技项目之一。当时的西湖竞舟,一年要举行两次。第一次龙舟竞渡活动,时间为二月初八祠山圣诞时,《梦粱录》卷一《八日祠山圣诞》对此有比较详细的记载:

初八日,西湖画舫尽开,苏堤游人来往如蚁。其日,龙舟六只,戏于湖中。其舟俱装十太尉、七圣、二郎神、神鬼、快行、锦体浪子、黄胖,杂以鲜色旗伞、花篮、闹竿、鼓吹之类。其余皆簪大花、卷脚帽子、红绿戏衫,执棹行舟,戏游波中。帅守出城,往一清堂弹压。其龙舟俱呈参州府,令立标竿于湖中,挂其锦彩、银碗、官楮,犒龙舟,快捷者赏之。有一小节级,披黄衫,顶青巾,带大花,插孔雀尾,乘小舟抵湖堂,横节杖,声诺,取指挥,次以舟回,朝诸龙以小彩旗招之,诸舟俱鸣锣击鼓,分两势划棹旋转,而远远排列成行;再以小彩旗引之,龙舟并进者二;又以旗招之,其龙舟远列成行,而先进者得捷取标赏,声诺而退,余者以钱酒支犒也。

第十章　山外青山楼外楼

南宋　李嵩　《月夜看潮图》

《武林旧事》卷三《西湖游幸》对这一盛况也有生动的描述：

> 龙舟十余，彩旗迭鼓，交舞曼衍，粲如织锦。内有曾经宣唤者，则锦衣花帽，以自别于众。京尹为立赏格，竞渡争标。内珰贵客，赏犒无算。都人士女，两堤骈集，几于无置足地。

从上述两书说的"游人来往如蚁""都人士女，两堤骈集，几于无置足地"，不难想见龙舟争标受欢迎之程度。

钱江潮波涛汹涌，蔚为壮观，自古以来闻名天下。面对着这一天下奇观，每当八月十六至十八日钱塘江大潮汛期间，当地总有数以百计的"善泅者"，冒利轻生，以生命为儿戏，勇于挑战汹涌的潮流。他们"皆披发文身，手持十幅大彩旗，争先鼓勇，溯迎而上，出没于鲸波万仞中,腾身百变,而旗尾略不沾湿,以此夸能"①。淳熙十年(1183)八月十八日,"市井弄水人,有如僧儿、留住等凡百余人,皆手持十幅彩旗,踏浪争雄,直至海门迎潮。又有踏混木、水傀儡、水百戏、撮弄等,各呈伎艺"②。《西湖老人繁胜录》云:"钱塘江,城内外市户造旗,与水手迎潮,白旗最多,或红或用杂色,约有五七十面,大者五六幅,小者一两幅,亦有挂红者,其间亦有小儿在潮内弄水。"时人吴儆的《钱塘观潮记》也对此作了极其生动细致的描述:

钱塘江潮,视天下为独大。然至八月既望,观者特盛。弄潮之人,率常先一月,立帜通衢,书其名氏以自表。市井之人相与裒金帛张饮,其至观潮日会江上,视登潮之高下者,次第给与之。潮至海门,与山争势,其声震地。弄潮之人解衣露体,各执其物,搴旗张盖,吹笛鸣钲,若无所挟持,徒手而附者,以次成列。潮益近,声益震,前驱如山,绝江而上,观者震掉不自禁。弄潮之人方且贾勇争进。有一跃而登,出乎众人之上者;有随波逐流,与之上下者。潮退策勋。一跃而登,出乎众人之上者,率常醉饱自得,且厚持金帛以归,志气扬扬,市井之人甚宠善之;其随波上下者,亦以次受金帛饮食之赏。有士人者,雅善士,一日移于习俗之所宠,心顾乐之,然畏其徒议己。且一跃而上方,随波上下者有时,而沉溺也隐其身于众人之后。一能出其首于平波之间,则急引而退,亦预金帛饮食之赏,而终无溺沉不测之患,其乡人号为最善弄潮者。久之,海神若怒,曰:"钱塘之潮,天下至大而不可犯者,顾今嗜利之徒,娱弄以邀利,独不污我潮乎?"乃下令水府惩治禁绝之。前以弄潮致厚利者颇溺死,自是

---

① 《武林旧事》卷三《观潮》,第44—45页。

② 《武林旧事》卷七《乾淳奉亲》,第124页。

始无敢有弄潮者。

赏花风俗兴盛,《西湖老人繁胜录》载:"木犀盛开,东马塍、西马塍园馆争赏。"从赏花的时间来看,正月主要是到孤山观赏梅花;二月已到春天,是临安百花盛开的时期。《梦粱录》卷二《暮春》载:

是月,春光将暮,百花尽开,如牡丹、芍药、棣棠、木香、酴醿、蔷薇、金纱、玉绣球、小牡丹、海棠、锦李、徘徊、月季、粉团、杜鹃、宝相、千叶桃、绯桃、香梅、紫笑、长春、紫荆、金雀儿、笑靥、香兰、水仙、映山红等花,种种奇绝。卖花者以马头竹篮盛之,歌叫于市。买者纷然。

此月十五日或十二日,宋代设有花朝节,又称为挑菜节、扑蝶会、花朝等,顾名思义就是以赏花为特色。因此,临安市民纷纷外出,到各个名胜佳处"玩赏奇花异木",特别是"包家山桃开浑如锦障,极为可爱"[1]。二三月是杭城海棠盛开的时节,杨万里有"帝城二三月,海棠一万株"之句。"都城人家……若玉津、富景御园,包家山之桃关,东青门之菜市,东西马塍,尼庵道院,寻芳讨胜,极意纵游,随处各有买卖赶趁等人,野果山花,别有幽趣。"[2] 清明"宴于郊者,则就名园芳圃、奇花异木之处;宴于湖者,则彩舟画舫,款款撑驾,随处行乐。……殢酒贪欢,不觉日晚"[3]。五月的花事活动非常频繁,人们可以观赏碧芦、大笑花、萱草、五色蜀葵、榴花、蜜林檎、枇杷等

---

[1]《梦粱录》卷一《二月望》,第8页。

[2]《武林旧事》卷三《祭扫》,第40—41页。

[3]《梦粱录》卷二《清明节》,第12页。

花果。其时,茉莉盛开城内外,城中扑戴朵花的人,每天数百。周端臣《寒食湖堤》诗描述了这一风俗:"画桥日晚游人醉,花插满头扶上船。"人们或在树荫花丛之中饮赏花酒,如《西湖老人繁胜录》"端午节"载:"荷花开,纳凉人多在湖船内,泊于柳阴下饮酒,或在荷花茂盛处园馆之侧。朝乡会亦在湖中,或借园内。"六月季夏,是观赏碧莲、荷花、夏菊的好时光。六月六日显应观崔府君诞辰,这一天是都城市民观赏荷花最盛的一天,"贵戚士庶……恣眠柳影,饱挹荷香,散发披襟,浮瓜沉李,或酌酒以狂歌,或围棋而垂钓,游情寓意,不一而足"[①]。八月仲秋,湖山寻桂是都城市民最佳的花事活动,此外,人们还可观赏秋菊、木樨、野菊、千叶木樨、鸡冠、黄葵等花。九月九日为重阳节,又称重九节,是宋代的重要节日之一,主要活动除爬山登高、吃重阳糕等外,赏菊是必不可少的。赏菊活动主要集中在马塍园子,如《群芳谱》曰:"临安西马塍园子,每岁至重阳,谓之斗花,各出奇异者有八十余种。"其时,这种斗花活动仍是当地的菊花展览,诸菊品目有:九华菊、佛顶菊(亦名佛头菊、大佛顶、小佛顶、楼子佛顶、夏月佛顶)、御爱黄、御袍黄(深色、浅色)、御衣黄、胜金黄(大金黄、小金黄)、侧金盏、金丝菊、金钱菊(大金钱、小金钱、千叶小金钱、单叶小金钱、赛金钱)、金铃菊(亦名塔子菊、大金铃、小金铃、夏金铃、秋金铃)、金万铃(夏万铃、秋万铃)等。《花史》云:"临安有大笑鞠,其花白心黄,叶如笑,或云枇杷鞠。"又,范成大《菊谱》载:"五月菊花心极大,每一须皆中空,攒成一匾球子,红白单叶绕承之,每枝只一花,径二寸,叶似同蒿,夏中开。近年院体画草虫,喜以此菊为生。"中国最早的菊展便始于南宋临安,当时花农已经将菊花制成花塔进行展出,

---

[①]《武林旧事》卷三《都人避暑》,第43页。

时人杨万里的《经和宁门外卖花市见菊》一诗就载有菊花塔的丰姿："老眼雠观一束书，客舍葭荽菊一株。看来看去两相厌，花意萧条恰似无。清晓肩舆过花市，陶家全圃移在此。千株万株都不看，一枝两枝谁复贵。平地拔起金浮屠，瑞光千尺照碧虚。乃是结成菊花塔，蜜蜂作僧僧作蝶。菊花障子更玲珑，翡翠六扇排屏风。金钱装面密如积，金钿满地无人拾。先生一见双眼开，故山三径何独怀。君不见内前四时有花卖，和宁门里花如海。"是时，出现了爱菊成痴的钱塘知县沈鞠山（失其名，袁州宜春人），其死后，朱熹挽以诗云："爱菊平生不爱钱，此君原是菊花仙。"寓居西马塍的宋伯仁，还著有《梅花喜神谱》。

西湖鸟会已经出现，据南宋《西湖老人繁胜录》记载，祠山张王生辰庙会时，有"赛诸般花虫蚁：鹅黄百舌、白鹩子、白金翅、白画眉、白青菜、白角全眉、白青头、芦花角全、芦花画眉、鹅黄相思、紫旁鸟绣眼、金肚钿瓮、秦吉了、倒挂儿、留春莺，宠尤非细"。著名的节目有"老鸦下棋""鹁鹁弩""蜡嘴舞斋郎"等。以灵禽演剧为例，此戏"以蜡嘴鸟作傀儡，唱戏曲以导之，拜跪起立，俨如人状。或使之衔旗而舞，或写八卦名帖，指使衔之，纵横不差。或抛弹空中，飞腾逐取。谓之灵禽演剧"。张仲文《白獭髓》也载有这方面的故事："宁庙朝高文虎知贡举日，以天子大采朝日为赋题，试贡士，而举人困厄于此，学舍皆叹怨。后文虎因作西湖放生池碑，误引故事，及上殿堕笏失仪，两学斋舍哀金作彩帐，赠教禽兽伎人赵十一郎，寓意以讥之。其中有云：'鼠猴搢笏而不失其仪。'士有所愧。禽鸟认书而咸知所出，人反不如。后伎人因从官梁季珌作宾沈诜辈，与高君会于官苑，召至呈伎，因以此帐张于园，高君见之曰：'此必淳为之耳。'淳，台州人，后于毛自知榜第三名及第。"此类教飞禽虫蚁的著名艺人，据《武林旧事》卷六《诸色伎艺人》所载，有"赵十一郎、赵十七郎、猢狲王"等。直到民国时期，湖滨迎紫路（今杭州解放街）还有养鸟人聚会、斗鸟之"鸟儿茶会"。

西湖夜游之风益盛，权贵豪绅于夏秋季节彻夜欢醉湖上，船上张灯结彩，笙箫歌舞。百姓之家则多是伴随岁时节日赏灯游乐，一年中夜游时间很短。《西湖游览志余》卷二〇《熙朝乐事》载："六月六日，宋时作会于显应观，因以避暑，今会发，而观亦不存。自此游湖者多于夜间停泊湖心，月饮达旦。""八月十五日谓之中秋……是夕，人家有赏月之燕，或携榼湖船，沿游彻晓。苏堤之上，联袂踏歌，无异白日。"

第十一章

英雄之城

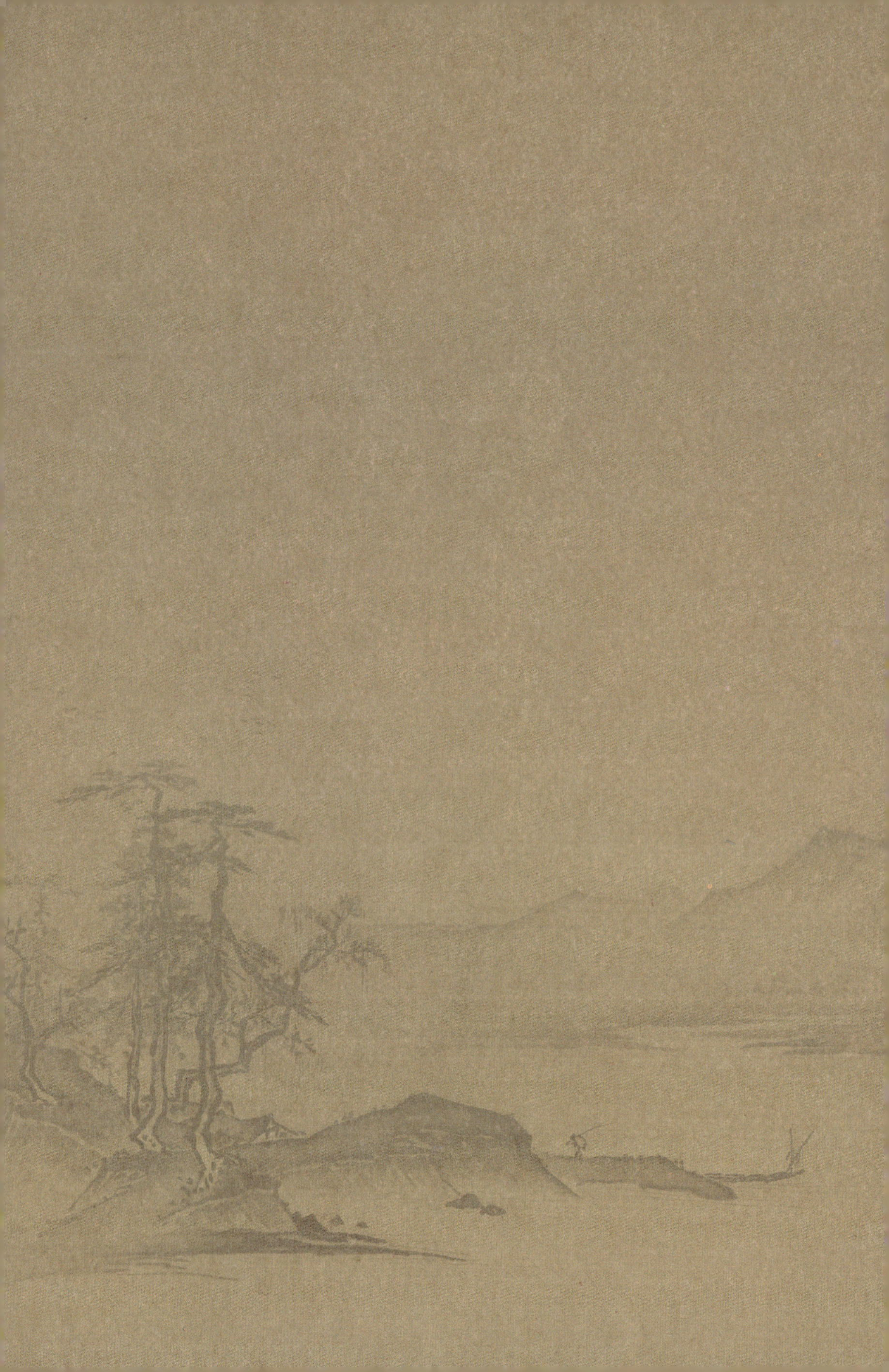

第十一章
英雄之城

岳飞"精忠报国"

南宋都城临安也是一个英雄之城,在一百多年时间里出现了众多可歌可泣、精忠报国的民族英雄和文人节士,其中最为著名的有抗金名将韩世忠、岳飞和南宋末年的民族英雄文天祥、陈文龙等,成为杭

岳武穆王像(《西湖便览》)

州一笔宝贵的历史文化遗产。正因为他们的存在,杭州又多了一份铁血丹心,成为一个英雄的城市。至今,杭州的很多文物古迹和地名还与他们密切有关,如纪念英雄岳飞的岳王路、打铁关和岳家湾,纪念蕲王韩世忠的蕲王路,纪念抗金英雄杨再兴的三昧庵巷等。

岳飞（1103—1142），字鹏举，相州汤阴（今河南安阳市汤阴县程岗村）人，南宋杰出的军事家，抗金名将。自幼喜读兵书，相传岳母在岳飞背上刺字"精忠报国"（一作"尽忠报国"），其故事家喻户晓。

岳飞于宣和四年（1122）从军，以恢复中原为己任，屡破金军，历任荆湖东路安抚都总，河南、河北诸路招讨使、枢密副使等职。绍兴十年（1140）五月，金人背盟南侵，所到之处烧杀淫掳，许多城市重镇经金军洗劫，成为空城，给国家、民族带来巨大的灾难和痛苦。六月，岳飞加少保，出师北伐，抗击金兵，复颍昌府、河南府等十余州郡，先后取得郾城、颍昌、朱仙镇等大捷。但因班师回朝，所得州郡又陷于金国。绍兴十一年（1141）一月，金国再犯淮西，岳飞领八千骑兵驰援，大败金兀术，进军至朱仙镇（在今开封南45里），大河南北闻风响应。正要乘胜前进、收复北方失地之时，宋高宗赵构采用秦桧奸计，一日之内发十二道金牌迫其退兵。还朝后罢宣抚使，授枢密副使。岳飞仍反对和议，力图保全韩世忠及其旧部，遭秦桧党羽弹劾，罢官赋闲。十月，遭受秦桧、张俊等人的诬陷，被捕入狱。绍兴十一年十二月廿九日（1142年1月27日），岳飞以"莫须有"的"谋反"罪名被害于大理寺，时年39岁。岳飞的供状上只留下八个绝笔字："天日昭昭，天日昭昭！"

岳飞被害后，狱卒隗顺冒险将岳飞遗体背出都城，埋在钱塘门外九曲丛祠旁，隗顺临终前，始将此事告知其子。直到绍兴三十二年（1162）宋孝宗即位，岳飞冤狱终于平反昭雪，追复原官。隗顺子告以前情，乃将岳飞以礼改葬在杭州西湖栖霞岭南麓。淳熙五年（1178），谥岳飞为"武穆"，嘉泰四年（1204），宋宁宗追封为鄂王。宝庆元年（1225）改谥忠武，又赠太师。

第十一章 英雄之城

如前所述，岳飞曾在京城临安做官，官至枢密副使，居住过一段时间，其当年的府邸大致范围就在今天庆春路与延安路交叉处西北块及东北块的庆春路上。根据史料记载，在岳飞死后，绍兴十三年（1143），被抄没的岳飞家被改建为国子监，并在此置设太学，成了当时的最高学府。至今在杭州还有许多与岳飞有关的古迹，比如岳王庙、岳王墓、岳王路、孝女路、岳家湾、打铁关、岳帅里、岳帅桥、翠微亭、萧山区欢潭村等古迹和地名。上城区的岳王路，相传为岳飞遗骸初葬处，曾建有显忠庙（即后人所称的老岳庙），岳王路因其而名，如今在庆春路与浣纱路交叉口、浙大妇院北侧建有岳王公园。在岳王路的边上，庆春路与东坡路相交处的风波亭故址是岳飞殉难处，众安桥则是岳云和岳飞部将张宪、小校施全的被害处。为此，西湖综合保护工程建设时，在西湖圣塘景区内，靠近环城西路与北山街交叉口的位置，建造了一座木结构的重檐四角方亭——风波亭。又，岳飞含冤而死后，相传他13岁的小女儿岳孝娥（又名银瓶）恸哭欲绝，愤而到大理寺上诉喊冤，但被人赶了出来。这位将门虎女在天昏地暗、万念无奈之下，抱着宋高宗所赐的一个银色的花瓶或者是银做的花瓶，跳入自家院子的一口井里自尽了。这口井被杭人称作"孝女井""孝娥井"或"银瓶井"，至今，杭州岳飞家门口这条路仍叫"孝女路"。由此，杭州也顺理成章成了民族英雄岳飞向后世传播其家国情怀和民族大义的起点。

岳飞精忠报国，时刻不忘洗刷国耻，还我河山，以民族和国家的大义激励士气。他一生指挥过200多次战役和战斗，其中身先士卒亲上战场68次，一生做到了"武臣不惜命"。《满江红·登黄鹤楼有感》一词充分反映了他的这一爱国思想：

遥望中原，荒烟外，许多城郭。想当年、花遮柳护，凤楼龙阁。万岁山前珠翠绕，蓬壶殿里笙歌作。到而今、铁骑满郊畿，风尘恶。

兵安在，膏锋锷。民安在，填沟壑。叹江山如故，千村寥落。何日请缨提锐旅，一鞭直渡清河洛。却归来、再续汉阳游，骑黄鹤。

岳飞精通韬略，精于骑射，曾与南宋另一大将张俊议论用兵之术时说："仁、信、智、勇、严五者不可缺一。"他严于治军、善于治军，赏罚分明，纪律严整，对老百姓秋毫无犯，是中国古代治军的楷模。"冻死不拆屋，饿死不打掳"，是岳家军的军纪，也是真实的写照。所以岳家军所到之处，民众无不欢欣围观，"举手加额，感慕至泣"。金人也赞叹："撼山易，撼岳家军难。"

岳飞不仅"不惜命"，而且也"不爱钱"，为官一身正气，廉洁奉公，是中国历史上一位著名的廉将。当时诸大将中，刘光世、张俊、韩世忠、吴玠、杨沂中，都以经营田产致"金钱巨亿"，"置歌儿舞女"，竞相侈靡。但岳飞生活俭朴，不经商，不广置私产,他有一句名言："文臣不爱钱，武官不惜死，天下当天平！"他过着淡泊清廉的生活，在衣、食、住方面，始终崇尚节俭、力拒奢侈，先天下之忧而忧，后天下之乐而乐。

他的饭食很简单，有一次，岳飞吃饭时发现饭桌上添了一道红烧鸡，便责问厨师为什么多加了这么一盘菜。厨师回答说：是州里的地方官送来的。岳飞不悦地说："叫他们以后不要再送。"岳飞酒量不小，年轻时经常豪饮。有一次赵构禁止他喝酒，对他说："等你收复了失地，打到河朔时才可以再喝。"从此，岳飞滴酒不沾。在穿着方面，岳飞在军中着军服、铠甲，在家穿的是布衣素服，从不穿绸

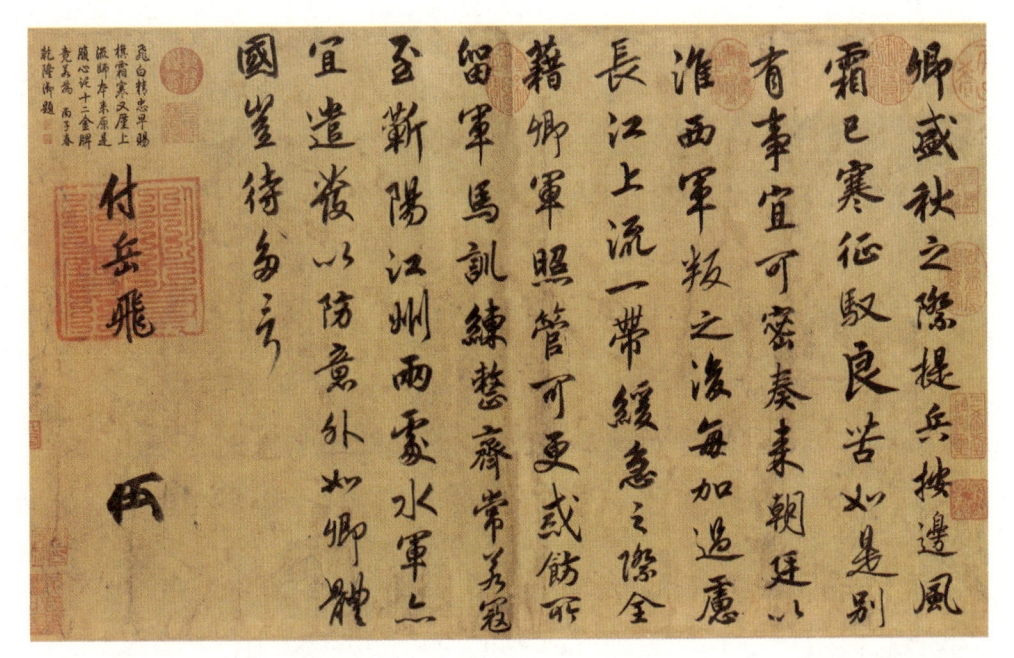

宋高宗赐岳飞手札

缎和丝织品制成的衣服。一次，他看到自己的妻子李氏穿了丝织衣物，便道："我听说皇后娘娘、王妃、贵嫔（指靖康之难时被金人掳去的帝室）在北方过着艰苦穷困的生活，你既跟我同忧乐、共甘苦，那就不适宜穿这么好的衣服了。"自此李氏终生不着绫罗。在他的要求和影响下，全家在穿着方面，均穿粗布衣衫。在住居方面，无论战时还是平时，岳飞都简易平常，毫不讲究。宋高宗看到他没有像样的宅第，提出在京城临安也建一座规模宏大的豪华大宅给他，岳飞连忙上疏谢绝："北虏未灭，臣何以家为！"

在他遭秦桧等陷害被关入监狱时，家产也尽行抄没，可抄来抄去，"家无余财"，总家产只有三千贯（约合两千多两银），且其中含有数千匹麻布，显然也是准备用于军队的。这与那些有着豪华住宅，妻妾成群，家财万贯，而且还享受着种种特权的其他将领相比，真是天壤之别！秦桧不相信，穷凶极恶地审问岳飞家的吏仆，结果还是被抄家时那点财物。二十年后，岳飞得到平反昭雪，朝廷偿还岳家充公的财产，计钱仅三千八百二十二贯，水田七百多亩，陆地一千一百多亩，经办的官员"恻然叹其贫"。与大将刘光世相比较，不算他在浙江青田霸占的大片土地，光在淮东，就夺取民间膏腴水田三万亩。

岳飞之孙岳珂的寓所就在三桥，故自称为"三桥子"。

岳珂（1183—?），字肃之，号亦斋，又号倦翁，南宋名将岳飞之孙，岳霖之子。原籍河南汤阴，后岳飞定居临安，珂遂为临安人。宋宁宗时（1195—1224），岳珂以奉议郎权发遣嘉兴府兼管内劝农事，多有惠政，后官至户部侍郎、淮东总领制置使。著述颇多，有《玉楮集》《金陀粹编》《桯史》《愧郯录》《宝真斋法书赞》《刊正九传三经沿革例》《北宋宫词百首》等。岳珂诗集中对临安三桥的故居多有述及，如其《初还故居》诗云：

> 元是庐山莫逆交，宫亭西畔著衡茅。
> 盟鸥似怯经新浪，怨鹤还知宿故巢。
> 一沼种莲衣可制，万竿脱箨杖轻敲。
> 不须海若犹然笑，乞与杯堂乐芥坳。[①]

根据诗意，其故居当在三桥子"宫亭西"，其居"衡茅"地颇清幽，有莲沼、万竿竹林之胜。即使在外地为官，也是难忘故居的生活，时时梦见，其《梦尚留三桥旅邸》诗就深切地体现了作者的心情：

[①] 岳珂：《玉楮集》卷二，四库全书本。

第十一章 英雄之城

杭州西湖岳飞、岳云墓

天上归来打六更，梦回搔首正鬇鬡。
玉霜初上三更月，绛彩犹明九市灯。
声彻铜鱼催勘箭，影斜金鹊在觚棱。
帝乡东望重回首，佳气何时到五陵。[1]

岳飞功盖天下，却从不居功，淡泊名利，严于律己，宽以待人。他那"三十功名尘与土"的千古名句，表明岳飞视功名如"尘土"。每次打了胜仗，他总是归功于友邻部队的配合、士卒的努力，而对于朝廷给予自己及亲眷的封赏，却总是再三推辞，说："胜仗是将士们效死力打的，我岳飞哪里有什么功劳？"岳飞不以功自居，却推功及人，让功于同列与部属，这是南宋诸将中所仅有的。如收复襄阳

---
[1] 《玉楮集》卷八。

六郡时，朝廷曾命刘光世派兵出援。结果在岳飞收复襄阳六郡的第三天，刘光世所部郦琼的五千军马才姗姗而来。可是，岳飞上报战功时，却请求"先推刘光世军犄角之功"。他说："虽其至不及期，然臣之军士知有后援所以能成薄效。"而对部属，更是"尺寸之功，丝毫必录"。

岳飞为人刚直不阿，正气浩然，而且重情谊，讲恩信。当高宗、秦桧设计陷害韩世忠时，张俊明知韩世忠无辜，但他为了保住自己的地位，不惜依附秦桧，陷害韩世忠。而岳飞得知高宗和秦桧、张俊要陷害韩世忠时，竟奋不顾身地保护韩世忠。他坚持正义，从不以炎凉荣辱改变对人的看法，他痛恨忘恩负义之辈。张所是岳飞崇敬的前辈，也是岳飞的"恩人"，在岳飞危难之秋，他提拔了岳飞。可是不久，张所的境遇则一落千丈，为投降派所斥罢，死于岭南。当时有些士大夫对在朝的投降派唯恐攀附不上，哪里肯替张所讲句公道话？岳飞却在张所落难之后，寻访到张所的幼儿张宗本，把宗本当作自己的亲生儿女，亲自教导抚养。宗本到了弱冠之年，岳飞又把朝廷推恩例赐给自己儿子的官职让宗本去顶。张所死后多年，岳飞还在给高宗上疏中称赞张所力主收复两河的抗金决心，痛斥"误国败事"的奸臣。

岳飞对老母至孝，侍奉唯恐不周。不出军时，虽戎务缠身，但每天傍晚必抽空去母亲房内探望。母亲卧病以后，他亲尝汤药，跪送病榻，并经常关照家人要注意母亲的饮食寒暖和衣被的替换。在母亲寝室，话不多说一句，走路避免出声，唯怕影响母亲的休息。一旦出师，又谆谆嘱咐家人，务必好好奉侍卧病在床的老人。

岳飞对子女的教育则极为严格，一向疼爱但绝不娇宠。他要求儿子们除了喜庆节筵外，平日里一律不准进酒。每天对子女们的功课抓得很紧，学业完成之后，岳飞还要他们拿着畚箕，扛着铁锹，到菜园里劳动，他对子女们常说："稼穑艰难，不可不知也！"对自己亲属的论功行赏，虽无另文规定，但要求比他人更严。岳飞的长子岳云立下战功，岳飞很少上报；岳云犯了过失，岳飞却毫不留情地下令责打军棍。甚至朝廷给岳云升官，也屡屡被岳飞推辞掉。在绍兴十年（1140）的颍昌大战中，岳云在敌众我寡的形势下，面对强悍的金军骑兵毫无惧色，亲率500精兵杀入敌阵十几次，血战数十个回合，全身负伤上百处。经过一天的激烈鏖战，终于使金兵丢盔弃甲，惨败而逃，连金军统帅兀术的女婿也被斩于阵前。张浚向朝廷推荐岳云所立的"奇功"，朝廷下"特旨"，将岳云连升三级，授予武略大夫的官阶。对这样特殊的恩赐，岳飞竟连续上了两道奏章恳辞。他说，前次战斗，士卒冒着炮石箭雨，有的斩将破阵建立了奇功，我上报其事迹后，才蒙升擢一级的恩赐。这次战役，岳云虽然有一定的功绩，可那不是他一个人的功劳，而是全军将士协力奋战的结果，如果他不和士卒同等对待，那将何以服众？希望朝廷马上收回成命。张浚对岳飞严格律己、多次隐瞒儿子岳云屡立殊勋不报看不过去说，岳侯躲避荣耀到了这个地步，廉洁固然是廉洁了，却不见得公正。岳飞答道：父亲教育儿子，怎么能让孩子有急功近利的思想？又说："正己而后可以正物，自治而后可以治人。若使臣男受无功之赏，则是臣已不能正己而自治，何以率人乎？"在封建社会，做官的能有几个不想光宗耀祖、封妻荫子、享受荣华富贵的呢？又有几个像岳飞这样廉洁奉公、不谋私利、严于律己、不贪功名的呢？正因为岳飞廉洁奉公、不谋私利、严于律己、不贪功名，所以其故事八百多年来一直为中国人民传颂不绝，受到了世世代代人们的敬仰。他的爱国献身精神和高尚情操，激励着一代又一代后人。

文天祥正气凛然、成仁取义

文天祥（1236—1283），初名云孙，字天祥，后换以天祥为名，改字履善，中状元后再改字宋瑞，后因住过文山，而号文山。吉州庐陵（今江西吉安县）人，南宋末年著名政治家、文学家、民族英雄。出身于书香门第，家教很严，宝祐四年（1256），20岁的文天祥来京参加科举考试，借住在京城永福寺漆台。因他能针对当时南宋现实提出富国强兵的政治主张，而被宋理宗钦点为状元，授宁海军节度判官。开庆元年（1259），补授承事郎、签书宁海军节度判官。当时面对元兵攻宋，宦官董宋臣建议迁都，时为宁海军节度判官的文天祥上书乞斩宋臣，因免归。咸淳六年（1270）四月，任军器监、兼权直学士院，因草拟诏书有讽奸相贾似道语，被劾罢致仕。度宗咸淳九年（1273），起复为湖南提刑，拜见故相江万里，江万里勉励他承担起世道之责。次年，改知赣州。恭帝德祐元年（1275），听闻忽必烈率蒙古大军沿长江长驱东下，朝廷报急，诏天下勤王。文天祥接到勤王诏书后，不禁涕泣，急忙罄家财为军资，组织起一支一万人的民兵队伍，前往南宋都城临安勤王。同年八月，提兵至临安，旋为浙西、江东制置使兼知平江府。此时，南下元兵已开始进攻常州，他派往常州增援的将领尹玉、麻士龙皆战死。元军兵破常州，入独松关，陈宜中、留梦炎召文天祥弃平江，退守余杭。德祐二年（1276）正月初四，文天祥除知临安府。不久，元军大丞相伯颜领兵进驻临安城北的皋亭山，出长安镇三十里，逼近南宋京城临安，阿喽罕、董文炳之师皆会游骑至临安北关。文天祥、张世杰请移三宫入海，而己率众背城一战，丞相陈宜中不许。宋主遣知临安府贾余庆，同宗室保康军承宣使尹甫、和州防御使吉甫，奉传国玺及降表诣军前，曰："宋国主、臣㬎谨百拜，奉表言：臣眇然幼冲，遭家多难，权奸似道背盟误国，至勤兴师问罪，臣非不能迁避以求苟全。今天命有

第十一章 英雄之城

文天祥像

归,臣将焉往?谨奉太皇太后命,削去帝号,以两浙、福建、江东西、湖南、二广、两淮、四川见存州郡悉上圣朝,为宗社生灵祈哀请命,伏望圣慈垂念,不忍臣三百余年宗社遽至陨绝,曲赐存全,则赵氏子孙世世有赖,不敢弭忘。"北使请南宋执政至元营商议投降之事,文天祥请成行,丞相陈宜中夜遁,张世杰、苏刘义、刘师勇各以所部兵去。十九日,南宋朝廷任命临安知府文天祥为右丞相兼枢密院,文天祥辞不拜,乃以贾余庆为右丞相,吴坚为左丞相,谢堂为枢密院,家铉翁为参知政事,刘岊同知枢密院事。大家一致推荐文天祥去皋亭山与元军统帅伯颜营中议和,天祥见此说道:"国事至此,吾不得爱身。"第二天,他临危受命,以资政殿大学士的身份,与丞相吴坚、贾余庆、枢密谢堂、中贵邓惟善一起,至皋亭山明因寺去见伯颜丞相,文天祥坚决抗辞相争,慷慨议论,不肯稍屈。伯颜见文天祥举动不常,疑有异志,遂大怒,将其拘留在元军营中,不让他南归。谢太后见大势已去,只好投降元军。同年春,文天祥与先前投降的南宋朝廷官员一起被押往北方。至镇江,他与属下12人脱身逃归,辗转来到真州(今江苏仪征市)。制置使李庭芝误以为他受元人指派来说降,要部下苗再成杀他。苗再成不忍,将文天祥放跑,于是他东走海道,历尽艰辛,几经周折,辗转泛海到了温州,继续组织武装抗元。后从临安府逃出的益王赵昰即帝位,这就是历史上的端宗。文天祥以观文殿学士、侍读被召至福建,拜为右丞相兼枢密使。他建策取海道,北复江浙,为陈宜中所阻,遂赴南剑州(今福建南平市)聚兵抗元。后以同都督出江西,收兵入汀州。十月,遣部下在江西宁都、雩都等地与元军抗战,收复州县多处。

端宗景炎二年(1277)正月,元兵入汀州。文天祥移兵漳州,部下吴浚投降了元军,来劝文天祥降元,他把吴浚捆起来处死。五月,再攻江西,终因势孤力单,敌我力量悬殊,被元重兵击溃,败退广东。祥兴元年(1278)十二月,在五坡岭(今广东海丰北)被俘。次年,文天祥被押至潮阳,见投降元朝的将领张弘范。张弘范要他下跪投降,并迫其写信招降宋将张世杰。文天祥断然拒绝,严词回答说:"吾能死,不能拜。""吾不能捍父母,乃教人叛父母,可乎?"即书《过零丁洋》一诗以明心志,诗的最后是传诵千古的名句:"人生自古谁无死,留取丹心照汗青。"后来元军攻破崖山,宋将陆秀夫、张世杰等都投海殉国,南宋终亡。张弘范对文天祥说,国家灭亡了,丞相已经尽了忠孝,劝他改心,"以事宋者事皇上",仍然不失为宰相。文天祥流泪说:"国亡不能救,为人臣者死有余罪,况敢逃其死而二其心乎!"祥兴二年(1279)四月,元帝忽必烈命令张弘范派人押送文天祥到元大都(今北京市)。文天祥在路上一度绝食,八天后未死,才复食。到大都后,元政府对他招待极为优厚，然而文天祥不睡不食，坐以达旦。元世祖忽必烈亲自召见，劝其投降，许以中书宰相之职。但文天祥大义凛然，誓死不屈，始终拒降。至元十九年（1283）十二月，文天祥经过三年多的囚禁生活后，在大都（今北京）柴市口从容就义，时年47岁。其绝笔自赞曰："孔曰成仁，孟曰取义。惟其义尽，所以仁至。读圣贤书，所学何事？而今而后，庶几无愧。"文天祥以大节留名青史，后谥忠烈。

文天祥工诗文，著有《文山先生全集》，所写诗歌能反映社会现实，堪称"诗史"。被元军关押大都期间所作诗歌集《指南录》和《正气歌序》，记载其为抗元斗争而颠沛辗转的艰辛历程，抒发了山河破碎、身世飘摇的感慨悲愤，以及忠义情怀的至死不渝，其所反映的民族气节充满激情，传递忠君爱国的正气和威武不屈的志气，千百年来，震慑人心，传诵不绝。[①]文天祥的名作《正气歌》：

天地有正气，杂然赋流形。下则为河岳，上则为日星。于人曰浩然，沛乎塞苍冥。皇路当清夷，含和吐明庭。时穷节乃见，一一垂丹青。在齐太史简，在晋董狐笔；在秦张良椎，在汉苏武节；为严将军头，为嵇侍中血；为张睢阳齿，为颜常山舌；或为辽东帽，清操厉冰雪；或为《出师表》，鬼神泣壮烈；或为渡江楫，慷慨吞胡羯；或为击贼笏，逆竖头破裂。是气所磅礴，凛烈万古存。当其贯日月，生死安足论。地维赖以立，天柱赖以尊。三纲实系命，道义为之根。……

[①]《宋史》卷四一八《文天祥传》，第36册，第12533—12540页；《宋史》卷四七《瀛国公二王附》，第3册，第921—939页。

陈文龙热血千秋

与岳飞、韩世忠、文天祥相比，陈文龙的名气要稍逊一点，但他同样是一个忠贞爱国、热血千秋的民族英雄。

陈文龙（1232—1277），原名子龙，其父希望他长大后能像三国赵子龙一样成为人中蛟龙。字德刚，号如心，兴化军莆田县（今属福建）人。其祖从钱塘（今浙江杭州）迁徙至莆田，在宋代已是莆田望族，第四代出了一位宋绍兴八年（1138）榜眼即陈俊卿，累官同知枢密院参知政事。陈俊卿为官清廉，功盖邦国，深受朝廷倚重，成为与李纲齐名的南宋名相。死后被封魏国公，赠太师，还追赠祖上三代为太师国公，从而奠定了玉湖陈氏家族的辉煌历史。

陈文龙是玉湖陈氏第八代，陈俊卿五世从孙。自幼丧父，他励志殖学，工文词，负气节。宝祐四年（1256），他进入当时的最高学府太学学习。咸淳四年（1268），度宗亲临殿试，极其赏识"文章魁天下"的陈文龙，将其擢为第一，状元及第。唱第日，度宗见新科状元才貌双全，龙颜大悦："朕给你改名文龙，我朝文脉之龙也！"御笔改名为文龙，赐字君贲，意思是皇帝的股肱、卫士，并破例加官，授宣义郎、镇东军节度判官，驻节越州。度宗意犹未尽，作《赐宴》诗："遹骏先猷在急贤，广廷亲策昉今年。精微历历参前圣，忠说洋洋著大篇。天圣得人占上瑞，太平宴士秩初筵。缅怀丰苞无穷泽，久远功名尚勉旃。"

陈文龙踏入仕途后，始终忠君爱国、忧国忧民，为官清廉，刚正不阿。他出任越州时，对趋炎附势、行贿作奸等官场现象深恶痛绝。他雷厉风行，革除弊政，秉公执法，疾恶如仇，不徇私情，关心民瘼，政声卓著，而"人皆惮之"。其上司、镇东军元帅刘良贵对其极为赏识器重，"政无大小，悉以询之"，陈文龙遂成为刘良贵的得力助手。

当时的丞相贾似道为了扩大自己的势力，极力培植党羽，便想拉陈文龙为己用，于是接连上奏朝廷举荐他。几年之间，陈文龙扶摇直上，连升秘书省正字兼崇政殿说书、校书郎、著作郎、礼部员外郎，后又擢任监察御史。然而道不同不相为谋，对于贾似道的提拔，一向正直耿介、以为国为民为准则的陈文龙并未受其蒙蔽，相反，他对于贾似道弄权误国的行径，给予严厉的抨击和揭露。浙西转运使洪起畏在贾似道的授意下，上奏请求推行宋理宗时未施行的"公田法"付诸实施，一时之间，浙西一带民怨沸腾，破家者多。陈文龙上疏陈述得失，据理力争，并要求严惩洪起畏，最后洪起畏受到严惩，百姓拍手称快，赞扬陈文龙"乃朝阳之鸣凤也"。元军围攻襄阳、樊城，贾似道的女婿范文虎率兵驰援，却临阵逃遁，导致襄、樊重镇相继陷落，贾似道为掩饰其咎，轻处范文虎。陈文龙对贾似道结党营私、用人不当的丑恶行径极为愤慨，毅然上疏度宗，力陈贾似道的过失，并提出弹劾范文虎等人，因此触怒了权相贾似道，被贬职到抚州。后贾似道被迫又起用陈文龙为左司谏，迁侍御史，再迁为参知政事。德祐二年（1276）正月，朝廷派人向元军奉表称臣，陈文龙见和议已定，痛心疾首，便以母老为辞，乞请回乡养老，获准。二月，元军进入南宋首都临安，宋恭帝及皇室成员被押着北去。临安朝廷投降后，南宋的爱国军民在文天祥、张世杰、陆秀夫等领导下，继续进行抗元斗争。同年五月，益王赵昰在张世杰、陆秀夫等大臣的拥立下，在行都福州登基即位，改元景炎，共谋抗元复宋。陈文龙在民族和国家面临危亡的动荡时代里，义无反顾，置身家性命于度外，担负起救国救民的重任，再次出任参知政事，并兼任闽广宣抚使，知兴化军。他上任后倾尽家财招募兵勇组成民军，平定了漳浦、兴化叛乱。是年九月，元军进入福建，建宁、泉州、福州诸州皆失守，宋朝官员纷纷不战而降。陈文龙厉兵秣马备战，固守孤垒，高举"生为宋臣,死为宋鬼"大旗,率军抗击元军。

元军招降使者两次至兴化城劝降陈文龙,以"母老子幼"威胁陈文龙,但陈文龙不肯屈服,慷慨而答:"我家世受国恩,万万无降理。母老且死,先皇三子岐分南北,我子何足关念。"焚书斩杀招降使者,以表明心迹、激励士气。其姻亲被元军抓来劝降,陈文龙大义灭亲,复信说:"国事如此,不如无生,惟当决一死守……鄙意则虽阖门磔尸数段亦所愿也。"最后,陈文龙因寡不敌众,力战被擒。他见元军在城中放火烧杀,怒声喝斥:"速杀我,无害百姓。"面对凌辱,陈文龙指腹道:"此节义文章,可相逼邪!"

陈文龙被押解北上离开兴化时,一路绝食,途中曾写诗与子诀别,表达了视死如归、尽忠报国的强烈心声。其诗云:"斗垒孤危力不支,书生守志誓难移。自经沟渎非吾事,臣死封疆是此时。须信累囚堪衅鼓,未闻烈士竖降旗。一门白指沦胥尽,惟有丹衷天地知。"他的这首爱国诗与文天祥《过零丁洋》诗一样,千古传诵。他被押解到杭州后,囚禁在原来的太学里。景炎二年(1277)农历四月二十五日,陈文龙要求拜谒岳飞庙,当他以孱弱之躯蹒跚进入岳飞庙时,不禁失声痛哭,哀恸悲绝,当晚气绝死于庙中,年仅四十六岁。宋端宗闻讯后,亲自拟旨:"陈文龙忠义殉国,昭烈天地,追谥忠肃,赐庙号昭忠。"元帝忽必烈闻知陈文龙死讯,也深感惋惜,感其忠义,传谕高规格安葬于杭州西湖智果寺西侧的翠竹园里。据清雍正《浙江通志》记载,陈文龙葬后次日,"墓即生竹,竹俱有刺,人不能登,众谓忠义所感"。与岳坟"松不北枝",如出一辙。邹去路《吊公诗》:"后死文丞相,前身岳鄂王。"如今陈文龙墓依然完好无损地位于西湖北山。

南宋以后,陈文龙为官清正廉洁、处处以社稷为重、正直敢言以及他的爱国情操、英雄气概，在海内外广为传颂，福建民间信仰尊崇为"水部尚书""镇海王"，与妈祖并称为"双海神"。如今，奉祀他的尚书庙，在福州有十几座、台湾有两百多座。

陈文龙在京城临安为官时的寓居在贤福坊内，坊内有平津桥（俗名猫儿桥），此桥已见于北宋苏轼《申三省开西湖状》中。天地正气、山水清辉，杭州人将陈文龙与岳飞、于谦三位为国捐躯的英雄并称为"西湖三忠肃"，历史上曾多次为陈文龙修墓建祠。清朝光绪年间，丁丙、俞樾、孙康侯、邹在寅、孙峻等一批士绅不仅为陈文龙修墓，还广搜资料，编写、刊刻了一本《陈忠肃公墓录》流传下来。

参考文献

〔宋〕李心传:《建炎以来系年要录》,中华书局1988年版。

〔宋〕李心传:《建炎以来朝野杂记》,中华书局2000年版。

〔宋〕徐梦莘:《三朝北盟会编》,上海古籍出版社1987年版。

〔元〕脱脱等:《宋史》,中华书局1977年版。

〔宋〕熊克:《中兴小纪》,福建人民出版社1985年版。

〔清〕徐松辑:《宋会要辑稿》,中华书局1957年版。

〔宋〕潜说友:《咸淳临安志》,《宋元方志丛刊》本,中华书局1990年版。

〔宋〕祝穆撰、祝洙增订:《方舆胜览》,中华书局2003年版。

〔宋〕陈思编、〔元〕陈世隆补:《两宋名贤小集》,文渊阁《四库全书》本。

〔宋〕李纲:《李纲全集》,岳麓书社2004年版。

〔宋〕陈亮:《陈亮集(增订本)》,中华书局1987年版。

〔宋〕张镃:《南湖集》,文渊阁《四库全书》本。

〔宋〕吴自牧:《梦粱录》,浙江人民出版社1984年版。

〔宋〕周密:《武林旧事》,浙江人民出版社1984年版。

〔宋〕周密:《癸辛杂识》,中华书局1988年版。

〔宋〕赵彦卫:《云麓漫钞》,中华书局1996年版。

〔宋〕叶梦得:《石林燕语》,中华书局1984年版。

〔宋〕叶绍翁:《四朝闻见录》,中华书局1989年版。

〔宋〕陈世崇:《随隐漫录佚文》,中华书局2010年版。

〔宋〕洪迈:《夷坚志》,中华书局1981年版。

〔宋〕王象之:《舆地纪胜》,浙江古籍出版社2012年版。

〔元〕刘一清:《钱塘遗事》,上海古籍出版社1985年版。

〔明〕田汝成:《西湖游览志》,上海古籍出版社1958年版。

〔清〕毕沅:《续资治通鉴》,上海古籍出版社1987年版。

〔清〕朱彭:《南宋古迹考》,浙江人民出版社1983年版。

唐圭璋编:《全宋词》,中华书局1965年版。

〔日〕梅原郁译:《梦粱录——南宋临安繁昌记》,东京:平凡社2000年版。

〔日〕斯波义信著,方健、何忠礼译:《宋代江南经济史研究》,江苏人民出版社2012年版。

冯承钧译:《马可波罗行纪》,东方出版社2007年版。

杨宽:《中国古代都城制度史研究》,上海古籍出版社1993年版。

包伟民主编:《中国城市史研究论文集》,杭州出版社2016年版。

唐俊杰、杜正贤:《南宋临安城考古》,杭州出版社2008年版。

林正秋:《南宋都城临安》,西泠印社1986年版。

杭州市文物考古所编著:《南宋太庙遗址》,文物出版社2007年版。